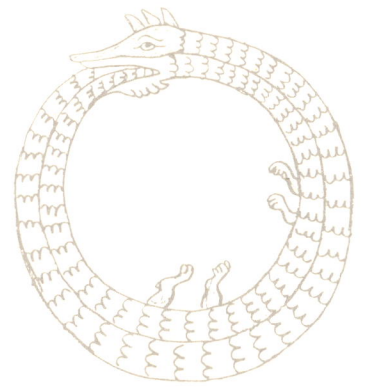

Eduardo Lourenço

Do colonialismo como nosso impensado

ORGANIZAÇÃO
Margarida Calafate Ribeiro
Roberto Vecchi

PREFÁCIO
Sabrina Sedlmayer
Roberto Vecchi

autêntica

Copyright © Eduardo Lourenço / Gradiva Publicações, S. A., 2024
Copyright desta edição © 2025 Autêntica Editora

Todos os direitos reservados pela Autêntica Editora Ltda. Nenhuma parte desta publicação poderá ser reproduzida, seja por meios mecânicos, eletrônicos, seja via cópia xerográfica, sem a autorização prévia da Editora.

EDITORES RESPONSÁVEIS
Rejane Dias
Schneider Carpeggiani

CAPA
Diogo Droschi
(sobre imagem de Adobe Stock)

REVISÃO
Julia Sousa
Helena Sifuentes

DIAGRAMAÇÃO
Waldênia Alvarenga

**Dados Internacionais de Catalogação na Publicação (CIP)
Câmara Brasileira do Livro, SP, Brasil**

Lourenço, Eduardo
  Do colonialismo como nosso impensado / Eduardo Lourenço ; organização Margarida Calafate Ribeiro , Roberto Vecchi. -- 1. ed. -- Belo Horizonte, MG : Autêntica Editora, 2025.

  Bibliografia.
  ISBN 978-65-5928-584-6

  1. Ciências sociais 2. Colonialismo 3. Democracia 4. Sociedade I. Ribeiro, Margarida Calafate. II. Vecchi, Roberto. III. Título.

25-272051   CDD-325.3

Índices para catálogo sistemático:
1. Colonialismo : Ciência política 325.3

Aline Graziele Benitez - Bibliotecária - CRB-1/3129

Belo Horizonte
Rua Carlos Turner, 420
Silveira . 31140-520
Belo Horizonte . MG
Tel.: (55 31) 3465 4500

São Paulo
Av. Paulista, 2.073 . Conjunto Nacional
Horsa I . Salas 404-406 . Bela Vista
01311-940 . São Paulo . SP
Tel.: (55 11) 3034 4468

www.grupoautentica.com.br
SAC: atendimentoleitor@grupoautentica.com.br

À memória de Ernesto Melo Antunes.
A António Lobo Antunes.

Prefácio
Da colonialidade como nosso impensado.
E outros fantasmas brasileiros
Sabrina Sedlmayer e *Roberto Vecchi* 9

40 anos de atraso – Nota prévia
Eduardo Lourenço 21

Limiar: contornos e imagens imperiais
Colonialismo e boa consciência: o caso português 27
Brasil: caução do colonialismo português 28
A França em questão: o fim da liberdade
como boa consciência 38
O supremo pecado do racismo 57

**I – Crítica da mitologia colonialista
(Década de 60 até 1974)**
O preto no branco 61
As contradições da mitologia colonialista portuguesa 69
Mitologia colonialista e realidade colonial 94
Ideologia multirracialista ou defesa do "*Apartheid*"? 105
Conversa pátria 108
Manifesto anticolonialista 111
Situação africana e consciência nacional 114
O silêncio português e a crise colonialista: carta aberta
à classe dirigente 144

II – No labirinto dos epitáfios imperiais (1974/1975 e depois)

Quantas políticas africanas temos nós?	149
A africanização	159
A congoangolização: Adeus a um império que nunca existiu	165
O Labirinto da Saudade: O Labirinto da Colonização	173
"*Requiem*" por um Império que nunca existiu	179
Ressentimento e colonização ou o complexo de Caliban	193
Um regime sem nome	199
Simplesmente magistral	203
Religião, ética e política ou os bispos retornados	209
Apelo ao(s) retornado(s)	216
Da não-descolonização	222
Da ficção do império ao império da ficção	225

III – Heranças vivas

Crise de identidade ou ressaca imperial?	237
Trinta anos de política portuguesa 1969-1999 (do pesadelo azul à orgia identitária)	245
Portugal: identidade e imagem	253
A Europa no imaginário português	260
A última festa da Europa	270
A morte de Colombo	273
Quinhentos anos	280
Celebremos o Brasil	283

Da colonialidade como nosso impensado. E outros fantasmas brasileiros

Sabrina Sedlmayer[1]
Roberto Vecchi[2]

O "impensado" é um dos conceitos estruturantes do pensamento de Eduardo Lourenço. Refere-se aos dois grandes – e combinados – objetos históricos de Portugal que o filósofo, ao longo de décadas de atividade crítica, desconstrói: o salazarismo e o colonialismo. No entanto, o embrião dessa ideia forma-se no Brasil, durante sua estadia para um ano acadêmico de docência na UFBA, em Salvador, no final da década de 1950. Talvez seja por essa gênese particular e situada que o impensado tenha muito a ver com o contexto brasileiro e com algumas linhas interpretativas da cultura do Brasil.

É auspicioso nos aproximarmos, com mais rigor, desta cena: ao chegar à Bahia, Eduardo Lourenço já havia tido contato com vários intelectuais da América do Sul que a partir dos anos 1930 tinham começado a pensar o continente e os seus países, lido também alguma literatura brasileira e escrito sobre a obra de Mário de Andrade, José Lins do Rego e Jorge Amado. Levantara a hipótese, a princípio, de que os personagens desses

---

[1] Sabrina Sedlmayer é professora titular da Faculdade de Letras da UFMG, pesquisadora do CNPq e presidente da Associação Internacional de Lusitanistas (AIL). Sua produção acadêmica se concentra nos estudos da literatura e da cultura portuguesa e brasileira. Entre os livros publicados, ressalta-se *Quem não tem cão caça com gato: estudando a gambiarra* (Editora UFRJ, 2025) e *Jacuba é gambiarra* (Autêntica, 2017).

[2] Roberto Vecchi é professor titular de Literatura Portuguesa e Brasileira na Universidade de Bolonha. É, desde 2007, coordenador da Cátedra Eduardo Lourenço. Foi presidente, de 2014 a 2021, da Associação Internacional de Lusitanistas (AIL). Atualmente é diretor do Centro de Altos Estudios da Universidade de Bolonha em Buenos Aires e coordenador do Centro Internazionale di Studi Umanistici Umberto Eco. Seu último livro publicado é *Fantasmagorias do retorno. Portugal e a nostalgia colonial* (Porto, 2025).

romances viviam a tragédia sem ter consciência política dela. Localizava nesses textos um excesso de atmosfera solar, certo aproblematismo, um encantamento sedutor junto a um desejo de felicidade lúdico e euforizante, prenhe de folclore e demasiada magia. Desconhecia o barroco brasileiro e o antilusitanismo disseminado, principalmente, a partir da Semana de Arte Moderna.

Foi daqui, do Brasil, que olhou para a Europa e para os movimentos de libertação da Argélia e começou a se interessar pelas noções de império, colonialismo e colonização. Anteviu, nesse tempo brasileiro – como argutamente apelida Maria de Lourdes Soares (2018) –, a descolonização na África. Mas muito mais do que isso. Conhecia o sertão apenas pelos escritores do regionalismo de 1930. O mais importante para a fermentação da escrita que estava por vir, no entanto, foi o sertão que Glauber Rocha o fez conhecer. Glauber foi seu aluno e, em uma das aulas, ofereceu-lhe um presente: *Grande sertão: veredas*. Lourenço leu primeiro Rosa, só depois Euclides. O Brasil-sertão *versus* Portugal-mar passou a fazer parte, a partir de então, das suas clássicas desmontagens mitológicas.

Outro ponto importante é que, na mesma época, a cidade de São Salvador abrigava uma estrangeira que transformou profundamente a arquitetura no Brasil: Lina Bo Bardi. Trabalhava ali, como também em São Paulo, numa conjuntura complexa: suas apostas estilísticas e conceituais defendiam, em uma arquitetura inovadora, o que era difícil de sustentar em uma estrutura política patriarcal, arraigada e conservadora. Seu tempo em Salvador, mais de cinco anos, também foi responsável por inflexões radicais em toda a sua trajetória pessoal, como ocorreu com o pensador português. Conforme esclarece Zeuler Lima: "ela renegociou sua identidade como arquiteta, intelectual pública e cidadã brasileira" (Lima, 2001, p. 271).

É nesse intervalo que Lina descobre a arte popular em suas camadas mais abundantes e a relaciona às vanguardas artísticas europeias à cultura feita pelas mãos "do povo brasileiro". Seu imaginário se expande, mesmo que ainda capturado por certa lufada de romantização estrangeira. Um Nordeste arcaico, também violento, é apreendido por ela como um elemento histórico valioso.

O elo que une essa moderna arquiteta italiana a um professor português que veio ao Brasil para ensinar Hegel é a Bahia e o intercessor Glauber Rocha. As referências simbólicas oriundas do seu cinema proporcionavam a ambos um conhecimento de outro Brasil. Ambos desterrados, encontraram um tradutor do que inicialmente comungava algo com certo neorrealismo italiano e português, mas que, naquela paisagem, na terra do sol, era completamente transfigurado.

Não é hiperbólico dizer que a vida intelectual de Lina e a de Lourenço ali se transformaram. A primeira expografia que ela exibiu no MASP, a primeira exposição no célebre museu brasileiro, *A mão do povo brasileiro* (cujo título escolhido inicialmente era o ditado popular "Quem não tem cão caça com gato"), foi resultado de uma coleção realizada durante sua primeira temporada na cidade de Salvador. Ali, viu, se assombrou, coletou, fotografou e selecionou peças do Recôncavo, de Monte Santo (quando acompanhou Glauber durante a gravação de *Deus e o Diabo na Terra do Sol*) e de muitas outras feiras, nas mãos de artesãos anônimos em "Crato e Juazeiro, no vale do Cariri, além de Aracati, Acaraú, Camocim e Granja" (Perrota-Bosch, 2001, p. 164).

Já Lourenço percebe ali o labirinto que é o Brasil. O Cinema Novo o auxilia a criar as imagens – e a reforçar sua leitura psicanalítica do imaginário nacional – de um país cuja língua não é partilhada pela unidade aglutinadora do termo "lusofonia". Vinha da França quando esta já se encontrava no meio de uma guerra colonial na Argélia. Aqui, percebe e disseca a mitologia do luso-brasilianismo (tornando-se um dos pioneiros, com diversos textos publicados, em criticar Gilberto Freyre e analisar o falacioso conceito de cordialidade lusitana). Também compreende os terríveis vestígios da escravização e o quanto resta do racismo como legado colonial.

Poder-se-ia, aliás, acrescentar que a experiência do Brasil é uma das duas grandes matrizes do pensamento de Lourenço, que tornam sua voz crítica tão reconhecível. Se o salazarismo e o bloqueio de Portugal com a Europa, na primeira metade do século XX, forjam o outro eixo fundamental e seminal desse pensamento – a heterodoxia – o Brasil, a África e a França (da guerra colonial da Argélia) são as bases que estruturam o impensado de Portugal e que preparam o crítico e filósofo português para se tornar uma voz de referência no contexto da redemocratização portuguesa instaurada pela Revolução dos Cravos de 1974 e na construção – inacabada – da Europa.

Para esboçar a construção de um conceito tão relevante na sua economia crítica, é necessário articular uma breve genealogia, filosoficamente estruturada, sobre como o conceito de impensado se constrói dentro do discurso de Eduardo Lourenço – como passa da caracterização de um fenômeno como o salazarismo para a desmontagem do colonialismo, por sua vez consequência do impensado de Portugal. Esse é um aspecto que se tornou evidente na organização, em 2014, sob a orientação do próprio filósofo, dos escritos sobre a experiência e as heranças do colonialismo português, que conectam o Brasil à Revolução, à descolonização da África e ao aprofundamento da democracia em Portugal.

Na sequência desse percurso textual, será interessante interrogar o impensado sobre sua placenta brasileira originária: é ela, de fato, que põe em diálogo o intelectual português com o impensado do Brasil. Um impensado, no entanto, com uma coincidência parcial com o "inconsciente colonial" – outro âmbito conceitual que, em virtude da ação latente do esquecimento ou do recalque do passado de colonizador, continua agindo a partir de um resto colonialista nas práticas contemporâneas, além do colonialismo, enquanto súbita e imprevista emersão.

O impensado, no pensamento de Eduardo Lourenço, pelo menos como referência direta, coagula-se em uma época seminal para a definição da sua voz crítica: o pós-Revolução dos Cravos, quando o pensamento sobre o ser português se expõe à vista, num texto com um título paradoxal e provocador, "O fascismo nunca existiu", concluído em Vence, França, em 25 de janeiro de 1976 e publicado dias depois no *Jornal Novo*. Esse texto daria nome ao volume publicado no mesmo ano, reunindo 27 ensaios – alguns dos quais canônicos –, entre eles uma espécie de suplemento do primeiro texto, com o título "Do fascismo que nunca existiu", publicado em 9 de abril de 1976 no mesmo jornal.

A impressão que os textos provocam é que projetos futuros, como a dorsal *Psicanálise mítica do destino português*, que codificam o "irrealismo" de Portugal, já estão encontrando uma forma própria. É nesse quadro que surge o "impensado", associado desde logo ao salazarismo.

> "Impensado" por "impensável" durante décadas (mas igualmente porque a mitologia oposicional assim o quis, para não ver o que ele era, nem o que ele não era), o 'fascismo' continuou a não ser pensado durante estes quase dois anos de revolução, embora continuasse a funcionar como referência afetiva e atitude mental e social de incontável número de pessoas (Lourenço, 1976, p. 178).

Na relação entre o impensado e o impensável do fascismo articula-se o embrião de um pensamento que, persistindo como imagem de força, irá depois reemergir em outros contextos. Será necessária uma década para que a ideia ressurja. O longo artigo "Do salazarismo como nosso impensado. Divagação anacrónica ou ainda não", escrito a convite para o *Semanário* ("Documento"), de 23 de janeiro de 1988, apresenta uma análise admirável, histórico-política, do salazarismo. Mas é muito mais do que isso. É um retrato de Salazar que se caracteriza por uma espécie de dualidade: uma desmontagem das matrizes do seu pensamento, do papel político da Igreja, uma reconstrução crítica do papel da oposição ao regime e do papel da criação literária e artística. É também o retrato de uma geração inteira.

Quando deveria ter sido pensado, o regime de Salazar não foi pensado – "pensá-lo no sentido de dialogar com ele, de relativizar a sua verdade de princípio" (Lourenço, 1988, p. 55). Assim, tornou-se uma "conversa impossível e quotidiana", "e se 'julgável' no sentido de pensável, e não apenas de muito positivisticamente e historiograficamente memoriável, de que ponto de vista, por quem e com que finalidade?" (*ibid.*, p. 56).

A proposta política e teórica surge no final do artigo. No lugar de uma revisitação de Salazar, o crítico acentua que o diálogo (impossível, como é óbvio) com ele "importa à compreensão não só do que fomos sob a sua lei, como do que continuamos a ser imaginando-o apenas como puro fantasma" (*ibidem*).

Em 1991, no número 9 da revista de reflexão crítica de área socialista *Finisterra*, Lourenço retoma o texto. Apaga a referência ao impensado no título do artigo de 1988 e promove o subtítulo como título: "Divagação anacrónica (ou ainda não)". O artigo de três anos antes é praticamente idêntico. Pela datação (1987), este texto, aliás, parece antecipar a publicação no *Jornal*. Há o acréscimo de uma nota que especifica: "Este texto destinara-se (destina-se) a servir de prefácio a uma série de reflexões intituladas 'Monólogo(s) sobre Salazar', escritas durante a vigência do Antigo Regime" (Lourenço, 1991, p. 99).

No Acervo Eduardo Lourenço, organizado com zelo afetuoso na Biblioteca Nacional por João Nuno Alçada, encontram-se os manuscritos dedicados ao colonialismo e a Salazar – os dois grandes "impensados". Há, entre eles, um manuscrito (20 ff.) intitulado "Meditação em margem de quarenta anos de regime... E se Salazar tivesse razão?". Aparecem também outros documentos, como cartas e textos (por exemplo, o manuscrito *À tout Seigneur*) para e sobre o ditador. O subtítulo da "razão" de Salazar, na economia do texto, mostra claramente seu pendor acidamente irônico. É um texto que altera de modo substancial o decurso semântico do artigo, abrindo-o para campos e conceitos novos.

A desmontagem de Salazar não se baseia numa iconoclastia ideológica, como seria de se esperar, mas apresenta Salazar como discurso político e como manual de exercício do poder, que para uma geração – na qual o próprio crítico se inclui – ofereceu uma visão política sentida como original e coerente (cf. *ibid.*, p. 107), fundamentada sobre "um destempo" da "cinzenta e exaltante existência vivida à sua sombra", cuja inegável pena foi a condenação a uma "inexistência" (*ibid.*, p. 108).

Tema de difícil partilha com outra geração – "contemporânea de Madonna e Michael Jackson" –, à qual não é fácil explicar os que tentavam, por oxímoro, "dialogar com o Mestre do Monólogo" (*ibid.*, p. 109). Assim, a oposição sem país começa a construir seu país, a sair do "exílio em casa". A campanha do General Delgado, antes, e a Guerra Colonial, em seguida, exasperam uma crise que a política histriônica já não consegue conter. Com a morte, Salazar escapa ao diálogo interno quando este finalmente poderia ocorrer (*ibid.*, p. 111), o que o torna uma esfinge definitiva, que não se deixa interrogar.

Lourenço, sobre esse projeto "póstumo" de diálogo impossível – ao qual se associa a ideia de impensado –, resgata do passado um texto que inaugurara o volume de 1976, *O fascismo nunca existiu*, escrito no Brasil e publicado em 1959 no jornal *Portugal Democrático*. Era assinado com o pseudônimo "Criticus" e intitulado "A nova República deve nascer adulta". No seu desfecho, prefigura-se o sentido que terá o impensado depois do fim do regime:

> A dúvida é neste instante o prolongamento das raízes do inimigo em nós, como será no dia do advento da Nova República a vitória póstuma de Salazar. Só uma confiança total no bem fundado da exigência popular e na Democracia que a exprima pode afastar de vez do tablado nacional todas as formas de demissão política. Salazar não é senão uma delas. Se a nova República falhasse o seu futuro, voltaria de novo. Poupemos essa vingança ao fantasma de Salazar (Lourenço, 1976, p. 35).

Não se conclui aqui a reconstrução do impensado referido ao tirano. Haverá uma nova emergência considerável. Quando, no texto da *Finisterra*, se referia ao não diálogo ou ao diálogo impossível com Salazar, Lourenço remete para outros textos "que de certo nunca verão a luz sobre a 'Rebelião africana e a consciência nacional', uns e outros devorados pela História e seus presentes implacáveis" (Lourenço, 1991, p. 113). O professor não imaginava que um dia o volume desses textos sairia com o resgate do conceito de impensado. Trata-se deste livro, *Do colonialismo como nosso impensado*, que, em 2014, o professor publicou sob sua orientação, com a organização de Margarida Calafate Ribeiro e Roberto Vecchi, e que agora chega à edição brasileira. E que ironicamente definia "o meu primeiro póstumo". O título é significativo porque amplia (ou duplica?) o campo, do salazarismo ao colonialismo, justamente a partir da categoria do impensado. O não diálogo com a experiência colonial apresenta amplas analogias com o não-diálogo com Salazar.

Em um texto como o prólogo de *Situação africana e consciência nacional* (posteriormente confluído em *Do colonialismo como nosso impensado*), a simetria conceitual entre o impensado de Salazar e o colonialismo é evidente (e aqui a conexão que surgira no Brasil entre colonização e colonialismo é bastante clara):

> O Regime confiscou de facto toda a existência política da Nação, na medida em que isso é possível. Por um trágico reflexo, a Oposição empregou-se a fundo no vazio deixado por essa confiscação e a vida nacional passou a ser um diálogo de surdos, ou, antes, dois monólogos, um pesadamente audível, outro irreal. Paradoxalmente – mas no fundo muito naturalmente –, uma possibilidade de real diálogo pôde aparecer no momento em que a nossa situação ultramarina foi posta em causa (neste livro, p. 120).

Não apenas age uma convergência histórica e conceitual sobre salazarismo e colonialismo, mas a assimilação reflexiva permite estender o conceito de impensado de Salazar para uma "consciência nacional enquanto essencialmente colonizadora" (*ibid*, p. 118), de onde se extrapola, portanto, a ideia de um "impensado colonial".

Esboçada a genealogia textual do impensado no horizonte do pensamento de Eduardo Lourenço, algumas considerações sobre sua matriz brasileira são necessárias, inclusive porque proporcionam um instrumento de apreensão epistemológica do conceito em si e de sua possível extensão.

Como se notará nos escritos de *Do colonialismo* que aqui se apresentam, Lourenço desenvolve uma crítica cortante às "pseudo-teorias" de Gilberto Freyre, das quais percebe logo as consequências perniciosas na consagração intelectual desse intérprete do Brasil pela cristalização ideológica do luso-tropicalismo ("Os malabarismos luso-tropicalistas do senhor de muito engenho Gilberto Freyre forneciam a necessária caução 'científica' a esta operação de mágica" [*ibid.*, p. 181]).

Em termos de pensamento brasileiro, Sérgio Buarque de Holanda também capta problemas análogos, reduzindo drasticamente as referências ao estudioso pernambucano na revisão da 1ª edição de *Raízes do Brasil* para a 2ª. Eduardo Lourenço avançará ainda mais. Derivará do conhecimento próximo da colonialidade brasileira, em plena vanguarda baiana do fim dos anos 1950, sobretudo no que se refere às relações assimétricas de raça e classe social, o dispositivo de leitura da colonização portuguesa em África, ainda vigoroso, mas destinado a ser em parte ofuscado pelas sombras da iminente Guerra Colonial na África Portuguesa, a partir de 1961.

O confronto de Lourenço com Gilberto Freyre evidencia uma análise detalhada do recalque e da eufemização do racismo no Brasil, fruto de uma formação própria após o colonialismo, mas também assimilável ao racismo disfarçado de álibi civilizatório praticado nas colônias por Portugal. O impensado do colonialismo, de fato, age de maneira análoga ao impensado da colonialidade brasileira, como se depreenderá também de outra coleção de escritos sobre o Brasil, *Tempo brasileiro*, onde sociabilidade, literatura, cinema e artes do Brasil são sutilmente analisados e repensados.

O termo "colonialidade" que podemos acrescentar só hoje, *ex post*, como uma atualização crítica, perpassa o pensamento do filósofo português, que percebe como a herança colonial de Portugal não só está viva nos vestígios e ruínas materiais, religiosos e monumentais dos tempos coloniais luso-brasileiros no Nordeste, mas é um legado que interfere profundamente nas relações sociais do Brasil nação. Dessa forma, na assimilação crítica, a ideia de cordialidade de Sérgio Buarque de Holanda, como dimensão integrada na sociabilidade do Brasil, desapercebida na sua genealogia de dominação e posta à luz pelo pensamento crítico, poderia se inscrever no denso impensado brasileiro, com uma espessura próxima do colonialismo português em África.

O impensado, de fato, distingue-se, embora algumas margens se sobreponham, do "inconsciente colonial". Este se caracteriza como uma ausência presente (pelo invólucro do recalque ou do esquecimento) que emerge através de sintomas e ações em determinados momentos, onde o passado é chamado em causa também num plano inconsciente. O impensado também subsiste num plano de latência, mas a sua possibilidade de ser pensado, ou seja, de manifestar-se por uma ação do pensamento que filosoficamente o atualiza, torna-o um objeto crítico, sobretudo do ponto de vista do intérprete, que se instaura na construção de um novo conhecimento, inexorável quanto ao Brasil.

A colonialidade do Brasil (associada ao racismo e à crítica ao pseudo pós-colonialismo freyriano) espelha-se, portanto, no impensado da formação nacional e, o que poderia surpreender, é implicada pelos modos análogos de conhecimento do colonialismo de Portugal em África.

Note-se, em termos conceituais, que se constitui uma dobra onde o colonialismo de Portugal pode se situar antes e depois da colonialidade brasileira, como se fosse uma moldura histórica ao mesmo tempo com margens comuns e diferenças com a colonialidade que se estruturou, por sua vez, na ex-colônia. Um conjunto de relações explicativas que mostra a matriz teórica do pensamento de Lourenço numa direção precocemente decolonial e de crítica das heranças de uma matriz colonial complexa e comum. Se quisermos aqui sugerir um outro nexo, fértil e potencial, é a proximidade de Eduardo Lourenço de um imenso intelectual brasileiro, Antonio Candido. O modo com que a literatura proporciona um arquivo especial para repensar forma e relações, uma preocupação política e democrática para o trabalho do pensamento, tornam os dois críticos partes de um todo comum.

Em uma entrevista concedida a Madalena Vaz Pinto (2018, p. 527), Lourenço responde sobre um possível diálogo entre o Modernismo brasileiro e o português, e a figura de Candido surge para confirmar afinidades. Para o crítico brasileiro, a originalidade do Modernismo do Brasil reside no seu sentimento de triunfo, relacionado à libertação de recalques históricos, sociais e étnicos. A partir desse momento, ocorreria uma profunda ruptura entre os dois países, com uma rasura: a litura, a raspagem de uma posição de inferioridade em relação a Portugal. Já para o crítico português, trata-se da morte do pai e de uma certa herança cultural, mas também de uma espécie de "Carta de Caminha", lado a lado com a abertura para uma fratria horizontal.

Restou uma língua. Uma língua diaspórica, potente, que se revela vitalmente não apenas no campo filosófico, sociológico e literário, mas também através da música. Roçar a língua de Luís de Camões ou transformar o fado em tropicalismo é tarefa que muitos dos nossos intérpretes tomaram para si. Língua que, pela MPB, nas vozes de Chico Buarque de Hollanda e Caetano Veloso, entre outros, dissemina de forma clara, irônica e reflexiva como a melancolia, o fado e a saudade escondem uma desigual e violenta relação de dominação, exploração social e sexual, que devem ser cantadas e nomeadas para que se perceba a complexidade da relação com o passado. Não se trata mais de canibalizar ou cultivar o ressentimento, mas de perceber como essa língua que nos conecta, mas também nos limita, é um claro enigma a ser explorado e transformado.

Assim, em Lourenço se delineia uma convergência de conceitos que se formam e se definem nas duas críticas ao colonialismo e à colonialidade, que se entrelaçam e possibilitam pensar os dois impensados: a inexistência, o caráter póstumo, a falsa consciência da inocência implicada pelo colonialismo português (de antes e agora, em África), a permanência nacional das relações sociais, raciais, de poder, de matriz colonial na formação inacabada do Brasil e na sua contemporaneidade.

Nomear o impensado significa negar a impossibilidade de pensá-lo. E torná-lo assim pensável e portador de uma veemente crítica ao poder colonial. É essa a lição que surge desta obra de Eduardo Lourenço. Pela sua potência crítica ainda só parcialmente conhecida, numa revisão no sentido decolonial das relações de poder no Brasil, o intelectual português talvez possa estar, de agora em diante, no pequeno panteão de intérpretes que imaginaram um Brasil mais justo. E sem impensados.

Referências

Lima, Zeuler R. *Lina Bo Bardi: o que eu queria era ter História*. São Paulo: Companhia das Letras, 2021.

Lourenço, Eduardo. *O fascismo nunca existiu*. Lisboa: Publicações Dom Quixote, 1976.

Lourenço, Eduardo. Do Salazarismo como nosso impensado. Divagação anacrónica ou ainda não. Documento de *Semanário*, Lisboa, 23 jan. 1988, p. 54-56.

Lourenço, Eduardo. Divagação Anacrónica (ou ainda não). *Finisterra – Revista de Reflexão e Crítica*, n. 9, Lisboa, Inverno 1991, p. 99-113.

Lourenço, Eduardo. *Obras Completas de Eduardo Lourenço. IV Volume. Tempo Brasileiro: Fascínio e Miragem*. Coordenação, introdução, notas e notícias bibliográficas de Maria de Lourdes Soares. Lisboa: Fundação Calouste Gulbenkian, 2018.

Perrota-Bosh, Francesco. *Lina, uma biografia.* São Paulo: Todavia, 2021.

Obras completas de Eduardo Lourenço. IV Tempo Brasileiro: Fascínio e Miragem. Coordenação, introdução e notícias biobibliográficas de Maria de Lourdes Soares. Lisboa: Fundação Calouste Gulbenkian, 2018.

Vaz-Pinto, Madalena. Entrevista: Modernismo Português e Modernismo brasileiro: que diálogo? In: *Obras completas de Eduardo Lourenço. IV Tempo Brasileiro: Fascínio e Miragem.* Coordenação, introdução e notícias biobibliográficas de Maria de Lourdes Soares. Lisboa: Fundação Calouste Gulbenkian, 2018.

40 ANOS DE ATRASO
Nota prévia

Eduardo Lourenço

A apresentação deste volume de escritos em várias épocas e conjugados pelo fio comum da reflexão sobre o colonialismo português pode ocorrer ou com um excesso de palavras que explicasse a circunstância e o contexto onde cada texto foi pensado e redigido, ou com a forma elíptica do silêncio. Talvez esta seja a mais indicada porque não seria possível reconstruir todos os momentos, os estados de ânimo e as ideias que ao longo de tanto tempo os constituíram. Mas o que está escrito, está escrito. A melhor atitude, portanto, talvez seja a de deixar cada texto falar levando a poeira que o tempo aí depositou marcando a sua passagem inexorável.

A recomposição que aqui se propõe tenta reconstruir um tema que atravessou uma parte considerável da minha reflexão ao longo de tantos anos e tantas andanças: o colonialismo português como um caso onde Portugal se revela em toda a sua complexidade. As mitologias sobre as quais ele se articulou mostram algo de nosso e muito profundo embora de modo indirecto e não raramente mistificado: a "identidade" de um País que pela maior parte da sua história se construiu por fora, evitando assumir o seu olhar interior, o que era por dentro.

A descoberta de um tema, que mais tarde seria História, ocorreu em contextos muito diferentes que prolongaram os seus reflexos e as suas sombras pelo tempo.

Os textos, em particular escritos ou rabiscados antes do fim do Antigo Regime, nem sempre foram destinados para a publicação. Era inconcebível pensar que pudessem encontrar oportunidade naquele tempo. Parte deste material encontrou, depois de 25 de Abril, uma divulgação, outro continuou inédito na gaveta. Às vezes, pelo tom, o discurso parece assumir traços de monólogo, quase uma confissão comigo mesmo, um solilóquio sobre as contradições de um País limiar da Europa, que encontra nos mares o seu sonho e o seu pesadelo de grandeza. No entanto, as solicitações do presente naquele tempo eram tão numerosas que não me podia coibir de tomar, embora de modo solitário, uma posição antes de tudo analítica.

A paisagem muda depois de 74 (quando é publicada parte da reflexão em *Situação africana e Consciência nacional* ou em artigo de revista e jornal). A questão aqui torna-se da decifração (póstuma) da perda que foi ao mesmo tempo de dimensões históricas, mas que aparentemente Portugal viveu com singular tranquilidade, como se fosse/estivesse consciente da consistência só imaginária ou onírica daquele império, embora o trauma de uma guerra silenciada permanecesse na sociedade como um trauma latente. Na sociedade portuguesa o trabalho do luto, em todas as suas dimensões psicanalíticas e colectivas, não foi completado, até só parcialmente começou. Contextos não centrais na cena histórica como, por exemplo, os da literatura foram o espaço onde se elaboraram as imagens mais complexas sobre o passado colonial e o fim do império. É como se uma reparação nossa (pelos dois lados de "nós") não fosse efectivamente possível. Como se não se conseguisse enterrar o cadáver, condenando-nos a falar infinitamente e pela língua da melancolia de um objecto liminar que foi e não foi, nosso e não nosso.

Talvez por isso, neste discurso que não se esvazia, valha a pena considerar não as rupturas, mas sobretudo as continuidades que restaram do fim dos impérios – que, no entanto, não foi o fim da sua imaginação também fantasmática – e se projectam em cima de um presente que não é só singular, mas é de partilha, incómoda, para toda a Europa. E que muda também o nosso olhar sobre os países que pela língua se espelham nalgumas páginas do nosso passado, como no caso mais evidente que é o do Brasil, ausência presente da nossa ressaca imperial.

Os quarenta anos de atraso com que estas páginas são publicadas, ou reeditadas, não são, paradoxalmente, um anacronismo, como poderiam aparentar, mas o modo para repensar na consistência às vezes opaca, outras vezes transparente, que o tempo nos ofereceu.

Lisboa, 23 de Fevereiro de 2014.

*Tudo isto está de acordo com a
nossa maneira de estar no mundo.*
Eduardo Lourenço

Limiar:
contornos e imagens imperiais

Colonialismo e boa consciência: o caso português[1]

Ces fous ne reviendront pas à la raison, qu'ils ne soient pris de vertige. Entre les Açores et les Antilles, toute une Afrique gît sous la mer.
Hölderlin

Deste naufrágio de uma raça toda a gente se lembra, excepto os portugueses. Das epopeias que perduram neste país tão folclórico de história nem uma página o relembra. A História trágico-marítima é a dos portugueses devorados pelo mar e pelos selvagens. Este espantoso silêncio esconde a aventura colonial, a mais pura de toda a História. Tão pura que hesitamos chamá-la colonialista. E, no entanto, ela é certamente uma entre outras, a primeira e a última ainda de pé, sob a indiferença dos trópicos e o esquecimento do mundo. Este esquecimento faz-nos pensar, mas explica-se. Portugal não foi o único país a deixar-se esquecer desta maneira. No tempo das Grandes Descobertas, a importância cósmica desta aventura escondia aos olhos da Europa o colonialismo nascente. Mais tarde, a mesma Europa teve também demasiado interesse em esconder, em conjunto, este colonialismo.

---

[1] Texto inédito em francês. Espólio de Eduardo Lourenço, Biblioteca Nacional de Portugal; tradução dos organizadores.

Brasil: caução do colonialismo português[2]
O verdadeiro alcance da visita de Kubitschek

Caros Amigos,

Uma simples linha do vosso jornal confirmou-me de chofre naquilo que tinha, por simples intuição histórica e política, como já indubitável. No número 11 de *Portugal Livre,* consagrado quase inteiramente à apreciação e condenação da viagem presidencial, lê-se na página cinco que "altos funcionários do regime" salazarista teriam declarado sem rodeios em Lisboa, a representantes da imprensa brasileira, que sem a ida do Presidente a Portugal as famigeradas Comemorações Henriquinas "não se efectuariam". Honestamente, *Portugal Livre* coloca a informação na sua natural luz jornalística, quer dizer, deixa-a no seu carácter "oficioso" ou "semioficioso". Não é possível, pois, tratá-la como se fosse declaração incontestável, oficial. Pouco importa, porém. Mesmo hipotética, mesmo inexistente, tal declaração tem uma tão intrínseca verosimilhança ou melhor, exprime com tal verdade o autêntico clima da triste viagem alegre do Presidente, que não há escrúpulo exegético que obste a tratá-la como verdade nua e crua.

Trata-se agora de examinar qual a importância dela na apreciação do julgamento político da viagem presidencial. *Portugal Livre* fez-se eco, com vigor e severidade, das diversas reacções, quase todas indignadamente negativas, que a nefasta ronda de Kubitschek suscitou no Brasil, quer entre brasileiros, quer entre os democratas portugueses. Como era de justiça e oportuna visão, a nobre e corajosa atitude do ex-embaixador Álvaro Lins mereceu as honras do vosso número. O seu alcance autenticamente político,

---

[2] Publicado em *O Fascismo nunca existiu,* Lisboa: Publicações Dom Quixote, 1976, p. 37-49. *O fascismo nunca existiu* foi depois publicado pela Gradiva em 2022. Uma primeira versão deste texto foi publicada em *Portugal Livre*, em 1960.

no quadro da luta antisalazarista, é evidente e incontestável. Todavia, esta mesma feliz circunstância deslocou um pouco o ângulo sob o qual convém colocar a verdadeira natureza da viagem presidencial. É fora do contexto afectivo-político, fora das explicações psicanalíticas, em si mesmas reveladoras, interessantíssimas e de futura utilidade biográfica, que o caso deve ser visto. Sobretudo, importa colocá-lo, para nós, portugueses, na luz própria da situação política caseira, distraindo-nos o menos possível com a exploração dele no quadro da atmosfera brasileira ou mesmo das relações luso-brasílicas. Que a vaidade, o complexo de inferioridade, a intriga diplomática e outra, tenham influído na desastrosa decisão, importava sublinhá-lo, ainda que mesmo neste capítulo eu julgue que as razões dela ultrapassam o horizonte próprio dentro do qual as explicações de carácter são válidas. Já assim foi no caso do general Delgado e é sempre assim nas relações interestaduais, mormente no caso de Portugal e do Brasil, cuja política oficial dificilmente poderá escapar às linhas de força de uma mitologia superior aos políticos, por mais alto que se encontrem. Nem de outro modo essas explicações pessoais teriam qualquer alcance, objectivamente falando, se através delas nós não visássemos esclarecer o jogo político luso-brasileiro. Ora este jogo, embora transpareça nos diversos artigos de *Portugal Livre,* sofre um pouco da preponderância do anedótico sobre o fundamental e releva em excessiva proporção da óptica brasileira sobre ele. Necessário se torna, pois, inverter, de algum modo, os pontos de vista, tanto mais que, como depreendo da leitura do jornal, a reacção brasileira parece não se ter apercebido do que para nós é o centro da questão. Esse centro é justamente o que as linhas de *Portugal Livre,* acima aludidas, permitem destacar.

Com lucidez e decisão políticas dignas de todo o elogio, *Portugal Livre* sublinha o inegável triunfo político que constituiu para o salazarismo a viagem delirante de Kubitschek. É um facto. Deste facto se servem com razão os vários comentadores, tal como o fizeram grandes nomes do jornalismo brasileiro, para verberar com justa violência a traição efectiva ao ideário e à prática democrática que o concurso do falso-inconsciente chefe do democrático Brasil significou.

A histórica carta de Álvaro Lins, a Crónica do Rio, o excerto de Corção, o artigo de Miguel U. Rodrigues sublinham, como convém, essa efectiva demissão política e humana do Presidente brasileiro e através dele a gravíssima distorção da imagem do próprio Brasil junto do povo português por ele realizada com aflitivo e sorridente gosto. Ao mesmo tempo, *Portugal Livre* caracteriza a operação Kubitschek como um monumental "conto do vigário" político levado a efeito pelo imbatível especialista de Santa Comba. Reforço da ditadura portuguesa, colmatagem da brecha aberta pelo caso Delgado, ludíbrio infantil indigno de um povo com responsabilidades democráticas no plano universal, tudo isto está certo e mais que certo. Mas falta nas vossas análises a referência explícita, fundamental, àquilo que multiplica a gravidade do acto praticado pelo Presidente Kubitschek e lhe dá a verdadeira dimensão em termos de política interna e externa portuguesa, assim como marca esse gesto, quando visto do lado brasileiro, de um significado muito mais transcendente, pois ofende na raiz a essência mesma da mitologia brasileira. Quero eu dizer, falta situar essa viagem no seu horizonte específico: as Comemorações Henriquinas.

A miséria do pensamento político português é tão inexpugnável que nada é mais rendoso que explorá-la sem descanso e sem vergonha. Com diabólica constância e refinada astúcia de camponês letrado, Salazar tem cultivado essa mina inesgotável com um êxito sinistramente brilhante. Todavia, mau grado toda a sua habilidade e os dispêndios que a sustentam, só em duas ou três ocasiões, durante estes intermináveis trinta anos, pôde gozar da mais rara consolação dos governantes: a identificação, ou o que mais dela se aproxima, com a emoção ou o sentimento nacional. Sem surpresa alguma para quem conhece o povo português e a vida imaginariamente épico-retórica em que vive por dentro, à falta de viver uma autêntica e realística vida colectiva por fora, todos esses êxitos têm um pano de fundo comum. Salazar não é o primeiro homem político a explorar a mitologia histórico-sentimental dos portugueses. Nisto, como em muita outra coisa, é herdeiro. Mas ninguém se serviu dela com tão consciente e cínica precisão. Salazar utiliza-se do sentimentalismo, do nacionalismo, do anacronismo épico do seu povo com a sem-cerimónia com que um professor de música se serve do piano velho dos alunos. Este constante e supremo à-vontade prova, e prova-lhe, que bate na tecla certa. Foi assim em 1940, nas Comemorações Centenárias, foi supremamente assim no caso de Goa, artificiosa e maquiavelicamente exagerado, e foi igualmente assim com as Comemorações Henriquinas, conclusão lógica, histórica e mítica de trinta anos ininterruptamente comemorantes.

Igualmente sem surpresa, em todos estes festivais do salazarismo, o Brasil teve presença de realce. Pese, pois, à nossa actual indignação, o gesto do Senhor Kubitschek de Oliveira, obrigatório nome do simpático Presidente entre os muros do quintal salazarista, tem precedentes. Nem podia deixar de ser assim e é sobre esta fatalidade que se apoia a astúcia diplomática do

Grande Chefe, razão suplementar para que consideremos com redobrada severidade e justo desdém esse funambulismo estéril. Ver as coisas de outro modo é situar-se num ponto de vista político infantil, numa perspectiva de café, ou cegar-se voluntariamente ao serviço de um maniqueísmo passional sem interesse objectivo. Num grau difícil de avaliar e submetido às oscilações históricas, mas, em qualquer caso, de importância ímpar, as relações de Nação a Nação escapam ao horizonte específico das políticas internas respectivas. Escusado será dizer como o caso muito especial de Portugal e Brasil exemplifica esta lei da política internacional. Por mais que custe às nobres e aparentemente lógicas coordenadas de uma exigência política digna no plano moral subjectivo, a vida dos povos, como a vida em geral, contém uma dose, digamos, normal, de conveniência, cálculo, arranjo, hipocrisia e não pouco cinismo. Sobretudo, é um xadrez complexo de interesses precisos e relações de força, arma e armadilhas simultâneas do homem político. Sem invocar generalidades que são a realidade política mesma, à luz dos hábitos comuns e da tradição das relações luso-brasileiras, não se vê como o Brasil se poderia ter furtado em 1940, no contexto bem preciso da época, ao convite que lhe foi feito para se associar àquilo que tinha toda a aparência de ser a festa de um povo legitimamente satisfeito com a sua subsistência de séculos e tudo o que isso supõe. Mas além da aparência, essas festas, pela natureza das coisas, mau grado o relento de má-fé e os dúbios fins de consagração explícita de um sistema detestado por parte da Nação (e só por parte, ai de nós), eram e foram festa nacional. Sem explícito risco de corte diplomático que as relações anteriores não justificavam e facilmente explorável ou como ofensa à generalidade dos portugueses enquanto Nação ou como reacção ressentida de antiga Colónia, a participação brasileira nas Comemorações Centenárias de 1940, ou a viagem de Craveiro Lopes ao Brasil, inscrevem-se num contexto, por assim dizer, normal. Podem discutir-se as formas ou os aspectos dessa presença, mas dificilmente a presença mesma sob pena de identificar, à maneira própria do regime, Salazar e a Nação. Em suma, tais visitas podem enquadrar-se independentemente dos prolongamentos ou pressupostos de pequena política que servem, nas relações de cortesia mútuas de Nação a Nação. Que essas viagens consolidem de facto os regimes de constitucionalidade periclitante, como o nosso, é coisa sabida. Mas neste capítulo não há diferenças essenciais entre uma visita da rainha de Inglaterra, de Eisenhower ou de um presidente do Brasil. Até se pode pensar que os malefícios reais de uma visita brasileira sejam menores, pois parte deles são neutralizados pelo mito popular da "amizade tradicional e fraterna luso-brasileira".

O caso muda de figura quando passamos do plano diplomático das relações de Estado a Estado, ao plano internacional ou de fatal incidência internacional. Claro está que uma das habilidades do nosso regime de tortuosos sacristães jurídicos é o da conversão do plano nacional em internacional e vice-versa ou a casuística barata dos "distinguos" de uma coisa e outra em função dos interesses de momento e da inalterável essência reaccionária que eles exprimem. Os acontecimentos de Goa forneceram aos laicos legalistas do regime pretexto para habilidades formais daquele género, espectacularmente coroadas por um resultado real e juridicamente nulo, aclamado em Lisboa como uma mirífica vitória. No campo diplomático propriamente dito, os mesmos acontecimentos levaram ao auge a exploração do crédito histórico e sentimental do país junto das nações ditas amigas, em primeiro lugar, o Brasil. Era de boa guerra se a guerra fosse boa, como só em parte o era. Não é aqui o momento de julgar, nem da natureza dos colossais esforços empregados pela chamada representação diplomática portuguesa para despertar "as afinidades" pouco espontâneas, de causa comum, nem das causas materiais que provocam em certos representantes do Itamarati tão oportunos acessos de solidariedade. Não erraremos se dissermos que os primeiros não escapam aos estigmas do regime policiesco que representam e os segundos à honorabilidade que se devem a si e ao Brasil. Através de uns e outros o Brasil tomou posição no caso de Goa. A manobra portuguesa é perfeitamente normal. Situa-se na lógica da situação que nos foi criada e na necessidade imperiosa de defesa. Mas o que para nós era política interna, para o Brasil era decisão de política exterior, pois envolvia tomada de posição em face de actos de terceiros. Essa decisão, de um ponto de vista formal, pode ser interpretada de modo a justificar a mitologia democrático-humanística a que o Brasil gosta que o associem. Mais fácil, porém, é mostrar como ela a sapa na raiz. Mas isso é ponto que envolve a apreciação de um aspecto da política brasileira não só face a Portugal como face à Índia e alargaria desnecessariamente o debate. A mesma figura do comportamento brasileiro ressalta suficientemente da presença espectacular do presidente Kubitschek nas "Comemorações Henriquinas" e nós podemos apreciá-la sem necessidade de nos referirmos à situação internacional, que, embora clara, se presta a uma logomaquia jurística sem fim.

Qual seja a figura que o Brasil do presidente Kubitschek assumiu vindo receber em Lisboa, em 1960, de mãos dadas com Salazar, os convidados às "Comemorações Henriquinas", é claro como água: *é a de caução do Colonialismo*. E isto é mil vezes mais grave e imperdoável do que é a falta moral e política de injectar através da mesma presença mais um balão de oxigénio a uma hipócrita política totalitária. O presidente Kubitschek, com uma felicidade que os seus concidadãos devem apreciar, fez dominó para os dois lados. Mas o primeiro facto desfigura totalmente o Brasil porque o atinge na sua mitologia profunda de nação anticolonialista e no prestígio que ela tem o direito de tirar dessa constante diplomática dos seus governantes. O Brasil era a última das Nações a poder participar sem se renegar na sua essência, no insultante e louco festival do colonialismo que são as "Comemorações Henriquinas". Mas por isso mesmo era a única que não podia faltar sem que as "Comemorações" perdessem todo o sentido para que foram orquestradas. Toda a vitória de Salazar é resumida pela ingénua confissão dos seus escribas religando a celebração à presença do presidente do Brasil.

Claro está que os hábeis se apressarão a contestar que as "Comemorações Henriquinas" sejam esse festival de colonialismo a que nós as reduzimos expressamente. O desabafo dos tais altos funcionários responde por nós. O maquiavelismo provinciano de Salazar sabe muito bem o que faz. Representante de uma Nação que por mal dos seus pecados não é acidental mas essencialmente colonialista, a única no mundo tão tragicamente conforme a essa vocação que no momento exacto de duvidar dela a exalta com um frenesi que toca as raias da loucura e da grandeza, Salazar quis administrar aos olhos do mundo a prova que o nosso colonialismo é de essência positiva e radicalmente diferente dos outros. Mas quem gabaria a noiva? A antiga colónia, a colónia-tipo, o prodigioso Brasil que tomaria jubilosamente o *Boeing* para vir proclamar a um mundo apaixonado e injusto a grandeza única da obra portuguesa. Não é como democracia, não é como nação irmã que o Brasil tem uma relação directa com os fins visados pelas famigeradas "Comemorações", é como "antiga colónia", que os portugueses trazem todos na lapela da alma como a mais exaltante das flores. E o imperdoável da parte de Kubitschek foi deixar servir o que há de profundo e sério nesta mitologia para cobrir o que nela sempre houve de contestável, e hoje em dia, de intolerável.

O Presidente Kubitschek não é nenhum menino de coro. A finalidade última das "comemorações", dada a situação colonial portuguesa e a corrente irresistível da autodeterminação africana, não lhe podia escapar. Desta vez não se tratava de comungar num acto de pura comemoração interna como em 1940. Também não era opção que pudesse passar por conta de política internacional no sentido neutro do termo. O Presidente sabia muito bem que esse festival era a resposta saloia e impudente às nossas dificuldades africanas, diante das quais, à falta de perspectiva digna da nossa lucidez e da nossa coragem, o mestre-de-cerimónias da nossa impotência continua o seu pavoroso jogo de avestruz. A prova disso é que hesitou em participar nessa prodigiosa mistificação de todo um povo que devia merecer-lhe um respeito menos teatral e mais autêntico. Finalmente o seu mau anjo-da--guarda venceu e o resultado histórico foi este: encontrar-se em 1960, na hora solar da libertação africana, o representante de um povo que há cento e poucos anos se encontrava numa situação idêntica à de Angola e Moçambique, cobrindo do seu elástico sorriso os representantes da derradeira forma de colonialismo, a mais hipócrita que a História regista.

Meus caros amigos, é isto que importa frisar e já nada tem com a visita de Kubitschek: a hipocrisia sem nome do nosso colonialismo na qual todos participamos, a tal ponto que uma *gaffe* como a de Kubitschek é por assim dizer sustentada, sem que isso o desculpe, pela generalidade dos portugueses. Não é por acaso que vós mesmos sublinhastes a ofensa à consciência democrática, o apoio à ditadura salazarista, passando em silêncio o aspecto que aqui relevo e que me parece infinitamente mais importante. Quando se pensa que *Portugal Livre* é um jornal confessadamente anticolonialista, pode fazer-se a ideia da alienação profunda da nossa consciência de portugueses, mesmo os mais corajosos, lúcidos e democráticos. A maior miséria do colonialismo é que ele coloniza os colonizadores. Nenhum povo foi vítima disso no grau em que o são os portugueses. Não é agora tempo de desenvolver este ponto, mas uma das consequências mais paradoxais da situação de *metrópole* é que ela se escraviza nos seus *metropolitanos* enquanto se liberta nos seus coloniais. O Brasil é a maior prova deste processo: o português-brasileiro era incomparavelmente mais livre que o reinol e um dia essa experiência de liberdade deu os seus frutos naturais. É por isso que na tenebrosa situação em que nos encontramos a nossa África é antes de tudo *um problema metropolitano*. E não o digo por pensar que a solução do famoso problema africano depende da solução metropolitana, mas pelo contrário: a solução metropolitana depende da de África, mas é esta que tem a prioridade, a tal ponto nós somos ou nós nos colocámos na situação de povo *intrinsecamente colonizador*.

Mas para que a mútua libertação se faça é preciso liquidar a sério o mito do colonialismo português, com uma configuração tão estranhamente idêntica à da ditadura "sábia, paternal" do nosso inefável chefe. Pareceria decalcado sobre este último, se não fosse o contrário e ambos a dupla face de uma só e idêntica situação: a de Nação Colonialista. Ora chegou o momento de inverter todos esses *leitmotif,* de curso nacional e internacional, declarando que o nosso colonialismo, ao contrário do que se afirma, é a mais retrógrada, a mais implacável, a mais sofística, a mais imbecil de todas as formas de colonialismo conhecidas hoje. Ele é exactamente, à imagem da situação política e social da metrópole, a mais anacrónica e estúpida do mundo ocidental. Simplesmente, é necessário que esta denúncia não pareça de carácter dialéctico e passional, nem altere a verdade histórica e todas as demais verdades que se encontram na base do mito colonialista português. Essas verdades existem e por existir escondem a essencial mentira, servindo-lhe de álibi. A raiz verdadeira, porém, de tão estranha permanência e difusão do mito do nosso colonialismo "diferente dos outros" reside na identidade substancial das situações metropolitana e colonial, *ambas coloniais,* a tal ponto que salvas certas manifestações tipicamente esclavagistas e cada vez mais incompatíveis com os tempos, com a melhor consciência do mundo o *colonizado da metrópole não acha muito estranha a situação do colonizado das "províncias",* nem a má consciência o apavora quando se comporta diante dele como no fundo o senhorito da metrópole se comporta para com ele. A nossa idílica harmonia colonial, condimentada com epiderme exótica e alguma água benta, repousa sobre esta cinzenta identidade.

 O nosso colonialismo é um fenómeno histórico bem preciso e como tal não apresenta a mesma face ao longo destes quinhentos anos glorificados pelas "Comemorações Henriquinas" com uma euforia que seria digna de aplauso, se não se soubessem os seus fins e nela não fossem esquecidos com sistemática precisão os erros e as excepções. A polémica sobre o passado não importa agora. Qualquer que seja a nossa opinião sobre ele, o erro de se servir dele é certo quando se trata de justificar um presente que em si mesmo não encontra meios de ser defendido. Toda a maquinaria das "Comemorações" visa esse fim: enaltecer a obra do Infante, englobar nela todos os actos dos portugueses *e pela mesma ocasião justificá-los em globo,* na confusão estabelecida, como os ladrões. Esquece-se que o que pode ser justificado em 500 não o será em 600 e o que era ontem não o é hoje. O apelo ao Brasil envolve um simplismo desse estilo, mas esse simplismo é de uma tal grosseria que a sua eficácia é duvidosa. Com efeito, nós não conduzimos o Brasil à liberdade nem o guardámos. Por conseguinte não se vê como este grande manto de Noé nos possa cobrir "outrora, agora". E se desfraldamos o mito de D. Pedro, o "português que 'deu' a independência ao Brasil" (referir-se a ele foi talvez a maior astúcia de Kubitschek no Porto, mas passou desapercebida), pior nos vai: Angola e Moçambique esperam que lhe dêmos um D. Pedro! Quem tem uma história de Família complicada o melhor é aprendê-la bem antes de a contar na praça.

Disto se esqueceu Salazar mandando celebrar a interminável missa da nossa missão civilizadora. Mas não esteve só. A degradação política em Portugal atingiu extremos delirantes. O confusionismo, o arranjismo, a imbecilidade universitária portuguesa não conhecem limites. Como há socialistas responsáveis pela nossa economia arquirreaccionária, há dignos elementos, digitos intelectuais da oposição, que servem de sacristães henriquinos sem uma só palavra que lembre neles a profundeza da mistificação em que colaboram. E nada mais que essa caldeirada de vagos especialistas das descobertas e conquistas, todos identificados com a forma e o fundo de uma apologia sem reservas de presença portuguesa no mundo, sem sombra de uma dúvida sobre o bem fundado dos nossos actos passados e presentes, pode dar ideia das raízes inextirpáveis do nosso fabuloso colonialismo.

Sem dúvida há um ponto sobre o qual o mito do colonialismo é exacto: ele é realmente diferente dos outros. Quando existia, um outro se nos assemelhava, mas sem nos igualar: o castelhano. Ingleses, franceses, holandeses, belgas eram, foram ou são, *colonialistas* que se aceitam como tais. Mas nós não sabemos o que isso é. Somos colonialistas como somos portugueses. É que durante séculos esta imagem, tanto quanto os costumes do tempo a autorizavam, se aproximou da verdade. Desta imagem que foi sobretudo a nossa no Brasil jamais nos pudemos desfazer. Em nome dela julgámo-nos com todos os direitos como se de toda a eternidade nós, os primeiros brancos, já ali estivéssemos, subentendendo-se que civilização e branco eram sinónimos e o mundo começava com a civilização. Em nome dela e não de um seu aspecto tardio, como a Inglaterra vitoriana e a França de Júlio Ferry, nós liquidámos com uma boa consciência absoluta as primeiras grandes manifestações do desagrado africano. Mouzinho, célebre herói, é justamente o liquidador da nossa imagem mais ou menos aceitável, dando de barato que o esclavagismo não seja a mais inexpiável das faltas e aquela que deve ser paga. O terrível é que as nossas famosas campanhas se situam quando o esclavagismo começava a ser reabsorvido por um século liberal. E desde então a imagem não mudou. Nem ela nem a inocência de estado dos portugueses, a quem Deus confiou os "pretos" de toda a Eternidade para lhes mudar a alma já que a pele é impossível. E tudo serve ao colonialista português para se sentir "inocente", desde o amor (relativo) a essa pele até à palmatoada administrativa, maneira piedosa da nossa conhecida sensibilidade. Enfim, crianças...

Mas chegou o tempo da maturidade africana e do nosso despertar. Nenhum sofisma, nenhuma "Comemoração Henriquina" em escala mundial, nenhum sociólogo da mestiçagem como Gilberto Freyre e suas burlescas invenções de erotismo serôdio, nenhum sorriso-Kubitschek podem tirar dos ombros do português, tranquilamente paternalista e fanfarrão, o dever de despertar para os seus deveres e seus atrasos. Cumpre-nos a nós, democratas, salvar o que deve ser salvo, os portugueses da África que os perde e os africanos dos portugueses que perdem a África que julgam salvar.

A França em questão: o fim da liberdade como boa consciência[3]

> *La voilà, cette France, assise par terre, comme Job,*
> *entre ses amies les nations qui viennent la consoler, l'interroger,*
> *l'améliorer, si elles peuvent, travailler à son salut...*
> Michelet

I

Há mais de um século e meio que a França ocupa o centro da mitologia política europeia. A revolução de Outubro não alterou o fundo do problema. Sem a glosa francesa desta revolução jamais um acontecimento histórico de tal importância adquiriria a ressonância mundial que é a sua. A França parece gozar assim de um papel desproporcionado com a sua potência real. Amigos e inimigos dão-se conta disso, mas uma força superior às simples considerações de poder económico e guerreiro obriga-os a prestar atenção e a cortejar tão estranha dama. Mesmo na indigência histórica mais lamentável, um Charles de Gaulle sem nome pôde obrigar os grandes do momento a dar-lhe um lugar à mesa de uma guerra perdida.

Na aparência, pelo menos, este excepcional estatuto aproxima-se do fim. Mas a França possui ainda o sortilégio capaz de obrigar os mais jovens actores a dilacerar-se por ela. Entre Moscovo e Washington, Paris guarda a mais secreta pulsação ideológica do homem contemporâneo. Por esse metrónomo invisível do mundo político, mil vezes mais precioso que o simbólico *"metron"* das distâncias entre as estrelas ou as pontas de uma corda, igualmente guardado

---

[3] Este texto foi escrito em 1958, na Bahia, e publicado com a seguinte referência: Eduardo Lourenço, "A França em questão ou o fim da liberdade como boa consciência", *Jornal da Bahia,* 28 e 30 de Outubro de 1958, Caderno 1, p. 2.
Foi consultado no espólio de Eduardo Lourenço, Biblioteca Nacional de Portugal, sob a direcção de João Nuno Alçada.

na cidade sem igual, pode o dia de amanhã nublar-se até se converter num S. Bartolomeu da história ou do homem.

Sob os nossos olhos é apenas, por enquanto, a agonia da França entre a sua ficção e a sua realidade. O desenlace deste combate é imprevisível. Através da França que toca, pela primeira vez, o fundo, a contradição histórica da sua mitologia essencial, é a Europa inteira que reajusta a sua vocação ideal à violência histórica – longo tempo escamoteada. Num mundo votado sem ilusões aos deuses irremíveis da violência económica ou ideológica, a França permitia-se a ilusão magnífica de fabricar e pensar o seu presente segundo os cânones de uma visão política sem lugar teórico para a violência. Este ideal teórico era muito mais importante que a não-violência efectiva de países exemplares de segunda ordem onde os problemas históricos não puderam alcançar uma significação universal.

Nesses países, de que a Suíça ou a Suécia podem ser modelos, a violência histórica encontra-se como que adormecida por um bem-estar económico e uma ausência de conflitos ideológicos profundos. Num outro grau, tal é ainda o caso da Inglaterra. A destruição da violência histórica não é aqui o objecto do programa teórico, nem tais programas têm verdadeiro sentido para um inglês. São opções práticas a corrigir ou abandonar pela experiência. A política inglesa, a cozinha inglesa, a moda inglesa são objecto de consumo inglês. Não há nelas nenhuma pretensão à universalidade, nem prática, nem teórica. Os ingleses são os menos europeus dos homens. Eles sabem-no, procedem de acordo com essa sabedoria e tiram mesmo uma confessada satisfação dessa circunstância.

Tudo ao invés com a França. É o coração da Europa, o espelho onde o europeu reconhece um pouco da sua imagem. A violência histórica sob todas as suas formas não se encontra aí adormecida, nem suspensa, nem esquecida, nem equilibrada por qualquer arranjo tácito. Ao contrário, encontra-se potenciada pela elevação das divergências, dos conflitos e oposições de forças ao nível de oposições teóricas, de conflitos de ideias. Uma interminável luta, teórica e prática, eliminou o espectro dessa violência como *ultima ratio* e erigiu em princípio essa eliminação. Os desmentidos da prática nunca puderam pôr em perigo a Liberdade como supremo mito da existência civil e histórica da França. A eficácia desta mitologia foi tão profunda que a França e o mundo pareciam ter esquecido que ela não punha a vida política francesa ao abrigo de todas as tentações da tirania.

A democracia pertencia à França por direito divino. Não era uma democracia qualquer, mas uma vida democrática suficientemente enraizada para poder pensar aquilo que a nega sem sucumbir na lógica nem na prática diária. Isto distinguia a França das outras democracias formais ou pretensamente reais, mas sem força de pensamento para se enfrentar dentro delas com o ídolo precário da sua liberdade muito condicionada e filistina. O espectáculo francês da liberdade era tão extravagante como desesperante para "as suas amigas, as nações...". Para os naturais, tão habitual como respirar, esquecidos do monstro jamais inteiramente domado que é a Liberdade, as forças nunca extintas irromperam no solo exemplar. A França acordou da sua boa consciência histórica, a última de grande estilo que nos restava. Para uma má consciência redentora ou para um sono confortável, irmão gémeo do repugnante farisaísmo político universal?

O fim da boa consciência histórica da França não interessa apenas aos europeus. Se a França perde o seu combate com a tentação da violência que a espreita é a história inteira que se revela sem discussões como desenraizável violência. Subtis, veladas ou descobertas, as arquitecturas políticas distinguir-se-ão pelo grau de violência drenado. Mas todas consagrarão a violência como princípio. Uma vez mais a França lutando pela sua ficção luta por todos, mesmo pelos que o ignoram. O fim da boa consciência é um fenómeno mundial. Não está no poder de ninguém relegar a situação política francesa para o número dos assuntos meramente nacionais, internos. Pelos interesses que os dois blocos ideológicos rivais têm sobre pequenos países estes estão já situados no plano mundial. O caso do Líbano é sintomático. Mas não é assim que a França é assunto mundial. É por natureza e não por posição. Os dois blocos estão de algum modo mais nela própria do que em si mesmos. O caminho que a França traçar inserir-se-á na trama de uma história singular, de um acontecimento de proporções míticas que é a História europeia e mundial da liberdade. Cada povo participa nele a seu modo, mas nenhum como a França, a ponto de se identificar como nação à pátria da Liberdade.

Todos os povos são míticos para si mesmos. Mas poucos se tornam para os outros. Ora muitos povos e homens de todos os povos aceitaram a mitologia interna da França como a sua própria mitologia. Ao longo do século XIX a França tornou-se *uma segunda pátria ideal* para homens de nações e raças diferentes. E sem sair de si ou precisamente por isso. Lugar de visibilidade histórica, terra do Espírito e da Cultura, nomeou *bárbaros,* sem os nomear, aqueles que não podiam pôr a sua vida em paralelo com aquela que Paris ilustrava. Deste modo se ocultou da História por se situar no ponto onde ela se faz ou se compreende. A História como lugar de violência semelhante corria nas suas ruas, não chegava a ser *escandaloso* nem sequer *acidental*. A violência histórica aparecia na Inglaterra ou na Alemanha como produtos naturais. E o mesmo se dirá para o Japão, a Rússia ou os Estados Unidos. Essas violências plurais exprimem sólidos e egoístas interesses de "comércio e navegação" ou traduzem um fundo de barbárie, de anacronismo ou de romantismo como na Rússia, no Japão, na imperdoável Alemanha. Não tiveram nunca quem as defendesse nem justificasse. Só a violência francesa desde os dias memoráveis da Revolução, e por causa deles, em todo o seu passado como que vivido para conduzir a ela, ousou apresentar-se como violência não envergonhada. Pôde defender-se porque pôde justificar-se e pôde justificar-se porque pôde cobrir-se com o manto real da Liberdade.

A violência francesa é a primeira violência histórica moderna ao serviço de uma Ideia. Nela se veio fundir a tradicional boa consciência da violência europeia ao serviço de uma crença. Todavia a boa consciência da Liberdade francesa pôde estender-se ao universo inteiro porque a ideia de Liberdade une exactamente onde a França separa. Para o mundo inteiro a terra da Liberdade é a terra humana por excelência, refúgio concreto e ideal dos homens ameaçados sob tectos caseiros pelas mil e uma formas de tirania política ou espiritual. Ora a fabulosa empresa da França foi a de identificar o seu viver e a expressão teórica dele nas instituições políticas e culturais com esse mito supremo da existência humana. Esta incarnação mítica não fascina pelo seu carácter *teórico* apenas. Ou antes, a fascinação teórica da Liberdade francesa é real por se ter dado um conteúdo no viver quotidiano ou ser a sua expressão. Mesmo os que rejeitam a formulação ideal dos Imortais Princípios que a mitificam não podem subtrair-se ao peso e à evidência de uma vida privada e pública eminentemente digna de homens responsáveis e livres.

Um Nietzsche pôde julgar bárbaro o seu "culto" povo à luz da ironia vital dos seus vizinhos antes de mitificar a vitalidade sem ironia da profunda Germania. O ocupante Ernst Jünger experimentará de novo as delícias desse livre viver, em busca do qual o alemão parece ter tomado o hábito até as margens do Sena. Na verdade, o alemão vem para se subtrair a um complexo histórico profundo, fascinado pelo incrível poder mítico de um vizinho que sem a sua potência exerce nos negócios do mundo um papel superior. Mas de cada vez que esses irmãos-inimigos entraram em conflito, a consciência histórica mundial, no que tem de vago, mas bem real, "culpa" os alemães e consagra a boa consciência francesa. A violência alemã não tem álibi, é uma violência que se diria inocente, mas é uma violência imperdoável por essa mesma inocência. Em 70, em 14, em 40, na derrota ou na vitória, o olhar francês, o silêncio francês, as razões francesas culpam o adversário sem que ele chegue jamais a saber bem porquê. Os outros povos, contudo, creem saber porquê e participam no "silêncio do mar" em face do qual o desamparado alemão não sabe como proceder para que lhe seja tirada dos ombros uma "culpabilidade" que lhe parece injusta e obscura. Como foi possível este clamoroso privilégio da França?

II

Todos os povos possuem uma igual boa consciência. É o seu anjo-da-guarda, a soma das mil razões que justificam a sua existência de povos autónomos. Como cada homem, nenhum concebe que seria preferível habitar a pele de um outro. A boa consciência confunde-se com a própria existência. Por conseguinte ninguém se desfaz de um mínimo de boa consciência sem desfazer a própria existência. A questão torna-se dramática, justamente, quando é necessário abdicar de parte da existência para salvaguardar a boa consciência, sentimento justificado de ter razão e estar na razão. De boa vontade nunca ninguém o fez, nem faz. Os conflitos, as relações de força entre os povos equilibram essas convicções opostas de ter razão nas ideias e nos actos. E dentro de cada nação as tensões entre as diversas classes exprimem, com idêntica obstinação, o carácter de cegueira intrínseca da boa consciência. Só o desastre puro, no plano externo, ou a revolução no próprio país podem comover o rochedo da boa consciência nacional ou de classe.

Então o impensável torna-se real e o sonambulismo, dolorosa vigília. Para manhãs assim, tardiamente inúteis e esclarecedoras, acordaram a Alemanha e o Japão, estão acordando as velhas nações colonizadoras e acordam cada dia as classes dirigentes de inúmeros países a quem nada perde tão certeiramente como a ilusão de que não podem perder-se. A boa consciência revela, deste modo, a sua dupla face de força secretamente enfraquecida pelo excesso de confiança em si. É uma ilustração da eterna *hybris*, da desmedida que, sabiamente, os gregos entregavam, de mãos atadas, ao justiceiro frenesi das Euménides.

À primeira vista país algum (e, dentro dele, classe alguma dirigente) parece estar mais ao abrigo da cegueira da boa consciência histórica do que a França. A Revolução sucesso-síntese do seu passado e alegoria do futuro, acontecimento interno e mundial, ao mesmo tempo, parece ter posto esse corpo memorável em estado de alerta. O mito da Liberdade, secreção de uma longa e dura vigília mútua dos seus habitantes, garante a França de um fatal adormecimento entre os lençóis da boa consciência. Como outras se habituaram às mesmas delícias de um caldo da portaria distribuído com sábia parcimónia pelos patrões caseiros, a França habituou-se ao ar rarefeito e excitante de um livre viver que corre nas ruas e nas instituições. O hábito tornou-se tão enraizado e tão geral que, lentamente, a mesma Liberdade foi ficando sonâmbula e fonte de sonambulismo.

A liberdade real da vida política e doméstica francesas tinham atingido uma expressão histórica e individual suficiente para que sobre elas se erguesse a Liberdade como Mito. Mas a Liberdade é o mais exigente dos mitos. Precisa de uma face virgem a todos os instantes sem a qual se transforma, aos poucos, no seu contrário. A pátria da moda conhece como ninguém esta vertigem histórica que é a essência da Liberdade. Fora desta vertigem não tem essência, nem sequer aquela que ela se dá a si própria através do nome mágico com que se apregoa livre. Este nome pode converter-se na ruína da substância entre a realidade e o mito será então insuportável. O ideal da Liberdade, adequado à expressão de *uma* realidade histórica nacional e mundial em certo momento de tempo entrará em gritante contradição consigo mesmo ao converter-se por desrealização em mera forma. Então a exigência da liberdade concreta romperá o invólucro inútil do mito. A consciência da contradição e o triunfo da liberdade concreta sobre a mítica são a vida verdadeira da Liberdade. O mais trágico porém é o inverso: o mito devorar a exigência que lhe daria essa vida verdadeira. Nesse caso a Liberdade, que é suspensão efectiva de *uma* violência histórica, entregue ao êxtase da sua definição esquece-se e faz esquecer que ela não é coisa alguma senão essa *violência suspensa* e pura capacidade de suspender qualquer outra possível. A liberdade que é o contrário da boa consciência transforma-se então, por dialéctica fatal e irrisória, não só em boa consciência, mas na forma mais inexpugnável dela: *a boa consciência reflectida.*

A Liberdade francesa é, desde a sua eclosão mítica, essa boa consciência reflectida. Até hoje, um outro tipo de boa consciência mais geral, a europeia, de que ela não é senão a mais ilustre filha, pôde mascarar aquela boa consciência e torná-la invisível. O fim da fase imperialista europeia ilumina sem piedade alguma o que havia e há de violência, apenas coberta com o verniz do esplendor cultural, em toda a História europeia? Nem o manto tradicional de "cristã", nem o manto moderno de "livre" que a França exemplificava, como ninguém mais, podem resistir à contradição visível entre essas mitologias e as violências históricas concretas que sempre com elas coexistiram. Enquanto a consciência histórica e sobretudo a fabricação da História, como imagem escrita dessa consciência e, sobretudo, a fabricação da História como imagem dessa consciência foram europeias (e predominantemente francesas), a contradição era assunto interno de europeus e o conhecimento dela contribuía até para acentuar e transformar a boa consciência natural em boa consciência absoluta. A Europa discute-se entre si mas ninguém a discute. O mundo extraeuropeu pensa-se com dificuldade a si próprio para poder servir de imagem à Europa que o ensina a ler. Num século tudo mudou. O espectáculo clássico do dilaceramento intraeuropeu tem agora espectadores. O lugar da Europa no mundo vai-se, pouco a pouco, reduzindo à estrita dimensão física, começando o doloroso processo de adaptação da realidade presente à ficção da grandeza passada. Apesar deste processo, que ainda não terminou, a boa consciência europeia pôde manter-se com alta cotação no mercado mundial enquanto se manteve intacto o coração real dessa boa consciência, a guardiã suprema do mito europeu da Civilização e da Liberdade, quer dizer a França. Por um privilégio único, que está ameaçado de morte, a França apresentou-se durante séculos, na contínua história da violência europeia, como uma excepção. E esta excepção, ao mesmo tempo que privilegiava a França como nação, ajudava a privilegiar a Europa. No inferno da História europeia a França representou, e representa ainda, o purgatório da violência. Como a História não é em parte alguma paradisíaca, que admirar se essa particularidade do mundo francês pôde chegar a confundir-se com a liquidação efectiva da violência e a identificar-se com a liberdade na História?

O resultado deste privilégio é, como dissemos, uma boa consciência única, bem distinta daquelas que coexistem com as dos outros povos. Em maior ou menor grau todas elas são *naturais*. Representam uma mera sublimação das qualidades *particulares* que permitem aos povos ser o que são. Por mais refinado que seja o grau de boa consciência dos Estados Unidos, da Inglaterra, da Rússia, da Espanha ou de qualquer nação, não é suficiente para aparecer aos olhos de ninguém senão como subtilmente relacionado com a particularíssima estrutura de cada um desses povos e só com ela. Nação alguma pôde tornar-se para outra aquilo que a França se tornou: *um lugar-comum da História*. Por isso o que se passou e passa nesse lugar-comum nunca deixou o resto do mundo indiferente. Essa não-indiferença é de um tipo diverso daquela premente atenção que obriga a ter em conta os gestos das grandes potências mundiais. É uma atenção prestada a uma história que, de uma maneira única, nos diz pessoalmente respeito. A França conseguiu do mundo, em plena história presente, o mesmo género de atenção privilegiada que a Grécia merece num passado ideal, jamais inteiramente abolido. O mundo nunca pôde julgá-la com indiferença, ou objectividade, pois não pôde esquecer que dela, mais do que de outra qualquer nação, procedem as subtilezas, as razões, os cânones, com que a julgaria. Não se trata de condescendência nem de fraqueza colectiva. Trata-se de um fenómeno histórico de alcance mundial: a França nunca se deixou colocar inteira no prato da balança que poderia condená-la. De uma maneira ou de outra ofereceu ao mundo o espectáculo exaltante de se saber julgar antes de esperar que os outros a julguem. Com uma lucidez, que é o instinto mesmo da Liberdade, farejou sempre em todas as formas históricas da Ordem civil e espiritual a presença de uma essencial Desordem. Este povo, o mais conservador dos povos, pôde passar assim por arauto permanente da Revolução, como sinónimo de Desordem, quando é de facto "revolucionário" sim, mas no sentido etimológico da palavra. O seu instinto "revolucionário" é o de uma restauração ou instauração numa Ordem real de que o presente é um arremedo. No seu processo é a Ordem que tem em vista nunca inteiramente ausente mas também nunca suficientemente presente para permitir o repouso da boa consciência política em que a história conhecida dos outros povos largamente se compraz. Este movimento oscilante no terreno dos actos políticos e das ideias é a expressão mesma da Liberdade. O perpétuo balanço entre a Autoridade e a Liberdade, e a não substituição abrupta de uma pela outra, dá justamente à História de França, espantalho de "desordem" para a permanente reacção mundial, um equilíbrio de que nenhuma dessas miríficas expressões da ordem se pode gabar. Por isso na trama das violências compactas que constituem o fundo do viver histórico mundial, a violência francesa pôde aparecer sempre, e com justiça, como violência domada, como violência transparente permitindo à França representar no plano universal o máximo da *transparência* histórica alcançada pelo viver concreto dos homens. Este é o fundamento real da boa consciência francesa.

A sua inegável solidez, porém, não lhe vem fundamentalmente do facto de traduzir o sentimento positivo de uma superação permanente da interna violência social e política da França. Outros povos se podiam prevalecer de uma boa consciência semelhante e em parte se prevalecem dela, como a Inglaterra, os Estados Unidos, as democracias nórdicas, as próprias democracias populares. Todavia esta boa consciência não exprime uma separação *simbólica*, uma superação-resumo do combate espiritual absoluto pelo qual se define a totalidade humana. O que singulariza a boa consciência francesa é o mito de Liberdade, mas este mito contém muito mais do que a sua tradução sociológica.

Ele próprio é um mito-resumo, uma alegoria do Homem como Liberdade e, por isso, os homens lhe entregam sem hesitar o espírito e o sangue. O destino espiritual da França, e não apenas o seu mero destino histórico, foi o que desde há muito constituiu para homens de nações e raças diferentes, preocupação, perplexidade, paixão ou angústia.

O homem combate, por toda a parte, o mesmo combate. Mas aí, como no espelho de Fausto, essa luta encontra-se reduzida à sua essência, aparece a todos como uma claridade singular e abrange todos os planos não paralelamente, mas ao mesmo tempo. O seu carácter mítico só aqui recebe dos impulsos combinados da Cultura e da História a sua exemplaridade emblemática. A História apoia-se na Cultura e a Cultura ilumina a marcha obscura da História. Esta interpretação distingue o contexto francês dos outros. É ela quem superou a mitologia francesa de todas as outras. E é ela, igualmente, quem situa no plano universal uma boa consciência que parecia destinada, como as outras, a exprimir unicamente um ser histórico bem determinado como é a França. Por isso convém examinar mais de perto o ingrediente cultural do mito da Liberdade.

III

O mito da Liberdade francesa alicerce da sua boa consciência tem resistido a tudo. Nem a contestação teórica, nem o desmentido prático profundo, ou mitigado, puderam abalá-lo. Vencido na História são os seus vencedores que têm cara de réus. As suas derrotas confirmam-no e confirmam a boa consciência do povo francês que o incarna. O segredo desta vitória ardendo em permanência sob as cinzas não reside em virtudes meramente empíricas. O que a singulariza é o comentário contínuo do espírito à obra do corpo que se liberta. Todavia, o que é importante, não é sublinhar, uma vez mais, o lugar-comum da França como *"mère des arts, des sciences et des lettres"*. Por mais brilhante que seja a cultura francesa um espírito hipercrítico, ou simplesmente hostil e mal-humorado, pode relativizar com excelentes razões o estatuto paradigmático dessa célebre Cultura. O império dessa Cultura é hoje uma *"peau de chagrin"* em comparação com o universal domínio do século XIX, e mesmo neste já o mito da *"Kultur"* germânica começava ensombrando a hegemonia cultural francesa. Só por si não explicaria o relevo que o mito da Liberdade francesa alcançou, embora seja absurdo sustentar que a sua projecção não tem nada que ver com a prodigiosa actividade cultural da História da França. Foram exactamente os maiores opositores ao mito francês da Liberdade quem sublinhou essa correspondência. A sua intenção visível era não emprestar a tal mito outro conteúdo do que esse da fascinação cultural exercida pela França. Nem mais livre nem menos livre do que outras nações, a França teria imposto a sua concepção da "liberdade" a reboque do seu prestígio espiritual. Deste modo o mito supremo da vida francesa e a explicação da sua fascinação mundial seria antes o da Cultura que o da Liberdade, simples apropriação demagógica daquele. Ora é esta opinião que necessita de ser assinalada.

Um tal ponto de vista assinala alguma coisa de interessante na análise da mitologia francesa para, em seguida, inverter apenas os termos clássicos da explicação jacobina dessa mitologia. É um ponto que o prestígio puramente cultural contribuiu e faz parte integrante do mito da França. Mas só ele seria insuficiente, ou antes, esse "puro" prestígio precisa de ser por sua vez explicado. Ora não há outra explicação senão aquela que mostra nessa Cultura a presença de um *sentido* que a extrai do puro plano intelectual para a ordem do símbolo. E esse sentido foi captado por amigos e inimigos, desde os longínquos dias do renascimento carolíngio até hoje como exprimindo, justamente, a forma mais elevada da luta contra a violência. Combate cultural e combate social não se sobrepõem integralmente, nem são as faces opostas do mesmo disco de uma História como Liberdade, à maneira de Marx ou de Croce, mas em parte alguma a teoria esteve tão solidária com a prática e a prática foi tão penetrada pela teoria como na existência histórica da França. Só na França, e nela só, o *clerc*, o *intelectual* se concebe e actua em plena consciência como *militante*. Naqueles países onde o mesmo fenómeno se verifica (em geral latinos ou de procedência cultural latina) nós podemos estar certos de que o modelo cultural é o modelo francês. Só aí, como na *alma mater* da *intelligentsia intervencionista* do Ocidente, o intelectual se concebe como responsável pelos destinos do mundo. E só aí ele conseguiu impor essa figura através de um processo que é a promoção, cada vez mais intensa, de um arquétipo igualmente preenchido por um Abelardo, um Pascal, um Voltaire ou um Mauriac. A teoria da literatura *engagée* ganhou foros de novidade na sua formulação francesa, mas em França mesmo apareceu como um pleonasmo. No sentido último do termo, não só a literatura como toda a espiritualidade francesa foram sempre *engagés* mesmo sob os jogos do "amor e da morte" de Marivaux ou o sorriso trágico de Jean Giraudoux.

É possível, e é mesmo certo, que a moderna visão da História humana sob um ângulo predominantemente *literário* tenha exagerado o carácter *militante* das Ideias. Em todo o caso, é certo que povo algum apresenta uma tal intimidade de relações entre a Ideia e o Poder, a liberdade espiritual e a liberdade civil, como a França. Só essa tradição multissecular, através da qual corre um rio que não é só de palavras, mas de "sangue de poetas", explica a diversidade profunda da situação do "intelectual" na vida política das nações mais representativas. Na grande arquitectura do Útil absoluto que é a vida americana, o intelectual político é uma aberração sem significado social. As Ideias são aí um luxo permitido dentro de limites que não afectem os mitos americanos básicos e não inquietam como tais, incarnadas nos Homens das ideias, a máquina do Poder. Os intelectuais recebem o nome afectuoso de "cabeças de ovo". A atenção particular que alguns obtêm não tem nada que ver com o potencial ideológico de que são julgados capazes, que é zero. O seu papel é importante, mas como *técnicos*. Só isso valia a um Einstein (cuja mentalidade não era americana) o direito de exprimir na rádio ou na televisão os seus temores apocalípticos pouco apreciados dos *"manitus"* da Política. Na Inglaterra o panorama parece mais brilhante para o homem da ideia e é-o de facto. A Ideia é aí considerada, mas tão considerada que é de mau gosto e falta grave ao *humour* vir misturar-se "seriamente" à barrela demasiado imprópria para o eterno *snob* intelectual, como é a barrela impiedosa dos interesses inapeláveis de Suas Majestades. Na Inglaterra é a Sociedade quem relega a Ideia para o jardim encantado da Inocência. Ninguém toma a sério, nem eles próprios, os intelectuais que descem ao que eles julgam ser a grande rua da História. As biografias de Russel, de Spender ou Huxley ilustram esta fatalidade britânica.

Mas que dizer da alemã? Exemplos repetidos e trágicos mostram como logo que a chama francesa que brilhou sobre um Kant e um Schiller se apagou, o poder pôde, sem grandes trabalhos, convencer o sábio alemão, o intelectual alemão, em geral, que a política não era a sua especialidade. Ao contrário do que se diz e repete não foi o racismo a peça central da mitologia hitleriana. O seu verdadeiro núcleo, a sua raiva patológica dirigiu-se contra os ideólogos. O Judeu era para Hitler, antes de tudo, o Ideólogo. Mas o trabalho do nazismo foi muito facilitado pelo hábito do *"Herr Professor"* de emigrar, por conta própria, para a pura Ideia. Aí ficaria até ao dia da catástrofe. No melhor dos casos, exilou-se. O seu comportamento individual, a sua individual potência política e ideológica, não deveu, contudo, permitir a fácil censura de ninguém. É responsável e vítima de uma tradição de luta ideológica intermitente, dispersa, quase inexistente. A verdadeira luta do povo alemão processou-se sem verdadeira participação maciça do seu escol pensante. A sua Resistência, profundamente trágica, foi reduzida. O contraste com a França não pode ser mais explícito exactamente pelas afinidades reais que existem entre os dois povos. A Cultura alemã é uma realidade, uma das realidades mais poderosa do mundo moderno. Sem ter a harmonia e o equilíbrio da francesa é, em muitos capítulos, mais intensa. Simplesmente, uma tão intensa Cultura vive como entregue à lei da sua produção sem o forte vínculo interno da totalidade do viver alemão com a realidade da violência social e política.

O que em França é indiscernível aparece aqui perigosamente separado. Quando o Poder é tomado de vertigem a Ideia, a vigilante história da Ideia francesa não está ao pé para impedir a queda, Ideia e Poder têm, na Alemanha, como em toda a parte, a tendência fatal de se absolutizar, como Hegel o viu sem o impedir, mas o hábito de se respeitarem, hábito sem conteúdo real, precipita-as nos debochos gémeos do idealismo e do totalitarismo. A própria França não esteve, nem está, ao abrigo dessa dissociação fatal, mas a sua História tornou-se exemplar para os homens por incarnar, com constância sem par, a exigência dupla e quase antagónica de controlar a Ideia pelo Poder e o Poder pela Ideia.

A vida da Liberdade é a este preço. Mas convém não simplificar. Essa reside viva num combate de rosto bem mais ambíguo que o que parece resolver-se e traduzir-se pela Oposição simplista do Poder e da Ideia. Se assim não fosse a hesitação humana resolvia-se facilmente. A Ideia pode apresentar-se nua e dizer-se isenta de toda a violência. Na verdade, contém um apetite de domínio quando se opõe à violência efectiva ou exprime-o quando se torna o simples reflexo dessa violência. Por seu lado o Poder raro se apresenta na nudez total da violência que o faria recusar. A Ideia cobre--o ou ele tenta cobrir-se com ela. Assim a luta trava-se ao mesmo tempo entre o Poder e a Ideia e no interior de cada um deles, com as tentações inversas que os atravessam. Que essas tentações são a dificuldade suprema a ser resolvida a cada momento pelo gesto da Liberdade, um simples olhar à história política e ideológica no-lo podem mostrar. Mais ainda: esse olhar prova que a tentação última não reside na violência traduzida pelo puro Poder, mas no Poder alicerçado na Ideia ou na Ideia que se tornou poder efectivo. O combate supremo é nas Ideias expressão mítica da totalidade ideal dos homens que se processa. Só as tiranias ideológicas são reais e verdadeiras tiranias. Isto foi o que o francês percebeu muito cedo enquanto indivíduo e enquanto nação. Ele compreendeu não só que o combate pela Liberdade era indivisível, temporal e espiritual ao mesmo tempo, mas que havia uma ordem de urgência nessa luta. Com infalível sentido da essência positiva dos homens soube que a precedência era a do Espírito. Uma linhagem ímpar de panfletos, canções e obras de universal ressonância ilustram essa sabedoria profunda. Ao corpo crucificado dos combates reais elas deram a alma incrucificável dos combates espirituais. Uns se reviram nas outras, umas anteciparam os outros. Esta dupla face é o rosto ardente da francesa Liberdade. Que povo se acompanha de um tão longo cortejo de "resistentes" verdades como as que o seguem desde os tempos tenebrosos do *Quadrilogue invectif* ou da *Satyre Ménippée* até *L'Année Terrible,* as breves canções da Resistência ou à recentíssima *Question?*

Este acompanhamento ideológico dos acontecimentos, esta perpétua vida à janela da Ideia distingue, realmente, o perfil da Liberdade tal como o mito francês a incarna. A luta histórica de cada povo é igualmente a luta entre as formas da resistência social, política, espiritual e as forças que tentam suprimi-las. Mas como dizer? Em parte alguma tem a clareza, a constância, a autoconsciência que ela manifesta na História da França. Os espíritos sardónicos não estão longe de pensar que isso é assim porque os melhores, ou pelo menos mais claros manuais da História Universal são franceses. É uma opinião que esconde mal o complexo de inferioridade donde procede e não explica a realidade mesma.

Não é, certamente, uma consideração hiperbólica dos factos históricos que nos levou a designar uma certa revolução como *Grande* em detrimento de muitas outras. Chamámos-lhe *Grande* porque nos aparece de tal modo que o seu carácter simbólico, geral, é superior à simples consideração de facto. Foi o primeiro exemplo grandioso de uma revolução precedida e seguida da sua *teoria*. A teoria que parece tocar tudo de abstracção é, exactamente, o que dá um carácter único a esse acontecimento. O mesmo se diga da crítica banal ao pretendido vazio, à pretendida abstracção da Liberdade política francesa. Essa crítica esquece que é esse pretendido vazio que dá à liberdade um poder irresistível, pois é o vazio mesmo do homem que deve preencher, com a sua concreta acção, esse apelo sem termo. É exacto que os ingleses, cautamente, se atêm às *Liberdades*. Os americanos satisfazem melhor a sua boa consciência pondo a liberdade em estátua. Mas nem a História inglesa, nem a americana, adquiriram fora dos respectivos países qualquer projecção mítica. Falta-lhes coerência ideal, *teoria*. A ideia moderna de Liberdade é francesa como conteúdo, como ideal historicamente vivido e miticamente proposto à marcha humana. Ninguém o soube melhor que os teóricos da Revolução de Outubro ao escolher a tradição francesa como suporte da sua nova mitologia. Todavia, o seu prestígio era tal que pôde resistir a esta herança em vida. O fervor pelo novo mito não pôde fazer esquecer a um Boris Pasternak o incurável fervor pelo antigo. Um tal mito só podia morrer em casa, vítima duma daquelas maquinações fabulosas que alimentaram a primitiva tragédia. Esse assassinato doméstico é uma agonia que vem de longe, é uma agonia fatal. A tragédia reside aí.

IV

A Liberdade como Mito é a promoção do Homem Burguês absoluto. Mas este homem só pode rever-se num falso absoluto. A Liberdade foi desde o início um casaco demasiado largo para o seu corpo. Quando se olhou em tal figura o fantasma em que a Liberdade o convertera fez-lhe medo. O Terror revolucionário foi a primeira reacção de "terror" do homem burguês. Só um medo prodigioso pode verter tanto sangue. Mas entre o terror e a coragem a diferença é mínima. A Liberdade deu ao feiticeiro aprendiz uma coragem jamais vista na história humana. Em cento e cinquenta anos a burguesia renovou a face da Terra sem poder livrar-se do originário terror inscrito no fabuloso casaco da Liberdade que só a humanidade inteira pode suportar sem dobrar o joelho. Na verdade, neste espaço de tempo a burguesia fez realmente tudo quanto estava em seu poder para se livrar do incómodo casaco: expedições coloniais, guerras domésticas, revoluções, conflitos mundiais. Aqui e ali, inteligentemente, partilhou o fardo trágico. Mas o grande, o secreto desejo, o único pensamento cometido aos seus hábeis políticos, economistas, ideólogos, foi o de suprimir esse aliado, esse arcanjo tenebroso da liberdade que não permite repouso a um homem que se sente com legítimo direito a repousar.

Os crimes absolutos são os domésticos como os gregos bem sabiam. Os adversários alimentavam o mito da Liberdade que combatiam. Joseph de Maistre ou Charles Maurras prestavam-lhe uma homenagem contínua. Fatal foi a adoração dos íntimos, dos sacerdotes da democracia formal, secretamente aterrorizados pelas exigências concretas do seu deus. Ainda aqui a História da França contemporânea é exemplar. Na véspera da maior humilhação da sua história os adoradores inconscientes da Liberdade continuam o circo burlesco de disputas propriamente infames. Quatro anos de cativeiro foram o preço dessa inconsciência que em banqueiros e advogados é traição pura. A Resistência galvaniza no equívoco o velho mito e a máquina reparte de novo. Aqueles que reerguem a França desse passo apelam ainda para as fórmulas tantas vezes usadas mas o espírito está longe delas. Está a meio caminho entre o inimigo da véspera e a libérrima Liberdade impotente de antes da guerra. Os velhos jogos parlamentares através dos quais o exercício da liberdade política penetra na vida nacional nunca mais poderão regressar à cândida boa consciência de outrora. Mas o hábito é mais forte que o monge. Aos poucos vai-se abrindo o abismo entre os problemas concretos e urgentíssimos da França e a incapacidade parlamentar para os resolver. O mais grave, porém, nessas dificuldades é o facto de se tocarem na essência da mitologia política francesa. Pela primeira vez, e sem reticências, a França aparece culpada perante a opinião pública mundial e perante parte da sua própria opinião. E como era de prever o processo dessa culpabilidade teria repercussões extraordinárias. Os franceses não compreenderão como o excesso de reacção mundial é ainda uma homenagem. O escândalo só atinge os privilegiados. O que a opinião mundial não faz pela Guatemala, nem por Chipre, nem pelo Quénia, fá-lo-á pela Indochina e pela Argélia. Antes de ninguém mais fá-lo-ão os próprios franceses, ilustrando uma tradição que não tem seu símile nem nos Estados Unidos nem na livre Inglaterra. O imperialismo é o cerne da História inglesa. Nunca fez grande mossa nos ingleses a violência histórica que ela traduz. Na História da França faz figura de acidente. A contradição entre a França metropolitana e a França colonial nunca foi integrada na mitologia nacional. O francês tem dificuldade em sair de si mesmo. Mas isso não o impede de ser sensível às contradições teóricas. Povos que se revoltam exigindo a *liberdade* contra a Pátria da Liberdade põem toda uma estrutura mítica nacional em estado de sítio. A opinião dos dirigentes liberais e do público não seria difícil de esclarecer se o sistema inteiro da 4.ª República não se encontrasse paralisado do interior por um fantasma poderoso para o qual foi transferido todo o terror da liberdade burguesa: o Partido Comunista.

Singular situação a dos dirigentes liberais da 4.ª República. Do Sistema faz parte um parceiro que não acredita nas regras do jogo. Isto não o impede nem de ter um eleitorado fiel e numeroso, nem de exprimir um certo número de críticas objectivamente exactas. Uma delas é a denúncia da guerra da Indochina, outra a da Argélia. As razões podem ser demagógicas, os adversários conhecem-nas, mas não podem esconder o que têm de fundado. Assim os que não acreditavam nas virtudes do Sistema são os mesmos que porão a Liberdade burguesa em contradição consigo mesma. O seu fim não é de a melhorar, mas de a substituir por outra. Esta oposição absoluta separará todos os outros agrupamentos políticos do Partido, embora em certas circunstâncias não hesitem em se servir dele para contrariar um grupo rival. Uma situação semelhante produz fatalmente um irrealismo político obrigatório. Posição defendida pelo Partido é identificada a posição antiliberal, totalitária. Ou quando é manifestamente impossível, escamoteada, coberta por uma fraseologia patriótica em perfeita contradição com a mitologia liberal que serve de suporte interno aos diversos partidos. A opinião pública não é sensível a estas escorregadelas da ideologia liberal pelo simples facto de que ela funciona perfeitamente na vida quotidiana francesa. No activo da 4.ª República deve figurar o estabelecimento de um sistema admirável de Assistência Social além de uma recuperação industrial extraordinária. A democracia funciona mesmo particularmente bem até ao desastre de Dien Bien Phu. A data desta operação marca o momento primeiro da contradição grave entre a democracia interna e a guerra colonial. Um desastre não se pode esconder como uma lebre. O processo das responsabilidades começa. De um lado os Políticos cuja incompetência manifesta na questão da Indochina não é segredo para ninguém; do outro, os Militares acusados de má condução de uma guerra que a maioria considera absurda e malconduzida politicamente. Porém superiores a uns e a outros são os "construtores do Império", o escol colonial que prefere a guerra à perda dos seus privilégios.

Vencido na Indochina reservará todo o poder já em declínio para se vingar na Argélia da humilhação dos arrozais do Vietname. À sua sombra, mobilizando ou deixando-se manobrar por ele, encontra-se uma "direita" igualmente humilhada politicamente desde a Resistência. Consciente da grande oportunidade histórica que lhe é oferecida, apoiada num jogo de forças internacionais favorável irá revindicar o poder efectivo que a "esquerda" dividida e paralisada pela presença do PC é incapaz de exercer sem ir de encontro à sua mais profunda mitologia. A revolta da Argélia vai mostrar essa evidência e conduzir o abcesso da política total da democracia francesa até ao seu ponto de saturação.

A incapacidade do parlamento francês para solucionar o conflito de uma maneira pacífica vai destruir, lentamente, toda a arquitectura tradicional da vida política francesa. O papel do exército dentro dessa arquitectura sofrerá uma transformação radical. Dividido entre as pressões contraditórias do poder central, dos colonos e da defesa contra os rebeldes, o exército sente-se cada vez mais consciente da necessidade de criar uma ideologia própria capaz de dar um sentido a um combate. Em face de um poder civil incapaz de o democratizar, o exército da Argélia criará a ideologia necessária à sua justificação. Desde os tempos da velha Roma o Exército das províncias imperiais soube retomar por si o caminho do Capitólio. A esta fatalidade genérica acresce-se uma mais vasta necessidade de integrar ideologicamente o Bloco Ocidental.

A guerra da Argélia aparecerá aos seus jovens coronéis, lidos em Mao Tsé-Tung, como um campo de prova e de preparação para uma futura guerra absoluta. A Indonésia ensinara-lhes o poder terrível da ideologia. A lição de Ho Chi Minh não será esquecida. Esqueceram, contudo, que a ideologia não se forja mesmo com uma técnica psicológica mil vezes mais subtil que a dos exércitos populares do Viêt Minh. Uma ideologia do Exército colonial só poderá fazer apelo ao culto dos valores formais, mesmo se com a maior boa vontade luta para os inscrever realmente nos factos, na tentativa desesperada de conquistar uma população que sabem ser-lhes adversa. Neste capítulo o Exército da Argélia exerceu uma acção positiva de aproximação com o povo argelino ao mesmo tempo que deixava criar no seu seio reflexos totalitários inegáveis.

Contra estes reflexos a vigilância da Democracia Francesa foi lamentável. O começo da sua queda tornou-se visível no dia em que cedeu à tentação desesperada de abafar aquelas raras, mas enérgicas, vozes que a punham em guarda contra o cancro renovado das inauditas violências perpetradas com hitleriana convicção por elementos responsáveis do Exército colonial. O culto do "duro", do "heróico paraquedista", mercenário de uma guerra contra vontade, dera os seus frutos. Faltava só fazer trincar esses amargos frutos aos políticos inconscientes que nada fizeram para os impedir de brilhar à luz do Sol. É sob a vigência de democratas encartados, os Mollet, os Bourgès-Maunoury, os Lacoste que a Democracia tolera, ou aplaude, aquela espécie de gestos que preludiam à passagem fatal ao totalitarismo. A ideologia da Liberdade sofre o seu golpe de morte no dia em que os seus sacristães, democratas e socialistas, nada mais encontram para a justificar que os *slogans* miseráveis de um patriotismo exangue. Quando a linguagem da democracia é a mesma que a do colonialismo mais impenitente, a democracia está a mais. Soou a hora do colono. Ou como ele não é suficientemente forte, a do Exército sob o qual se abriga, jogando a carta de um imaculado patriotismo. Assim chegam todos os "13 de Maio". O de Argel não foi sequer uma revolta, nem um pronunciamento. Foi a conclusão de um silogismo histórico.

Nada, pois, de mais simplista do que atribuir o fim da 4.ª República a uma conjura. A conjura existiu, sem dúvida, mas como coroamento. A 4.ª República, e com ela o mito da Liberdade-Boa consciência foram metódica, e lentamente, assassinados em família, entre parentes e aderentes.

É falso, também, afirmar que foi De Gaulle quem lhe assestou o golpe de morte. Um cadáver não se assassina. Enterra-se. Com um respeito espectacular foi isso o que fez o instaurador da 5.ª República. Uma tal delicadeza é fenómeno raro e os ditadores actuais perdem tempo e feitio esperando de De Gaulle as palavras e as obras que lhes são familiares. Porém o seu regozijo evidente tem uma aparência de justificação. A Democracia Parlamentar, à maneira tradicional, está morta e bem morta. A sua morte foi a pior das mortes políticas, foi um suicídio perfeito. Daí até imaginar que sobre as cinzas do Parlamento só crescerão as ervas caseiras e as flores dóceis de um único jardineiro, a distância parece pequena. Todavia, mau grado os perigos reais que a Liberdade política e geral correm em França, ainda não se desenha, no horizonte, o perfil de uma dessas irrisórias Assembleias escolhidas a dedo para ser, sob a capa de um rosnar calculado, a fiel "voz do seu dono". A Democracia pode ser preservada fora daquela forma histórica que o hábito nos inclina a imaginar como sendo a única compatível com ela. É o conteúdo que conta, em última análise, e não a forma, embora a importância desta não se possa desprezar. Ora, justamente, a forma da Democracia Parlamentar não foi capaz de impor o seu conteúdo mítico aquilo que a faria Democracia real.

Nos últimos tempos, por uma cegueira prodigiosa, parecia ter apenas força para impedir os mil e um gestos que poderiam vivificá-la. Mais do que tudo, esses actos fizeram-lhe perder o crédito. Quando chegou a hora decisiva a coragem faltou para defender na rua uma República que consentira em empregar os métodos do inimigo: controlo da rádio, censura dos jornais, apreensão de livros por motivos políticos, incapacidade de fazer funcionar democraticamente a justiça. Tudo isto foi uma pálida sombra se os compararmos com os actos que nos governos autoritários têm o mesmo significado, mas foi suficiente para dar má consciência a um povo habituado ao exercício luminoso da frágil Liberdade.

É isto que é necessário ter em vista no julgar o comportamento na aparência indigno das grandes tradições da Liberdade, nos dias dramáticos de Maio deste ano. Os intelectuais, a grande massa operária, os cidadãos em geral encontraram-se longe de uma Democracia culpada desse mesmo afastamento. A sua angústia era partilhada por um grande descontentamento. Um certo reflexo de indiferença não pode interpretar-se como a pura aceitação dos povos prontos para todas as servidões. Foi ainda, e acima de tudo, um doloroso reflexo de povo ferido pela má consciência, pelo contraste demasiado gritante entre a Liberdade formal que apela para ela e a

Liberdade real que ela, de facto, reclama. Só esta vigilância expectante da Liberdade explica o assombroso equilíbrio da 5.ª República nascente. Sem essa silenciosa massa da Liberdade, superior a Políticos que a traíram ou a Ditadores que desejam sepultá-la, é inexplicável compreender como o leito pré-totalitário já meio preparado pelos últimos governos da 4.ª República não foi invadido pela irresistível torrente de um novo totalitarismo.

Sem dúvida a personalidade de De Gaulle desempenhou um papel decisivo nesta passagem ao Poder. Mas este papel e a personalidade do homem só são explicáveis no contexto do mesmo mito da Liberdade, por mais que pese àqueles que gostariam de imaginar que ele foi alçado no poder pelas gentes de "Rivarol" ou "Nation Française". De Gaulle foi alçado ao poder por um povo que vê nele, até nova ordem, o Libertador da França, o Resistente número um ao duplo. É certo que à beira dos seus enormes passos caminham inquietantes sombras. Todas as forças que há cento e cinquenta anos esperam o fim do mito da Liberdade julgam chegado o seu momento. A queda da Democracia Parlamentar parece-lhes o princípio do grande retorno à Antiga Ordem ou à enunciação secreta de uma Nova Ordem. Esperemos que o futuro desengane igualmente os profetas tristes da antidemocracia. Uma só coisa é definitiva: o mito da Liberdade perdeu a sua secular boa consciência. A Liberdade, sob os traços de um homem, por mais eminente que seja, não é já uma Liberdade segura de si. Daqui em diante a Liberdade que já não acompanhava ninguém com suficiente pureza também não acompanhará a França por direito divino.

Feitas as contas é melhor assim. Com De Gaulle a França mostrará o seu jogo real. A sua grande tradição dificilmente se acomodará de falsas máscaras. Pelo menos todos os amigos da França o acreditam. Nas épocas de crise não é mau que uma nação tenha um rosto bem claro para ler nele os seus gestos representativos. Por um momento, embora equívoco, a França real e a França mítica encontram-se na mesma figura. Os realistas acharão De Gaulle ainda muito próximo do mito jacobino da Liberdade. Os jacobinos irremediavelmente longe. Na realidade, ele está no centro, talvez impedindo que uma luta mortal destrua, enfim, a possibilidade mesma deste eterno diálogo francês entre a Realidade e a Ficção.

O supremo pecado do racismo[4]

O supremo pecado do racismo, como de toda a alienação, é convencer o alienado de que ele é sujeito de culpabilidade. Ser negro não é somente um pecado aos olhos do branco que o despreza, mas aos seus mesmos. Ter criado numa extensa parte da humanidade a *vergonha* de ser quem é, esta é a vitória absurda, horrível, mas não menos real, do homem branco sobre o homem de cor. E talvez a mais profunda manifestação deste triunfo nem seja sequer a plenitude efectiva dessa *vergonha,* pois um tal extremo pode, por milagre ou por tomada de consciência dela, inverter um dia o seu curso e assumir-se em plena luz. Ao menos como princípio, pois nem por isso as dificuldades históricas do ser negro desaparecerão como por encanto. Mais radical que essa extrema alienação, na qual há o ódio da sua condição, é aquela que se pode descrever sob a forma da alienação da esperança. Em seu nome, como o branco Griffin (John) o pôde constatar, se introduz no próprio mundo negro.

Não há uma gota de injustiça que se perca no universo humano. O branco acumulou sobre a alma negra, sobre a sua vida quotidiana, uma asfixiante camada de desespero que, como fenómeno geral de uma raça, não teve jamais paralelo, salvo, sobre outro plano, sobre a alma judaica. Mas esta desesperança humana não se sumiu sob a terra. Sob a forma de esperança extraterrestre, de vida celeste na pradaria, no sul divino que nesta lhe é negado, o negro inventou a forma mais próxima dos salmos de David que se possa conceber: o negro *spirituals*. Sob a forma de angústia substancial,

---

[4] Texto inédito. Espólio de Eduardo Lourenço, Biblioteca Nacional de Portugal.

a miséria do negro americano espalhou-se sobre a face da Terra e os mesmos brancos bebem sem se dar conta disso a envolvente, suicidária música de Miles Davis, voz da noite partilhando da melancolia desesperada a atrocidade sem perdão do branco americano. O homem negro evolui num labirinto de frios olhares, o Minotauro está em toda a parte e tem Martin Luther King essa face branca que, em dias de outra luz mais pura, Fídias emprestou ao pai dos deuses.

I
Crítica da mitologia colonialista
(Década de 60 até 1974)

O preto no branco[5]

Boletim de Informação sobre a Actualidade Portuguesa

A Consciência Nacional e a Rebelião Africana

A atmosfera moral portuguesa neste momento é a de uma Cruzada. De um lado, o Bem, representado pelo Branco e a sua civilização cristã superior, do outro, o Mal, representado pelos "bandidos" Negros inconformados com os benefícios seculares dessa civilização. Para maior tranquilidade da consciência cristã portuguesa os termos são ainda mais simples: de um lado está o Bem, representado pelos portugueses e os "bons pretos", do outro está o Mal, representado pelo Negro fanático e primitivo, rebelde sem razão ou ao serviço do comunismo internacional. Esta é "verdade" que a nossa Imprensa, manietada, histérica ou corrupta, serve com tranquila impunidade a um povo cristão, adulto, responsável por oitocentos anos de maturidade política.

Só o isolamento histórico prodigioso em que o País foi instalado pouco a pouco explica os termos delirantes da falsa Cruzada nacional. Mas os abismos da mentira oficial jamais serão capazes de obscurecer por completo os termos exactos da situação africana. Nenhum português responsável se pode contentar com uma só face da Verdade, a face "branca", interessada na defesa de privilégios incompatíveis com a evolução mundial e os mais elementares atributos da dignidade humana e cristã. A ausência da face "negra", a sua sistemática e consciente deturpação, quando de todo não é possível fazer crer que ela não existe, falseiam até aos alicerces a consciência

---

[5] Texto inédito. Espólio de Eduardo Lourenço, Biblioteca Nacional de Portugal.

nacional, instalando-a num clima de repugnante hipocrisia, pois ninguém pode crer com boa-fé que não exista qualquer razão profunda do lado dos que tão encarniçadamente nos combatem.

Não cumpre aos portugueses serem mais papistas que o papa. Aos negros, e aos negros só, cabe a plena expressão da "verdade" da sua revolta e das suas aspirações. A realidade mesma da Rebelião é a primeira e a mais irrefutável expressão dessa "verdade". Contra ela toda a astúcia oficial portuguesa para convencer a Nação da sua inexistência enquanto problema de consciência que nos é posto, será um jogo criminoso e vão. Quanto a nós, a existência dessa Rebelião como problema militar, político, moral e religioso, é o facto primordial. Um facto tão importante e grave é incompatível com o silêncio, seja ele reprovador ou cúmplice, e mais ainda com a ignorância ou a indiferença acerca do que ele representa, significa e pretende. Que a tragédia esteja em curso e os dois campos extremados de tal modo que todas as tentativas de compreensão pareçam extemporâneas ou inúteis é apenas uma aparência. Os acontecimentos são uma questão vital que a todos concerne, mas são também uma pergunta a que espíritos racionais devem poder dar uma resposta mais satisfatória do que a pura e simples recusa de os pensar reduzindo-os a um caso de inexplicável ou mal explicado "banditismo". Este nosso Boletim destina-se a informar um público português adulto e honesto, infelizmente tratado contra a sua vontade como se fosse menor, acerca da realidade, aspectos e pontos de vista relativos à crise africana dentro de uma óptica mais vasta do que aquela única adoptada pela Imprensa, Rádio e Televisão oficiais. Não é nosso propósito, nem interesse, servir de tribuna ao ponto de vista da Rebelião, mas ignorá-lo é um dos piores males que no momento presente se podem praticar contra os interesses profundos da Nação Portuguesa. O outro é o de perder de vista, por deformação permanente, a reacção mundial e o contexto internacional relativos à situação africana. Será outro dos objectivos deste Boletim lembrá-lo. Em resumo, o nosso Boletim destina-se a suprir o que falta, quer dizer, exactamente o principal, esse *Negro* que põe em causa uma certa verdade "branca" com uma violência trágica. De nosso glorioso emblema de colonizadores essa violência o converteu em nossa suprema dificuldade. Já não é possível, nem honesto, nem patriótico, continuar existindo como se a Rebelião Negra seja apenas um acidente lamentável ou um pesadelo passageiro. Nesta corruptora e ilusória "verdade portuguesa" é necessário e urgente pôr os pontos nos ii. Ou por outras palavras *o preto no branco*.

Portugal e a Situação Africana

Imprensa

A uniformidade no conformismo e na histeria é quase geral. Mas há verdadeiros campeões na matéria, especializados na Cruzada. Um deles é o repórter do *Diário Popular,* Urbano Carrasco, classificado pelo seu director, ex-diplomata, ex-negociante, e ex-escritor, como de "categoria internacional". Pelo estilo, pelo primitivismo moral, pela insensibilidade humana que revela damos uma amostra dessa "categoria".

> *Soldado paraquedista Joaquim Afonso Domingos! Cipaio Lucas Quibete! Motorista Paulo Rosa!*
> *Presentes! Presentes para sempre na minha memória, no meu respeito e na minha admiração. Vi-os cair a meu lado, enquanto o estoirar das granadas e o matraquear das metralhadoras não conseguiram abafar os gritos ululantes dum grupo de terroristas que se lançavam ao ataque, incitando-se uns aos outros com o nome da U.P.A., a sinistra organização que fomenta o terror em Angola.*
> *Vi-os cair e pensei que, se alguém falar de "negociações" ou de transigência, eu só posso chamar-lhe traidor.*
>
> ....
>
> *Porque esta guerra – porque não usar o termo, se é uma guerra de vida ou de morte que aqui se trava? – não é fácil, é mesmo muito difícil como comprovei ao obter autorização para seguir com uma missão de pára-quedistas.*
>
> ....
>
> *Os pára-quedistas respondiam com fogo cerrado e com o lançamento de granadas de mão. E que destas nem todas se perdiam ficou provado no espectáculo que contemplei ao ver no ar, após um lançamento, vários fragmentos do corpo de um dos assaltantes.*
>
> ....
>
> *Passou-se, então, a uma segunda fase do assalto. Enquanto o fogo era mais nutrido contra a retaguarda da coluna, um grupo de quinze ou vinte indivíduos, com velhas espingardas – o bus, surgiu, correndo, do meio da vegetação da encosta, e aos gritos de "U.P.A. – U.P.A.", lançou-se sobre os dois carros da frente.*
> *Calmamente, junto do seu "jeep", o tenente Mansilhas esvaziou um carregador da sua arma e abateu quatro ou cinto dos assaltantes que rodeavam o carro...*
>
> ....

> *Outro ainda, travou luta corpo-a-corpo com um paraquedista, que o dominou até acorrerem um soldado bailundo e outro paraquedista.*
> *Este último destroçou o crânio do terrorista à coronhada, e ainda mais um assaltante foi abatido, quando, depois de atacar pelas costas o tenente Mansilhas, este se voltou e o atingiu, com cinco ou seis tiros, no peito e no ventre.*
> *Assim mesmo – certamente drogado – pois de outra forma não se explica a fúria e vitalidade que o impeliam – o terrorista queria avançar quando, com outra rajada certeira, o oficial lhe destroçou a cabeça.*
>
> Diário Popular, 2-5-1961

Uma tão boa consciência em matéria de repressão, um tão baixo nível jornalístico, não se podem explicar apenas pelo sadismo de um indivíduo apostado na justificação do inquietante apelido que ostenta. Só um clima colectivo dentro do qual "o negro" é considerado como "coisa" ou "animal" permite compreender esta e similares reportagens, sem paralelo em país algum, mesmo não-cristão. Este "clima" explica, só por si, a explosão de violência irracional de uma raça durante séculos confrontada com a linguagem dos Carrascos.

Reacção popular

A exploração desavergonhada do que há de mais puro e profundo na sensibilidade portuguesa não perde uma ocasião de se afirmar. O degrau da inconsciência e da total ignorância do sentido dos acontecimentos atinge limites trágicos. Encimado pelo título "comoventes e patrióticas palavras do pai de dois paraquedistas" o mesmo *Diário Popular* informa os seus leitores.

> *Momentos antes do embarque, o Sr. António Augusto Candeias, de Cercal do Alentejo, pai de dois expedicionários, um dos quais ia seguir no mesmo avião, quis, espontâneamente, apesentar cumprimentos de despedida aos Snrs. Ministro do Ultramar e subsecretário de Aeronáutica, tendo afirmado àqueles dois membros do Governo o seu orgulho por dois dos seus três filhos pertencerem ao Batalhão de Para-quedistas:*
> *– Um dos meus filhos, o Germano, que tem 22 anos, já está em Angola e hoje embarca outro, de 18 anos, o António Eduardo, Snr. ministro do Ultramar. E para o ano irá outro se for preciso.*
> *– E sente-se orgulhoso?*

– Se sinto! Todos os pais portugueses devem sentir-se orgulhosos, nesta altura de que os seus filhos lutem pela Pátria e por todos os portugueses. Estou comovido como é natural, mas quando se tem filhos, como os meus, à nossa comoção, junta-se uma certa alegria. Só desejo que eles se portem bem.

Diário Popular, 2-5-1961

Sentimentos respeitáveis e nobres em si mesmos alimentam na atmosfera de cegueira oficial a confusão já de si bem trágica sobre a origem, causas e justiça diante do que sucede em África. Porventura o mais trágico de tudo é esta tremenda boa-fé na justiça absoluta do ponto de vista português expresso por um Regime com indeléveis responsabilidades nos acontecimentos.

A atitude da igreja

Como era de esperar quando se conhece a lamentável simbiose religioso-política cultivada pelo Regime e aceite com notória cumplicidade pela Hierarquia, salvo conhecida excepção, o passado dia 13 de Maio serviu de não-velado pretexto demonstrativo da unidade moral entre a massa dos fiéis e o Governo. O Chefe de Estado em pessoa deu às celebrações religiosas a já tradicional nota política acentuada ainda com a presença do ministro do Interior e das Corporações, este último, apesar de jovem, um dos mais notórios "católicos profissionais", de entre centenas que têm feito carreira no exibicionismo despudorado e triunfante de convicções meramente exteriores.

Que se julgue da mistura chocante do paternalismo religioso com o paternalismo político por esta inqualificável amostra extraída de uma reportagem do jornal *O Século*, o ex-órgão do republicanismo maçónico:

Quase ao terminar a reza do terço, a multidão agitou-se e virou para o topo das escadarias o seu olhar piedoso, na esperança de ver chegar à Basílica o Sr. Presidente da República, cuja comparência em Fátima tinha sido de boca em boca anunciada.

O Século, 14-5-1961

A visão de um Almirante e do andor da Virgem são objecto do mesmo colectivo *olhar piedoso*. Só Eça de Queirós podia glosar com devida pena este êxtase profano. As perversões cultivadas da legítima piedade cristã são indescritíveis, salvo pelos jornalistas dessa e doutras folhas. Na mesma reportagem encontra-se este pedaço de antologia:

> *Durante a missa de Pontifical, deu-se um acontecimento que, mais tarde, repetido no Adeus à Virgem, veio a constituir o momento mais solene e colorido do grandioso espectáculo da multidão. A cobrir-se do Sol, o povo tinha aberto chapéus, que, como por uma chamada imperiosa, fechou, de súbito e ao mesmo tempo, no momento da elevação e na solenidade da despedida da Virgem. O Sol deixou de atormentar os peregrinos ou foram eles que se esqueceram, por momentos da sua inclemência, para solenizar os actos. A verdade foi que o espectáculo de fé, por assim dizer se clarificou, dando lugar à suave e espontânea penitência: reencontrara-se o espírito da mensagem de Fátima.*
>
> O Século, 14-10-1961

Se não se lesse não se podia crer. Mas é um, entre milhares de textos idênticos. Também não é apenas o analfabetismo cómico do pobre escriba anónimo do "maior jornal do país" que explica o culto do "milagrismo" imbecil e anticristão traduzido em estilo de futebol. Esse "milagrismo" é tolerado ou sugerido como o meio mais eficaz de entreter ao mais baixo nível os sentimentos religiosos do País. A Emissora Nacional fez-se uma especialidade dessa exploração monstruosa do que se convencionou chamar de "demonstrações de Fé". Sem um mínimo de pudor essas "demonstrações " são convertidas em "espectáculo" e glosadas com horripilante pompa como meio de intensa fanatização na qual o factor religioso importa mil vezes menos que o factor anestesiante de ordem social e política. O fim último é o de identificar na consciência popular o reino de Deus e o de César. Graças à Igreja Portuguesa, em parte alguma e, acaso, em tempo algum, entre nós, um tão nefasto e odioso conúbio entre os dois reinos foi tão perfeito.

A gravidade deste fenómeno atinge importância política nacional e internacional quando o exemplo vem da Hierarquia mesma. Na questão colonial a posição da Igreja tem sido, ou de extrema prudência ou de nítido encorajamento no sentido da compreensão dos novos nacionalismos negros. Em Portugal, porém, assiste-se neste momento à tentativa de identificar a acção da Igreja em África com a acção histórica de Portugal, absurdo manifesto. Para mais completo sucesso da "operação" colonialista-cristã, um cardeal da Cúria Romana, Sua Eminência o Cardeal Traglia veio a Fátima proclamar com evidente escândalo "a verdade portuguesa" sobre a Colonização e implicitamente sobre a atitude oficial diante dos acontecimentos. Nem a habitual prudência resistiu à atmosfera de Cruzada Nacional ou ao sol de Fátima. A bênção romana (pelo menos na boca de sua Eminência) é total e encorajante. Ainda do inesgotável número do 14 de Maio de *O Século* extraímos as excepcionalmente graves palavras pronunciadas por Sua Eminência:

> *Depois o Sr. Cardeal Traglia referiu-se a uma das intenções da peregrinação: a paz que se pede para o Mundo e em especial para Angola, afirmando: "Dai ainda uma outra prova da vossa benevolência para com a nobilíssima Nação Portuguesa. Vós prometestes a paz a quem ouvisse os vossos conselhos. E os fiéis de Portugal têm dado a todos no decurso dos séculos, e, sobretudo, após as vossas aparições, um exemplo de fervorosa e fiel docilidade aos vossos apelos. Conservai em paz os vossos predilectos filhos de Portugal, pela prudência dos seus governantes, olhai com particular benevolência o Chefe da Nação. Fazei terminar as suas ânsias nestes dias de tribulação e de angústia para as terras do Ultramar, às quais os portugueses levaram a civilização cristã fecundando-as com o seu trabalho e com o seu próprio sangue, ganhando o direito à gratidão dos povos assim beneficiados".*

Uma tão clara tomada de posição dispensa comentários. Mesmo sua Eminência o Cardeal Gonçalves Cerejeira não exporia melhor o ponto de vista oficial português sobre os acontecimentos africanos.

As atitudes da oposição

A Oposição Democrática nunca teve ideias, nem muito claras, nem muito liberais sobre África. A Rebelião Africana provocou nas fileiras da "velha" ou da "nova" Oposição um inegável mal-estar. Para já os acontecimentos africanos tiveram na ordem interna o mérito de clarificar decisivamente essa Oposição segundo a sua clivagem autêntica. A pseudo-Oposição, na sua massa colonialista e nacionalista-republicana dissolveu-se no ultranacionalismo colonialista oficial. Sob reservas formais sem significado político algum, velhas múmias do género Ramada Curto, Cunha Leal e Nuno Simões, encontram-se ao lado de Salazar. A Oposição democrático-jacobina da velha guarda e a "nova" Oposição progressista dessolidarizaram-se da *repressão* actualmente em curso em Angola.

Estes dois sectores "oposicionistas" nem são a única Oposição portuguesa, nem, porventura, a mais poderosa e de maior futuro. Ao lado dela há a "Oposição Silenciosa", impossível de avaliar, inclusive, a do silêncio de antigos adeptos ou simpatizantes do Regime. Mas há sobretudo o núcleo oposicional do Brasil com ramificações conhecidas.

As contradições da
mitologia colonialista portuguesa[6]

Neste ensaio cuidamos menos das *contradições históricas e sociais efectivas* que estão na origem das nossas dificuldades africanas – e que bastam para as explicar – do que das gritantes contradições da mitologia salazarista e nacionalista através da qual elas são recusadas, iludidas, minimizadas ou falsamente resolvidas. Deixaremos de lado as variações mesmas dessa mitologia que no breve espaço de treze anos conheceu oficialmente mudanças que são a expressão de uma má-fé política visceral e a prova de que tal mitologia é o casaco abotoado à pressa para a cerimónia justificativa de um colonialismo insusceptível, no fundo, de grandes mudanças. A leitura simultânea do Acto Colonial e os recentes remendos destinados a atenuar a boa e rude doutrina de colonizadores sem má consciência basta para ilustrar as astúcias tardias de uma política que, aqui como no resto, em vez de antecipar corre atrás de si mesma com uma falta de imaginação mesmo excessiva para um jurista. A simples análise vocabular – paralela da que o português branco emprega – já assinala de sobra o lugar *subalterno,* a óptica tutelar que foi sempre a da Colonização portuguesa. De resto as diversas declarações e entrevistas do Senhor Presidente do Conselho – algumas já à beira do abismo que viam até aqueles que não são pagos para o ver – denotam a traço grosso a inabalável convicção da nossa superioridade de "estado" diante da "criança negra" que precisa de séculos para chegar à luz etc., sem sequer se deter na evidência demasiado gritante dos quatro a cinco séculos que a Providência nos concedeu para a missão redentora tão mal cumprida... Acontece até que a sua declaração a

---

[6] Texto inédito. Espólio de Eduardo Lourenço, Biblioteca Nacional de Portugal.

Serge Groussard sobre a necessidade "do tempo que permite às civilizações brilhar cada vez mais... e espalhar as suas tradições em vagas ritmadas etc.", são gémeas de outras não menos célebres que sustentam no seu espírito a imperiosa convicção de manter na minoridade política o povo português, tão inculto também etc. Mais trágico, porém, é notar que nem um só instante põe em dúvida *o bom direito de 200 000 homens ou 50 000 dominarem política, social, cultural e economicamente, 4 milhões de homens ou 6 milhões*, facto mesquinho sem dúvida, mas que explica, só por si, a questão africana. A verdade é que toda essa gente, que um governante tão avisado como ele nunca viu, é uma *massa confusa*, sem face realmente civilizada em nenhum sentido, destinado pelo Eterno a serviço da Civilização Cristã Ocidental, a única, no seu entender, "que pôde criar e implantar valores de alcance Universal". O abismo para que estas reflexões remetem é demasiado fundo para consentir esperanças de uma política *positiva* em relação a África, mesmo admitindo, o que não é exacto, que a população africana tenha sido "salazarizada" durante estas últimas décadas. Elas exprimem, contudo, e com o relevo que o Presidente do Conselho costuma dar às suas profissões de fé, um modelo acabado (e já agora sem prolongamento possível) de quatrocentos anos de Colonialismo Inocente.

Em virtude dessa mesma inocência de estado é fácil reduzir a nada as contradições da nossa mitologia oficial e o que mais admira é ver que nos grandes areópagos a incipiente diplomacia africana tenha tirado um partido tão fraco da inconsistente "filosofia colonial portuguesa". Dessas contradições a mais gritante é aquela que atribui à Colonização Cristã portuguesa o mérito supremo da *miscigenação*. Há por vezes oscilação na terminologia, a exemplo do que sucede no apologista número um do nosso Colonialismo (Gilberto Freyre) e a miscigenação foi substituída por política multirracial, com consequências simplesmente grotescas. Tais apologistas, fazendo pau de toda a colher, nem sequer se deram conta que o *ideal da miscigenação (mais a mais invocado pelo colonizador) não* é *outra coisa que a expressão suprema do Colonialismo, traduzida sob o plano do sexo*. Claro está que a mestiçagem como relação voluntária num quadro de mútua igualdade social não é por si negativa. Nem positiva tão-pouco. Mas elevá-la a expressão de superioridade "colonizadora" e ver nela uma qualquer forma de *superior humanização* é simples "racismo" às avessas. O que Gilberto Freyre exalta na mestiçagem e com ele os nossos defensores do multirracialismo (que não é a mesma coisa) é em primeiro lugar *a realidade mestiça* em que se transformou em parte o Brasil e que ele julga assim promover a uma dignidade que lhe poderia ser negada; e em segundo lugar a gesta sexual do "colonizador" de que Gilberto é o infatigável arauto. Para cúmulo – a coerência não é o seu forte – esse sociólogo demagogo cobre essa fusão rácica com o manto do cristianismo como se fosse possível apresentar os paternalistas e duros senhores de escravos de que ele é descendente como samaritanos do amor tropical. Não é nosso intuito denegar qualquer espécie de qualidade ao *mestiço* (em certo sentido todos o somos), seria perfeitamente ridículo, mas não se vê em que G. Freyre se baseia para uma tal exaltação metafísica (se calhar física) da mestiçagem. O que é natural e justo é tomar o facto dessa mestiçagem como facto positivo na medida em que ele testemunha, digamos, negativamente, pelo menos, contra toda a espécie de "segregação". Só, pois, como elemento de "polémica", a apologia da "mestiçagem" tem algum sentido, mas tal polémica, por sua vez, pouco interessa e pouco importa em relação à nossa análise da mitologia colonialista.

Mais interessante é sublinhar que essa tão tardia e tão suspeita apologia da "miscigenação" e do "plurirracialismo", quer na boca dos nossos diplomatas ou teóricos colonialistas, quer na da fonte deles, Gilberto Freyre, se recobre alguma realidade concreta, vela outra muito mais decisiva para o nosso ponto de vista: *a da bem restrita vigência dessa miscigenação e o bem estranho conteúdo desse plurirracialismo*. Em relação a Gilberto Freyre sabem os seus leitores que cronologia e sentimento de historicidade são coisas que a sua sociologia de corda grossa não gasta. Obnubilado pelo caso brasileiro (bem mitificado aliás), Gilberto Freyre fala sempre da "miscigenação", sem querer saber onde nem como. Ora esta "miscigenação" que *foi* um facto considerável e só o é hoje em certos sectores da população, além das reflexões a que se presta e nós fizemos, só *retrospectivamente* e em função de certos interesses de política interna e de manobras diplomáticas aparece a alguns brasileiros como qualquer coisa *ideal*, e na medida em que objectivamente caracteriza o Brasil, *exemplar*. Sem nunca ter sido objecto de condenação, claro está (como poderiam os pais brancos condenar os *seus* filhos?), o fenómeno da "mestiçagem" esteve longe de ser considerado como motivo de glorificação. Literatura vária, poemas satíricos, atestam, pelo contrário, além da inferioridade de condição social, que "o mestiço" não é, nos séculos coloniais, *um valor*.

As Chicas da Silva não se fazem ao caso. A "democratização" sexual no Brasil, como projecto confessado, é muito recente e nem sequer se pode imputar ao Portugal metrópole do Brasil, como os brasileiros costumam fazer, essa demora num papel secundário que foi a do negro e do mestiço. Foi o Brasil independente que travou oficialmente – uma vez que já não precisava do trabalho escravo – a vinda do elemento de cor. Que não venham os Gilbertos e companhia meter-nos poeira pelos olhos dentro, nem os portugueses contentes com a sua caução de mau sociólogo, apresentar o Brasil como o *produto acabado* e uma espécie de paraíso do *multirracialismo*. Se o Brasil actual é esse mosaico de raças de que tanto se ufana – necessidade é virtude –, não o deve a nenhuma intenção de criar um estado plurirracial, mas à tão só e fatal obrigação de utilizar como mão de obra escrava essa raça sem a qual porventura não existiria. De resto é conveniente não exagerar o amor brasileiro à "cor", mormente à negra. Quem viveu no Brasil e não é cego sabe do que se trata: a marinha brasileira é (ou era) *branca como a nossa*, a diplomacia é *branca* e não são raras no Brasil manifestações que comportam um inequívoco sentido, embora, claro está, tudo isso seja sem gravidade e possivelmente um último eco que vem do passado. Do nosso, já se deixa ver, mas que os brasileiros têm tendência a esquecer que é, no Brasil, sobretudo, o deles.

A referência ao Brasil e o papel que a diplomacia portuguesa lhe tem querido fazer representar em todo este debate anticolonialista que nos concerne é quase sempre desastrosa ou infeliz. E mais o seria se os africanos ou mesmo os brasileiros responsáveis tivessem uma ideia menos mistificada da sua própria situação. Parece de resto incrível que o caso do Brasil possa ser aduzido oficialmente (e o Brasil consentir em tal utilização não é menor escândalo) como argumento do colonialismo português actual. Dêmos de barato os tempos que foram outros. O Brasil é o exemplo mesmo de um colonialismo triunfante e que chega aos limites naturais da sua experiência histórica. Salazar tem pois carradas de razão em lembrar aos brasileiros (mas já não são *exactamente* os mesmos...) que terem veleidades de se apresentar como campeões do *anticolonialismo* é uma absurdidade gritante, pois eles não são, enquanto Nação, senão os filhos de colonizadores. Mas por seu lado, o Senhor Presidente do Conselho, ávido da caução brasileira sem a qual toda a nossa diplomacia se afundaria num segundo (como esteve a pontos de acontecer...), evoca o mesmo Brasil como prova das aptidões "criadoras" dos portugueses. Criadoras de quê? De uma Nação realmente *portuguesa e de cor*, exemplo que se substituiria assim ao da Angola agora em discussão? Não, ele mesmo o afirmou: Nação de colonizadores, de ex-colonizadores. E tem razão. Simplesmente esquece duas coisas: a primeira que as relações demográficas entre colonizadores e colonizados são nos casos do Brasil e de Angola mais do que contrárias. Dar a Angola como exemplo o Brasil é um contrassenso histórico, demográfico e político. A única viabilidade de um tal símile seria a de pensar *a autonomia angolana, ou a sua independência como realizadas pela população branca*. É esta a política futura do Regime, obrigado a escolher entre dois males? Não o sabemos. O que sabemos é que tal autonomia foi sempre combatida em Angola, como em Moçambique com um frenesi igual ao de quaisquer veleidades propriamente africanas. Para evitar uma África do Sul? Mas como seria possível isso de *portugueses*?... Na verdade, para evitar coisa alguma: o Regime nunca teve uma perspectiva *positiva* em matéria colonial. Só as recusas o caracterizaram e agora sob pressão dos acontecimentos, os paliativos mais ou menos de boa-fé.

Também merece estudo atento por se relacionar com as contradições da nossa mitologia colonialista (sobretudo a do Terreiro do Paço) essa recusa de todo o autonomismo. Por um lado, decorre ela da ficção que brada aos céus que o planalto de Huambo, que em 1912 segundo Norton de Matos era "terreno vago", e Santa Comba Dão, são a mesmíssima e lusitaníssima terra. Podiam ser – em certo sentido que será sempre colonialista – mas não o são. Demais o sabem os que perante a incredulidade das assembleias internacionais – que não sabem ainda bem a que ponto as enganam – conclamam essa unidade mística ainda há pouco juridicamente explicitada como da ordem da subordinação e não da igualdade. Esse é o pretexto para a denegação autonomista, pretexto que nos valeu – e aí com outras razões da nossa parte – a perda de Goa. A verdade, porém, é outra. Mau grado essa afirmação retumbante de *plurirracialismo*, mau grado a soma incalculável de dinheiro gasta em convencer o universo da realidade da nossa *política integracionista*, os responsáveis da nossa política colonial não são cegos e sabem muito bem que é uma ficção monstruosa, *sem comparação alguma com o que se passou no Brasil colonial*. Aceder à independência nas condições que eram as de Angola em 1961, imaginar que 200 000 brancos manteriam *o ideal colonialista português* (e que não é esse da integração e da realidade do plurirracialismo pois se o fosse não havia problema) é uma utopia que nem os que podiam fabricá-la ousam conceber.

Assim o recurso à teoria do plurirracialismo mostra bem que se trata de argumento de última hora, de tábua de salvação de afogados há muito na água da contradição histórica do colonialismo nacional. Sob nenhum plano esse ideal de *fraternidade inter-racial* é uma realidade política e historicamente encarnada de molde a poder servir a uma solução do género das que um Regime como o nosso pode propor. É então uma pura mentira essa alusão que se tornou a litania favorita dos sacristães colonialistas? Como ideal não o é, e muitos angolanos brancos, como muitos metropolitanos a viveram e vivem como tal, mas uns e outros prisioneiros de uma atmosfera histórica e política que em vez de ter contribuído para a efectiva possibilidade de tal ideal – ou ao menos do seu começo – tudo fez para a destruir, sem pensar que por aí supremamente se condenava. A lógica do Regime é só uma e não se vê como podia ser liberal em África quem de portas a dentro tem medo da própria respiração.

Todas estas considerações estão bem longe de ser apenas de ordem dialéctica. São numerosos os textos em apoio delas. Que se trate de plurirracialismo, do nível atingido pela integração, do interesse que a propaganda oficial diz ter-nos sempre merecido Angola (para depósito de condenados e reservatório de mão de obra escrava...) numerosos são os textos de agentes do próprio governo, homens patriotas segundo o ideal colonialista até, ou de conhecedores da questão africana que desmentem a tardia e incoerente mitologia que serve de arma diplomática e política a uma acção que não ousa descer até aos alicerces do seu bom direito. Deixando de lado os outros elementos mistificantes – relações exemplares entre pretos e brancos, participação efectiva na vida social e política, nível cultural satisfatório, impregnação cristã, etc. – terminaremos este capítulo com um texto bem significativo, por vir de homem ligado aos interesses colonialistas e exprimir um ponto de vista bem diferente daquele que por motivos óbvios se tornou a cantata do Regime. É um texto do comandante Ernesto de Vilhena sobre "o futuro de Angola" e tanto mais precioso que é resposta a Gilberto Freyre. Cada uma das suas palavras merece ser meditada. É nesse texto que se espelha uma opinião *realista* do projecto colonial português, opinião crua como costuma ser a dos homens de negócios, que o seu autor confessa não ser a única em tal matéria, mas a que nós nos basta como caução e prova *a posteriori* do que afirmamos[7]: "Entendo eu que, embora o cruzamento do português com a raça preta indígena se tenha produzido em Angola, *como era natural, em tempos antigos*, e se produza ainda hoje, mas em muito menor grau, esse cruzamento, *essa miscigenação, não é um elemento indispensável na preparação do futuro da Província, e convém até contrariá-la por disposições adequadas* entre as quais tem lugar predominante, como base de toda a acção futura nela, a colonização pelos diversos processos que poderão ser empregados, em escala tão ampla quanto for sendo possível, *com elementos nacionais brancos*, de ambos os sexos". Não se planeia o futuro de um território ultramarino com a mesma facilidade com que um bom arquitecto pode traçar o projecto de uma casa ou outra construção, por mais variados e complexos que sejam os

---

[7] "De aventura e rotina, crítica de um critico", in *Antologia da Terra Portuguesa – Angola*, Liv. Bertrand, s.d.

fins a que a destinemos; sei-o bem, mas é sempre possível, e começa a ser instante, em face do próprio desenvolvimento, ou progresso material, de que Angola tem beneficiado, por efeito de circunstâncias diversas, e perante certas doutrinas, a meu ver erradas, que outros têm defendido em matéria de colonização africana, a necessidade, em relação a ela, de um plano, de uma orientação básica, fundamental, inalterável, que presida a todas as disposições, oficiais ou particulares, que a seu respeito hajam de ser adoptadas. Temos trabalhado muito em Angola, a obra de fomento nela realizada ou para ela planeada é vasta e de futuros profundos efeitos na sua economia e no seu povoamento, mas rara será a pessoa, oficial ou particular, que perante esta simples pergunta: "Que vamos nós fazer de Angola, qual o futuro que a seu respeito devemos ter em vista e preparar-lhe?", se não mostre surpreendida pela pergunta e perplexa no que há de responder.

"Tem-se dito muitas vezes: '*Façamos de Angola um novo Brasil.*' É uma 'frase feita', como muitas outras, frase que nos ocorre naturalmente, por efeito da semelhança de posição geográfica e de clima, da natureza da acção colonizadora, que nesses dois territórios temos exercido, da fama de produtividade e de riqueza que anda ligada à grande nação luso-americana, *dos benefícios que os nossos naturais* têm recolhido do trabalho que nela desenvolveram; mas tudo isso não torna verosímil nem de possível realização a ideia em tal frase contida: Angola não é um Brasil, *nem pode nem conviria, se pudesse, que viesse a sê-lo*" (itálico de E. de V.).

À tão reveladora opinião seguem-se algumas oposições que segundo o autor tornam inapropriada a comparação de Angola com o Brasil e mais adiante o autor conclui: "A meu ver esse futuro (o de Angola), o destino que devemos preparar-lhe, é precisamente o de ela vir a ser uma *extensão étnica, política e de certa maneira económica* (itálico de E. de V.) do Portugal continental, *com o predomínio, nos órgãos provinciais, do governo e da administração, de elementos nacionais de raça branca,* o que não impedirá a colaboração de nativos, porque, neste particular, é ainda a fórmula de Cecil Rhodes *"Equal rights for all civilized men",* a única justa e sensata que aparece sobrevivendo e dominando toda essa confusa multidão de fantasiosas teorias com que actualmente e a tal respeito pretendem submergir-nos".

Não sei se seria possível encontrar texto mais desmistificante que este. Nada lhe falta, nem a alusão ao patrono de colonialistas conscientes, Cecil Rhodes. É de colonialismo consciente que aqui se trata e por sê-lo mais relevo tem a evidência, de resto bem marcada no texto, como marcada está nas *Memórias e trabalhos de minha vida,* de Norton de Matos, de que na generalidade a nossa tão celebrada vocação colonizadora é antes da ordem da dispersão, do acaso, da passividade. Daí advém o carácter histérico que toma a defesa desse colonialismo sonâmbulo que só a catástrofe acorda. Mas enquanto ele dorme oficialmente a sua *realidade* é a da implantação de interesses particulares bem precisos e a consciência deles é a forma verdadeira do colonialismo, de que a mitologia oficial é máscara ou diversão. Neste texto são batidas de face as idealísticas mentiras colonialistas do Regime. A *miscigenação* é vista como a veem os colonos que pensam realisticamente (segundo a visão burguesa que lhes é própria) como *não desejável*. A Colonização é vista como ela é: como esboço muito longe do fim que é *a da supremacia étnica, cultural, política e económica* (isto é pleonástico...) da raça colonizadora. O símile enganador do Brasil reduzido a cinza resume bem este projecto que está longe de ser uma simples "opinião". Com desordenada pressa, com mais que suspeita aceleração foi esse programa posto em prática logo que os acontecimentos de Angola acalmaram um pouco e o próprio Exército por voz autorizada se fez eco de propósitos similares. Marcam eles o fim de uma mitologia já sem substância ou procuram ainda à última hora suprir em anos, acaso em meses, aquilo que não foi feito em séculos? E que aliás era absurdo que tivesse sido feito, pois jamais (fora de curtos períodos) um tal projecto existiu.

Mitologia colonialista e realidade colonial

Se a cobertura ideológica, moral e religiosa de que se serve o actual Regime – com ele bom número de "liberais" – um tecido de mentiras, contradições, semiverdades atrasadas sem grande coisa a ver com o que está em causa, nem por isso existe uma *específica realidade colonial portuguesa*. É essa realidade que convém ter presente para compreender as nossas dificuldades africanas, realidade que se não é exactamente a imagem invertida daquela que o Regime apresenta aos portugueses e ao mundo, só com ela tem longínquos pontos de contacto. Mas não é senão coerência ao quadrado o propor à ingenuidade desinformada da massa portuguesa uma imagem tão alheia à realidade, pois essa interessada, abusiva e irrealista imagem mais não é que a duplicação daquela que o Regime tenta impor do próprio País e da sua História, mesmo no plano interno. A essência deste Regime e da classe alienada que o dirige é a de não poder dizer a verdade ao País sob nenhum plano, pois essa verdade é pura e simplesmente a dos interesses vitais dessa classe, que só em mínima parte coincidem com os da Nação.

Em matéria colonial, porém, nem essa mínima parte existe, embora seja aí que se tenta imputar o que é e sempre foi de poucos a vocação da Pátria.

A alienação colonial é a mais tenebrosa e desenraizável de todas e nem a si mesma a classe directamente interessada nela a pode dizer. O pouco caso que sempre foi feito dos relatórios honestos de um ou outro avisado colonial ou enviado metropolitano é do domínio público. E recentemente o caso Galvão ilustra superabundantemente uma já longa tradição, que é aliás menos a da fase clássica da nossa Colonização (os Reis tinham geralmente em maior conta esses relatórios) que a sua fase moderna, rapace e imperialista. Quer isto dizer que essa classe realmente não conhece a verdadeira realidade colonial? A complicada fraseologia de que a recobre, os mitos que deliberadamente cultiva prova que a conhece bem e que a essência do facto colonial está presente, como dizer, pela sua mesma ocultação. Basta, contudo, que essa realidade se manifeste sob formas que não é já possível esconder para que a pura expressão do Colonialismo se manifeste sem véus. E então vemos que a nossa Colonização ideal e idealizada é bem o que todas as Colonizações do mundo sempre foram: *exploração sistemática de terras e povos autóctones acompanhada da tentativa mais radical ainda da despossessão do seu ser profundo*. Claro está que há formas e formas diversas de tal dominação e claro está também que um grande número de valores autênticos é transvazado com essa dominação. O essencial, porém, é essa conversão de princípio do indígena e de tudo o que lhe pertence em objecto. Sociólogos hipócritas chamam a este fenómeno "aculturação". Os nossos clássicos eram mais honestos.

A mistificação colonialista consiste, pois, em dar como razão última, caução e justificação de uma vulgar dominação do forte pelo fraco, esses *valores* que efectivamente nos melhores casos acompanharam ou acompanham a essencial apropriação da realidade alheia. Convém não tomar muito a sério esse berreiro idealista mesmo se alguma verdade contém. Nas horas decisivas *a crua realidade colonial sobe à tona da História*. É o que pode mostrar-nos um texto gritante da verdade colonialista em estado puro, mau grado os fins mistificantes a que se destinava. É seu autor nada mais nada menos que um dos ex-Governadores dessa mesma Angola, o coronel Viana Rebelo. "Perder Angola", diz ele, "implicaria as consequências seguintes: vinte mil Brancos e alguns milhares de Negros, desejosos de permanecer portugueses, viriam estabelecer-se na metrópole; oitenta milhões de litros de vinho (ou seja quatrocentos mil contos) deixariam de ser exportados para Angola; trezentos e oitenta mil contos de tecidos fabricados pelas nossas fábricas portuguesas, mais de um milhão de contos dos nossos produtos não teriam mercado assegurado, etc. A perda de Angola criaria uma crise de emprego na Metrópole, uma redução do crédito internacional, a desaparição de um grande consumidor dos produtos portugueses [...]".

Lê-se e não se acredita em tão fantástica boa consciência. Esta passagem é digna de figurar numa antologia futura do Colonialismo sem vergonha, mas tal qual é preferimo-la às hipócritas razões "idealistas" que habitualmente tendem à defesa da mesma causa. Sem fazer totalmente nossa essa argumentação como típica do Colonialismo é lícito pensar que é difícil defender uma causa já discutível em si com argumentos tão baixos, embora na mente do autor e da política que incarnou, perfeitamente aceitáveis. O nosso dever de analisar a realidade colonial, tal como ela é vigente em Angola, Guiné ou Moçambique, sem fanatismo algum nem espírito de partido, leva-nos mesmo a dizer que homens como o coronel Viana Rebelo são injustos para com a sua própria Colonização. Embora a mentira ideológica dos nossos colonialistas seja um facto, comporta apesar de tudo razões e motivos mais nobres para defender as Possessões que essa lista de bufarinheiro em pânico assinada por alguém que foi – que símbolo nisto – responsável por isso que na sua linguagem é pura e simplesmente o negócio da China da Metrópole.

Cada uma dessas linhas vale o seu peso de oiro. Cada uma é uma machadada nas pseudo-razões que segundo o Regime existem para que defendamos Angola até à última gota de sangue. Denunciado o mito da "portugalização" da massa africana e da sua fidelidade (de entre quatro milhões contarmos apenas com alguns milhares é fraco saldo ao fim dos tais pseudoquatrocentos anos...); denunciada inclusive a solidariedade total da própria massa branca com os interesses da Metrópole; expressa, preto no branco (é caso de dizer-se) a motivação essencial da necessidade da nossa presença *política* como da ordem comercial a mais egoísta; proclamada enfim a Colonização nos termos mesmos do Pacto Colonial, como se a História tivesse passado em vão (e para os Vieira Rebelo passou), isto é *como mercado seguro para a produção portuguesa.*

Os abismos que declarações como esta abrem sobre a mentalidade da nossa burguesia metropolitana não são mais insólitos que aqueles que dizem respeito à realidade colonial. Burguesia sem imaginação nem capacidades, sem espírito de risco se revela nessas entrelinhas. Para outras foram as Colónias ocasião de aventuras económicas positivas, para a nossa (e isto vem de longe) álibi, ocasião divina de perpetuar com pouco gasto o privilégio caseiro de não acompanhar os esforços e as invenções alheias. Assim Angola, Moçambique, como outrora o Brasil (mas então era "normal") aparecem a olhos dessa Burguesia anacrónica, parasitária, indigna dos privilégios que usurpa como simples "reserva" de caça dos seus apetites sem grandeza.

Somos nós obrigados a tomar à letra o que é uma pura e inapelável condenação moral da Colonização? O que por si só tornaria mais do que absurdo, criminoso, pedir ao povo português quaisquer sacrifícios para manter tal empresa histórica? Na medida em que a nossa presença é *fundamentalmente* essa tão secamente resumida pelo coronel Viana Rebelo, é evidente que a resposta só pode ser uma. *A realidade da nossa presença, porém, é além disso, ainda outra coisa, ao mesmo tempo, física e moral e é por sê-lo que a questão africana não se pode resolver apenas, mesmo de um ponto de vista puramente ideológico, com a tomada de consciência e a denúncia da fraqueza insigne da mitologia colonialista que serve de veículo à cruzada angolana.* Os direitos absolutos, defendidos com razões transcendentes que nos assistem para manter uma presença tida como insustentável enquanto presença privilegiada *por princípio*, não podem ser invocados de boa-fé, nem hoje, nem ontem. E se a Rebelião ou agitação africana não existisse o caso seria o mesmo. Mas na falta desse direito absoluto há razões sérias, prementes mesmo, para que a nossa presença em África suscite à consciência nacional – mesmo à sua facção anticolonialista – um debate grave e uma preocupação histórica que é neste momento *a* preocupação política suprema. Dessas razões fazem parte algumas que tomadas à letra se assemelham a outras invocadas pelo Regime para conduzir a política desastrosa e sem futuro que tem sido a sua. A óptica, porém, em que se situam, de todo em todo as faz diferentes.

Que razões? Em primeiro lugar a da *antiguidade* da nossa presença. Tal factor não justifica o direito a ter por *nossa* Angola tal como ela é, mas não é uma realidade indiferente àquilo que Angola é e pode ser essa antiga presença, que por lacunar e sob formas contestáveis é *ao mesmo tempo e irrefragavelmente factor da autoconsciência e da lenta ascensão do africano e da sua terra a formas de actividade e existência que o converteram naquilo que ele é.* O colono, ao menos a maioria, não se propôs isso, claro está, mas também não se pode dizer que deliberadamente se tenha proposto o contrário. A sua própria presença é de si mesma transformante e civilizadora e isto não apenas na óptica *branca* de Civilização mas naquela que o africano é obrigado em parte a aceitar sob pena de reversão a uma mitologia de "negritude pura", à Alioune Diop que não sendo sem méritos é demasiado complexada para servir de porta para o futuro. É mesmo nisto que reside o essencial da *tragédia a que toda a Colonização dá lugar* e serve de fundamento ao sentimento que possui o mais desprovido homem *branco* de pertencer, ele, pessoalmente, a um mundo e a uma civilização superiores, o que lhe assegura o direito, pensa, de efectivamente se impor para *civilizar*. Não há Discurso do Senhor Presidente do Conselho em que tal tema não seja abordado. Na sua opinião esse direito é mais do que direito, pois assume mesmo a forma de um *dever*. É em linguagem laica a transposição daquele mais alto dever que também teríamos, de ser, por antonomásia, os *evangelizadores de África* como sem ambages se afirma na famosa carta colectiva do Episcopado português *metropolitano*, confundindo uma vez mais, ou deixando na sombra, as tremendas dificuldades teológicas e pastorais deste endossamento colonialista do Catolicismo *superiores*, enquanto *civilizados* e *agentes de civilização*, superiores igualmente enquanto cristãos e elementos de cristianização, os brancos de mais nada precisam para ter por incontestável a sua efectiva *presença* africana. Que fazer contra este dado bruto que se confunde com a consciência do colono enquanto colono? Sobretudo que responder quando a quase totalidade dos seus actos e o tipo de existência em que confinou o africano lhe dão cada dia a confirmação sensível dessa superioridade de princípio? Durante séculos quisemo-lo *escravo* e ao mesmo tempo desprezávamo-los por sê-lo. Depois quisemo-los o menos livres possível e admiramo-nos (ou regozijamos) com essa vocação de passividade que não é assim tão evidente pois é necessário cultivá-la. De novo encontramos as fatais contradições da Colonização mas importa pouco sublinhá-las pois elas fazem parte integrante da mentalidade colonialista, impossível de por si mesma se acordar sem a ajuda daqueles mesmos que um dia se recusam a servir. É uma ilustração mais da dialéctica hegeliana do Senhor e do Escravo.

Como sair deste pesadelo? Reconhecendo como um facto a "superioridade" dessa presença branca em geral – sem a mitificar aliás, nem deixar na sombra, as "inferioridades" ou taras que lhe são próprias e não são poucas – mas denegar-lhe o carácter que ela se atribui de *coisa em si*, de propriedade e excelência específica do homem branco, julgando-a antes pelos resultados que pelas pretensões. Ora a reiterada afirmação, e o contentamento de si que ela manifesta, não só de que o africano é aquele que não se civilizou por si (entrevista de Salazar) e continua renitente à assimilação perfeita dos *valores brancos* (burgueses, sobretudo...) em vez de constituir a justificação moral da presença branca, seria, se fosse verdadeira, a prova por absurdo da falência da Colonização apresentada como *projecto civilizador*. Os colonialistas não se embaraçam com a lógica. Segundo a conveniência proclamam os miríficos e substanciais resultados da sua acção civilizadora ou decretam que o africano é refractário a essa mesma acção. Mas num caso e noutro o tipo de presença privilegiada que o colonizador assume é difícil de manter. Se é lógico consigo mesmo – e os melhores o são – "civilizar" como eles se propõem é "identificar", abolir a sua própria superioridade, constituir de facto esse "estado multirracial" que seria, se fosse efectivo, a sua glória mas também e fatalmente a morte do seu privilégio histórico e humano.

Foi ou é a presença portuguesa a expressão e o agente de uma criação desse género? Se o tivesse sido a questão africana estava resolvida por si. A famosa afirmação de Salazar, filha de uma convicção sem base histórica ou pura provocação, de que "Angola não precisa de se libertar porque já o está", corresponde a essa situação utópica e não é com prazer que um português o verifica. Do ponto de vista africano é natural que uma afirmação desse género seja recebida com incredulidade e sarcasmo, mas do próprio ponto de vista nosso é ela também insustentável: os milhões de africanos não "integrados", nem pouco nem muito, são o mais claro desmentido a essa fabulação. Contudo, repetimos, deficiente e insatisfatória, a presença portuguesa não pode medir-se apenas pelos abismos estatísticos que a fariam parecer insignificante mas pela *qualidade* do projecto histórico que nela se configura e que não é outro que o da criação de Angola como Nação futura e no presente realidade política própria. *Angola enquanto nação potencial, enquanto terra integrada num conhecimento técnico, geográfico, económico, cultural, é fundamentalmente obra branca*. Disto tira o colonizador legítimo orgulho e em tal realidade assenta a consciência de *posse* que lhe é própria. Mas nisso reside igualmente a sua própria condenação, para não dizer a prova definitiva de que o seu projecto civilizador, enquanto projecto de multirracialismo, ou faliu, ou foi traído ou simplesmente nunca existiu. O famigerado *slogan* de "Angola é nossa" é o símbolo de uma derrota que se ignora ou de uma vitória à Pirro. É justamente por ser *nossa* que ela é a fonte das dificuldades presentes. Nesse "nossa" nem o escol limitado que pudemos formar ou por si se formou, nem a geral massa dos africanos se reconhece. Dessa apropriação, que, diga-se de passagem e do ponto de vista do puro interesse imediato do colonizador, é profunda e notável, dados os nossos recursos, o africano que é instrumento dela recebe apenas o reflexo ou a sombra bem vigiada que paternalmente lhe deixamos. Não lhe tiramos nada, mas obrigamo-lo ao que está no direito de recusar e não damos grande coisa a quem está na sua própria casa. Como admirarmo-nos se é Angola, enquanto terra de brancos e negros, enquanto *colónia*, ela mesma suspeitada?

O dédalo da má-fé colonialista portuguesa é inextricável. Deixemos de lado a História cujo testemunho no que diz respeito a Angola é para nós uma condenação tal que só esse nome nos obrigaria a ser modestos em matéria de Colonização. Negreiros, sepultámos no Atlântico milhares de "peças" e demos às que sobreviviam além-Atlântico aquele destino atroz que fez por momentos duvidar António Vieira da própria Providência, dúvida de que só a absurdidade mesma do horror, convertida escolasticamente no seu contrário, pôde apagar no seu espírito. Outros foram negreiros, era lei de ferro de uma certa época e duma certa classe, mas ninguém mais do que nós. Angola é o celeiro deste pão de tristeza humana e sejamos gratos aos céus ou aos portugueses que puderam dar de si uma outra imagem pelo facto de tal gesta não nos ser atirada à cara nas assembleias internacionais que nós desafiamos com anossa inconsciência e o nosso impudor. Em Angola nem a própria Igreja, como vimos, nos lavou suficientemente essa nova mancha que nenhum perfume da Arábia, nem diplomacia atrevida podem ocultar. Mas o melhor é não reabrir uma chaga que o tempo cobriu. Já bastam as presentes, menos espectaculares, mas não menos profundas. O metropolitano ignora-as ou ignorava-as, vítima da política de silêncio que o Regime supunha eterna. Agora não pode ignorá-las pois elas se leem de sobra até nas notícias filtradas, até nas notas destinadas à apologia da nossa Colonização sem par.

A explosão trágica de 1961 descobriu de repente aos olhos aterrados e virgens da Metrópole uma realidade de que ela não suspeitava. Qual? A de uma população que lhe é descrita, *após quatrocentos anos de presença* (teórica), nos termos mais soezes, mais eivados de superioridade imbecil branca, como primitivíssima, infantilíssima, desmunida do essencial, atrasada, bárbara, alcoolizada, fanatizada, etc. *Tais foram os negros que a imprensa imunda da língua portuguesa apresentou com gáudio ao pasto de leitores nacionais mistificados.* Uma parte do público, porém – mau grado os trinta anos de maciço conformismo mental –, habituou-se a ler sob as aparências ou a utilizá-las às avessas. Se eram assim, como explicar a onda de terror? Se eram incapazes de se servir de uma arma como se explicava tal pânico? Por que razão mobilizar o soldado português para meter na ordem uma tropa descrita como fandanga com fotografias ao lado? E como se concilia esse atraso, esse barbarismo, com as nossas tão celebradas virtudes civilizadoras? Como é possível conceber tais atrocidades da parte de uma população descrita como perfeitamente portuguesa? A resposta, absurda, monótona, provocante, desdenhosa do bom senso nacional era uma e uma só: é uma rebelião *de fora*, são elementos estranhos, não falam português, foram os protestantes, etc. O futuro fez justiça destas mentiras cientemente organizadas e fará justiça do resto. Se alguém tivesse acreditado alguma vez nos lugares-comuns da nossa "compreensão única" do africano, da ausência total de racismo, a leitura da imprensa portuguesa desse tempo, talvez mal orquestrada sob o efeito duplo do pânico e da reacção brutal do colonialismo ferido, o jornalismo ignaro dos Ferreira sem conta, dos Carrasco e companhia, nos elucidaria. Nessa hora o nosso inegável paternalismo tirou a máscara e podia ler-se ao acaso dos factos avulsos que o cristão e fraternal insulto de "macacos" aplicados aos "bandidos" era de uso corrente. Mas no fundo, como admirarmo-nos, se afinal só uma diferença de grau, acentuada pelo critério "cor" mas não determinada exclusivamente por ele, separa o comportamento do branco privilegiado de Angola (ele é-o por definição) do comportamento do "senhorito" lusitano em relação ao povo que o serve ou de que se serve?

Terminávamos nós estas reflexões considerando-as, mentalmente, de algum modo *póstumas*, ultrapassadas pelos acontecimentos, válidas apenas para um longo passado que o império da necessidade estava em vias de transformar, quando a imprensa mundial anunciou o discurso do Presidente do Conselho do dia 12 de Agosto de 1963. A expectativa do mundo ocidental era de antemão favorável àquilo que aqui e ali já se chamava *o primeiro passo* na solução possível das nossas dificuldades, *a abertura* da tradicional política ultramarina portuguesa. Um observador português bem a par da essência política do Regime e da mentalidade única do seu Chefe só podia aguardar, embora desejando contra toda a lógica e toda a esperança razoável que essa imprensa se não enganasse – pois nenhuma aversão ao Regime se pode sobrepor aos interesses reais do País – uma tal perspectiva com o mais radical cepticismo.

A realidade ultrapassou tudo que os inimigos mais encarniçados do Presidente do Conselho e da sua política ultramarina podiam conceber. O que Salazar diz nesse discurso à face do mundo e dos portugueses não é uma surpresa. Salazar é de uma coerência total e jamais tudo quanto ele é e representa se mostrou com tanta evidência como constituindo um só Sistema, o mais anacrónico, o mais contrário às realidades políticas e históricas contemporâneas que é possível conceber-se. O seu último discurso é a Magna Carta do Colonialismo Eterno e a esse título, honra trágica, merece quase o respeito que se deve a tudo que é sem comum medida com o razoável e possível. A mitologia colonialista portuguesa que nós nos esforçámos por analisar jamais se dera a si mesma uma tal festa. É absolutamente impossível para o mundo inteiro compreender ao mesmo tempo a mistura prodigiosa de convicção profunda e de irrealismo patológico que um tal Discurso encerra. Só do interior, só do coração idealmente colonizador que cinco séculos miticamente pensados nos fabricaram, a todos nós portugueses, é possível, sem pôr em dúvida a inegável inteligência de um homem que deu as suas provas ou supor o seu enfraquecimento, *compreender*, dizemos bem, compreender uma tão inacreditável denegação de evidência, uma tão dramática persistência em teorias e caminhos que são os da máxima alienação histórica que o nosso país conheceu. A que nos levou a Alcácer-Quibir foi de olhos fechados e num tempo em que o Poder se podia perder imaginando perder-se apenas a si; a alienação histórica resumida no Discurso do 12 de Agosto de 1963 é uma alienação de olhos abertos. Seguirá uma vez mais o nosso povo D. Sebastião às tão funestas plagas africanas?

A atitude de Salazar é a encarnação exemplar que a Tragédia grega ilustrou para sempre na figura de Édipo. Somente sem verdadeira grandeza, sem possibilidade de reconversão, mesmo dolorosa, nem de póstuma piedade, pois ao contrário do herói grego e humano, Salazar não só se decreta inocente como denega realidade à peste que corrói o seu reino, mas não chega à beira do Palácio. Da sinceridade do homem, da convicção de ter e estar com a verdade que seria a da Nação inteira não é lícito nem possível duvidar-se. Ela mesma faz parte do drama do homem e da tragédia política que o seu Sistema fabrica sem a ver. Salazar e o Sistema são um mesmo labirinto, uma criação política meio real e meio imaginária que se confundiu e se fez homem e da qual não é possível esperar que por si mesma se abra ou se reforme. Só a pesada e dura mão dos deuses, *do exterior*, que pode ser apenas a recusa da Nação em embarcar ao serviço de um tal delírio nacionalista.

À primeira vista e segundo uma perspectiva sensata o desmentido da Nação deve aparecer como fatal. Sê-lo-ia se um esclarecimento prévio do que está em causa, um diálogo autêntico se instaurasse no seio da Nação. Tal diálogo, porém, é uma quimera, pois o Sistema implica como necessidade vital a sua não-instauração. Assim o que é provável é uma última e espantosa quadratura de mistificação, verdadeiramente diabólica: um convite ao povo português, impedido de analisar até ao fundo a sua situação real de colonizador e as dificuldades históricas que daí nascem, para rectificar no entusiasmo uma visão hipernacionalista contrária à realidade e aos seus interesses verdadeiros. Confiemos que mau grado os meios de pressão moral, a cultura mistificada, o apelo ao sentimento pátrio abusivamente adulterado, o povo português se não deixe estrangular a frio pelas suas próprias mãos. De qualquer modo não será ele que se afundará num então irremediável e fatal irrealismo histórico, ele que na verdade pouco tem a perder pois do Sistema sofre antes de mais ninguém os malefícios.

Na nossa situação actual, embora contando com o natural senso dos seus interesses, próprio do povo, a decisão incumbe àqueles elementos que na comunidade nacional partilham do poder e da influência efectivas. A manobra de Salazar, tanto mais hábil quanto é certo que corre o risco de o não parecer, só com a lucidez, a coragem e o sacrifício dos que sabem bem o mau serviço que ela significa para o País, poderá ser neutralizada. É uma questão de vida ou de morte, antes de tudo para a burguesia nacional que se se fizer cúmplice dela perderá definitivamente não só o que deseja salvar contra ventos e marés mas aquilo que legitimamente pode pretender conservar. Hierarquia católica, universitários, hierarquia militar, intelectuais, homens de negócios, políticos conscientes, homens de influência em qualquer sector da vida nacional, jornalistas, eles e eles só arrostarão com a escolha trágica que se lhe pedirá. A eles cumpre, ou não, dar um corpo – ao menos transitório – a esse conjunto de semiverdades e inegáveis contraverdades que constituem a mitologia colonizadora portuguesa. Ao País inteiro cumpre decidir se uma filosofia política idêntica ponto por ponto à da OAS[8], nacionalismo demente multiplicado pelo sentimento da sua impotência, mistura atroz de referências cristãs e nazis, é aquela que melhor traduz os nossos interesses.

Seja qual for a resposta, uma coisa é certa: *ela não modificará o curso do Destino*. O que exprimimos é relativo ao nosso futuro enquanto portugueses de Portugal, futuro que deve interessar-nos em primeiro lugar, que mais não seja por sabermos que uma modificação nele teria consequências no debate ultramarino. Mas as nossas dificuldades têm uma face que nós não podemos modificar à nossa vontade: *a dos africanos que combatem a actual presença portuguesa e a das nações mais ou menos solidárias com esse combate*. No seu último Discurso, o Presidente do Conselho uma vez mais exprimiu o seu ponto de vista como se essa face não existisse. Jamais fora

---

[8] Organisation Armée Secrète. A Organização Secreta Armada foi uma organização político-militar clandestina criada a 11 de Fevereiro de 1961 para a defesa da Argélia francesa por todos os meios. A sua acção ficou marcada por episódios de terrorismo particularmente violentos na Argélia e em França ao longo de vários anos e mesmo após a independência da Argélia. Há uma vasta bibliografia sobre o assunto.

tão longe. De ora avante os chefes nacionalistas sabem de ciência certa que só o recurso armado lhes é consentido. De ora avante os angolanos, mesmo não revoltados, mas conscientes da sua especificidade, sabem que foram declarados *portugueses* e que não há problema algum a seu respeito. O Presidente do Conselho imagina decerto o mundo segundo o modelo do paraíso que ele nos construiu, mundo calafetado onde a contradição e a crítica são impossíveis, mundo de silêncio coberto de um só clamor destinado a torná-lo ainda mais espesso. Por isso não hesita em denunciar, com uma coragem que ao serviço de melhor causa seria admirável, a cegueira de gregos e troianos, culpados a seus olhos da não participação beata numa visão das coisas que a ele lhe parece garantida pela protecção divina.

Num mundo normal – mas o nosso português não o é – o Discurso de 12 de Agosto só podia ser traduzido como sentença de morte política do seu autor e do Sistema que ele pôs de pé, desejando agora endossá-lo à Nação como se ele fosse imaculado e sublime vestido nupcial. Nós cremos firmemente que esse discurso é uma sentença de morte. A política de força que ele apregoa – em estilo suave e distante como é hábito do nosso Presidente – é um absurdo, como absurdo é também esse *ideal integracionista* pregado por quem nada fez de decisivo enquanto era tempo para o realizar, nem a sério pensa realizá-lo pois nada mais propôs de positivo do que *converter Angola e Moçambique em outros tantos Portugais, ou melhor, nem sequer isso, pois declara que já o são*, o que nem um cego pode acreditar.

A leitura de tão extraordinário documento parece tornar sem sentido a pergunta acerca da possibilidade de uma política inteligente portuguesa em matéria ultramarina. À primeira vista, idealmente, nada parecia contrariar a hipótese de que o Regime, mau grado as insanáveis taras metropolitanas, pudesse ser o instrumento dessa política inteligente, na medida em que podemos fazê-la. O Discurso mostra que era utópico tal pensamento. E a coerência está do lado do Regime e não dessa hipótese idealista. O Regime é um Sistema e sabe-o. Não pode perder uma malha sem se desmoronar e a sua atroz habilidade foi a de convencer muitos portugueses que esse desmoronamento seria o da Nação ou em todo o caso o do sector responsável pelo estado a que chegámos. Que seria o deste último é natural e desejável mas a Nação é bem outra coisa, apesar das malhas que de todos os lados eles lhe fabricaram e que só o tempo poderá desfazer. É pois exacto que a não--solução do problema ultramarino está intimamente ligada ao Regime. O Sistema só pode em toda a parte oferecer como modelo o Sistema: a mesma polícia, a mesma censura, o mesmo atraso cultural, a mesma menoridade política, a mesma exploração económica, em suma, não *Portugal,* ou o que ele pode ser, mas o *Portugal de Salazar* que sendo o nosso é menos do que ele.

A suma habilidade do Regime tem sido a de esconder a sua face real detrás desta providencial questão ultramarina apresentada como questão *posta de fora*, o que aos olhos do português metropolitano duplamente parece. Detrás do que há em nós de mais profundo e exaltado – o amor à *nossa* Terra – o Regime pôde escamotear-se como discutida forma política e confundir-se com *o urgente dever nacional*, diante do qual as questões de "mera política" interna pareciam mesquinhas. O Regime jogou assim com os melhores sentimentos e a ingenuidade política de uma enorme massa sem possibilidades de informação autónoma, mas aberta à propaganda diabólica do Sistema. A esta escamoteação "o caso de Goa" forneceu já matéria de primeira escolha. Mesmo os mais lúcidos esqueceram as faltas objectivas do Regime para só reter a dor que a todos, salvo aos indiferentes, tinha de causar, menos a perda, que a inglória e desnecessária maneira de ser corrido de Goa. Pudemos aparecer como vítimas e decerto modo o fomos. Antes de tudo do Regime e da sua hiperbólica bazófia. Apesar disso o mesmo culpado Regime que normalmente não teria podido subsistir pôde encontrar consolação e talvez pela primeira vez um eco autêntico na Nação que independentemente dele e sem poder avaliar-lhe as mentiras e absurdidades diplomaticas que conduziram ao desastre, só quis saber do fim doloroso de uma legenda heroica. Como não temer que fenómeno idêntico se possa reproduzir na atmosfera de caserna mística que o Sistema se esforça por implantar?

Quando se medita sobre a questão africana não se pode deixar de pensar no que foi para a França a questão argelina. É um paralelismo a usar com extremas reservas, pois a situação de Portugal é muito diversa da da França e a massa muçulmana decerto bem diferente da "nossa" africana. Apesar disso não é inútil observar e ter em conta o processo que levou a França da atitude francamente colonialista até ao *desengagement.* Sem se apoiar numa mística colonialista tão arcaica como a nossa, a facção "argélia-francesa" empregou argumentos similares aos do Regime que a alguns dos seus líderes serviu de referência como expressão de colonialismo coerente que de facto é. Contra toda a evidência, mas confiante na esmagadora desproporção de forças, a França persistiu durante sete anos numa luta sem saída. Uma das suas fases mais curiosas é a da *"Loi-Quadre",* atrasada tentativa para dar num dia o que fora recusado em anos. É exactamente aquela, possibilidades económicas e vontade democrática a menos, que o Regime propõe agora senão como panaceia – oficialmente não há *doença alguma* – ao menos como confirmação e melhoria do que em si é já satisfatório. A tentativa francesa foi um insucesso. O processo já não podia então ser detido com paliativos, mesmo grandiosos, como o eram em parte os da "Lei-Quadro". A luta era por qualquer coisa mais original, mais profunda: *pelo direito de ser autónomo e livre na sua própria terra.* Quando um tal sentimento se revela já não há forças humanas que o dominem. Mas a tarefa é ainda mais dura quando a luta por esse direito é simultaneamente a luta pela *dignidade de um homem* que durante séculos foi postergada ou só teoricamente concebida. Não é outro, diga o Regime o que disser o fundo do problema angolano e pouco importa afinal saber se essa *reivindicação* veio de fora ou não, mas se tem uma base psicológica, social e histórica que por si a expliquem. Que os escravos não se revoltem não é a perfeição da escravatura, mas da injustiça.

Estas considerações são sem interesse na perspectiva do Presidente do Conselho: a perfeição do sossego, a máquina do silêncio cujo segredo ele conhece bem, são o melhor índice de que *não há problema*. Obrigado a mobilizar a Nação contra o que na boa lógica não é nada de importante, a simplista referência ao *"complot"* internacional parece-lhe bastante caução moral. Toda esta canção as nações coloniais a cantaram embora sem tão singular perfeição. Nós mesmos declarámos aos *brasileiros* que eram *portugueses* (e mais "portugueses" eram do que o são hoje milhões dos "nossos" africanos). Mas os brasileiros e com eles a História passaram adiante. Salazar só escolhe dessa História o que convém a um sistema arbitrário, esclerosado numa mitologia simplista, infantil, indigna da sua penetração e formação de intelectual autêntico. Para compreender tal fenómeno é necessário admitir que o Presidente do Conselho é menos o apóstolo da mitologia colonialista que a sua vítima privilegiada. Como uma grande maioria de portugueses cultivados, sobretudo os do começo do século ainda educados à sombra da *epopeia colonial recente* dos Mouzinho e dos Pereira d'Eça, Salazar absorveu de uma vez para sempre o que até então era gloriosa gesta humana e com piedosa veneração a guardou. Mas para bem ou para mal dos nossos pecados nós não estamos em 1895 nem em 1913, em plena euforia imperialista da raça branca, mas em 1963, ano branco de uma África negra.

Neste ano e para nós é ainda possível uma inteligente política africana? A que o Presidente Salazar nos propõe nem é possível nem inteligente. Se o Povo Português a ratificar será acaso um pouco mais possível, mas não será mais inteligente. *É de uma autêntica conversão da mentalidade colonialista que pode nascer uma visão realista, bem portuguesa ela, mas do portuguesismo realista de alguns colonizadores antigos adaptado ao século em que vivemos e não adorado como modelo eterno.* Uma tal conversão é inútil esperá-la do Regime tal como é e não sendo como é não será o Regime. A mudança séria de política ultramarina implica a mudança de Regime e será mesmo a única coisa que pode levá-lo a tentar modificar-se a si mesmo, hipótese pouco plausível, apesar da vontade cega de conservar o Poder. O que é natural é que cada vez mais, *mesmo no interior do Regime*, que não é de uma só peça senão na aparência, a política africana de Salazar apareça pouco a pouco – se não é já coisa realizada – como irrealista e catastrófica. O último Discurso só pode acelerar um processo que vem de longe. Em volta do Presidente do Conselho se reunirão os últimos "abencerragens" do ultranacionalismo e do colonialismo extremo. Pela lógica das coisas, antigas sombras, aduladas nos semanários extremistas, virão retomar o seu lugar de condestáveis em disponibilidade. Será a cruzada de que o Discurso foi a bula. Mas será também a desfasagem definitiva de uma grande maioria da opinião pública e com ela de muitos homens do Regime.

O processo aliás já começou e o polo de cristalização de uma *outra política* susceptível de recolher sufrágios entre as forças e as doutrinas tradicionalmente afectas ao Sistema há muito que se revelou. Originalmente formada em função de pura política interna, a questão ultramarina ampliou-lhe a ressonância e a burguesia inteligente não se engana vendo na pessoa do Marechal Craveiro Lopes e no que ele simboliza a alternativa e mesmo a fatalidade política de que Portugal teria extrema urgência. Sem dúvida com perspicácia, essa lhe parece a única forma de economizar uma revolução no plano interno e uma catástrofe no domínio colonial. Os dados do problema português, a personalidade reservada do antigo Presidente da República não permitem a ninguém cálculos nem prognósticos. Mas não deixa de ser flagrante que a situação do Marechal Craveiro Lopes tem, na perspectiva da burguesia nacional, muitos pontos de contacto com a do General De Gaulle, antes de 1958. Na hora decisiva se saberá se essa burguesia é tão hábil e patriota como parece, e se na melhor das hipóteses para ela pode efectuar essa conversão política, essa substituição de uma mitologia insustentável por uma visão dinâmica e adequada da realidade africana que nos concerne.

Uma tal conversão parece pôr-se já a crédito do que, grosso modo, se chama Oposição, embora até hoje nenhuma impugnação sistemática, coerente, do ponto de vista oficial tenha sido apresentada, salvo em estritos termos políticos, de política, por definição oposicional. Uma parte dessa

Oposição só "em palavras" está além do Regime e nem o seu passado nem os seus homens têm nada que os recomende salvo a venerável antiguidade. De resto o seu acesso ao Poder é mais que aleatório. Mais séria e com implantação popular é a perspectiva Delgado, apesar das críticas a que a sua actuação no Estrangeiro tem dado lugar. A sua posição, segundo as últimas informações aparecidas na imprensa relativas à formação de uma frente comum com a Rebelião, é por conseguinte nítida e a mais extrema que português pode tomar. A objecção política que se lhe pode fazer (deixemos as outras, embora não sejam sem interesse) é a de apresentar a luta por uma solução africana como subordinada à conquista revolucionária do Poder na metrópole. A burguesia nacional compreenderá mal esta maneira de perder em dois tabuleiros ao mesmo tempo. Só uma autêntica perspectiva revolucionária corresponderia à aposta política do General Delgado. Nas circunstâncias actuais parece bem utópica. Em que medida um triunfo dessa hipótese representaria a solução *desejável* para o problema da nossa presença em África, é difícil imaginá-lo. Mas a verdade obriga a escrever que sejam quais forem as soluções políticas *metropolitanas* essa solução desejável não virá de mão beijada, nem será a consequência automática de uma mudança de Regime. O Regime impede a busca mesma de uma solução da nossa parte e como tal deve ser condenado. A sua desaparição é a condição *prévia* dessa busca e, confiemos, dessa solução, mas não é, em princípio, mais do que isso.

Porquê esta reticência? Neste ensaio colocámo-nos sempre do *nosso* ponto de vista. Como portugueses não concebemos outro. Mas esta hipótese, necessária para o que nos interessava, a análise e denúncia da mitologia colonialista portuguesa, deixa na sombra *o segundo* elemento do drama: o da existência da Rebelião organizada ou da simples efervescência colonial, complexo assunto e que não é apenas "coisa de negros" como diz pejorativamente muito boa gente. Este segundo elemento, embora Salazar finja desprezá-lo (mas não o desmpreze na Guiné...) é absolutamente decisivo em relação à questão-chave da *presença portuguesa em África*, na medida em que tal questão é também a nossa de metropolitanos. Conhecer os desígnios da Rebelião ou dos seus diversos desígnios é factor essencial para a *nossa* escolha, senão dos fins, ao menos dos meios em vias de solução adequada ao problema dessa presença. Isto em nada significa que julguemos possível *opinar sobre os fins que essa Rebelião se dá e de que só ela é juiz, ao menos enquanto não são genericamente anti-humanos*. Toda a gente o pode fazer, excepto nós, portugueses, pois é contra nós, enquanto entidade política, que a revolta existe. Mas não é indiferente, nem humana nem politicamente, saber se a Rebelião se propõe um estado multirracial, por exemplo, ou pura e simplesmente a liquidação total da presença portuguesa, nalguma ou em todas as suas formas. Em qualquer caso, por mais doloroso que isso pudesse aparecer, não nos competiria a nós julgar da fundura de uma reivindicação cujas raízes foram provocadas por nós. *Os brancos pensam que, na qualidade de brancos, têm ainda alguma coisa a dizer quanto aos fins últimos da revolta africana ou da luta pela independência.* Não têm e isso não por qualquer racismo negro, mas pelo facto de que as raízes da revolta provêm de uma anticonsciência branca e nela terão por muito tempo a mais funda motivação. Este é o nosso pecado original e eles o herdarão às avessas. O branco só tem "palavras" neste debate instaurado pela Rebelião na medida em que identificar, sem prejuízos de nenhuma espécie, a sua opção àquela que é, em princípio, a opção de quatro milhões de homens de cor. Como não é o nosso caso, abstemo-nos da tentativa, mesmo abstracta, de nos pôr "no lugar dos africanos", mas o lugar em que eles se puserem é fundamental quanto à nossa própria opção a respeito da presença portuguesa.

"Presença portuguesa" é uma bem equívoca expressão e representa da nossa parte uma escolha, uma certa interpretação da Colonização, como se depreende do que vimos expondo. Em relação ao problema que a Rebelião nos põe, *a presença portuguesa* não é, como fundamentalmente a entende o Regime, o *direito indiscutível de estar em Angola e de baptizar toda a realidade angolana com o nome de portuguesa.* Menos ainda a presença portuguesa enquanto expressão política do domínio da Metrópole. Se assim a entendêssemos não havia debate ou não seria o nosso. *Presença portuguesa* é o facto histórico e o facto actual de incontestável radicação de portugueses num solo que por essa radicação se converteu não precisamente em "português", *mas deles.* Uma tal presença, embora quantitativamente exígua, é de uma importância essencial, histórica e presentemente falando. Se por hipótese ela desaparecesse de um dia para o outro, Angola mudaria de expressão e essa mudança, nem enquanto portugueses, nem abstraindo de o sermos, se poderia considerar *um bem.* Há nesta opinião um relento de colonialismo, mas na medida em que a História é irreversível e na medida também em que essa *presença* representa *objectivamente* valores consideráveis de toda a ordem, alguns opostos à eclosão de outros que os africanos estão no seu direito de querer ver triunfar, mas outros absolutamente positivos e enquanto tais *indispensáveis* ao homem africano. *A tragédia reside no facto de que essa presença e esses valores têm existido numa perspectiva egoísta, interessada, de explorador e dominador ou só fracamente comunicados*. Desejar que essa perspectiva se transforme radicalmente é uma coisa – e nós o desejamos –, desejar que a soma desses valores desapareça ou diminua de maneira sensível é outra. Tende fatalmente a esse resultado um triunfo possível da Rebelião?

Esta é uma questão interessada e autojustificativa de pretensões coloniais difíceis de manter. Tal caso não se verificou em nenhuma nação negra que acedeu à Independência ou à autonomia. As cauções internacionais que aberta ou ocultamente as favoreceram também não são de molde que possamos honestamente concluir tal coisa. A dúvida incide sobre outro ponto e aqui nenhum português é no fundo indiferente: manter-se-ão esses valores enquanto *valores de civilização portuguesa* ou serão submersos por qualquer coisa ainda sem nome, mas que será "civilização angolana" ou "moçambicana"? Só o futuro o dirá, mas isso é, entre outras coisas, o que está em jogo e de algum modo ainda em nossas mãos. Sobretudo, nas mãos dos *portugueses de Angola*. Uma parte desses valores pertence já, apesar de tudo, a uma parte da população africana. Quanto à totalidade, uma simbiose cultural similar daquela que se criou no Brasil já não parece possível. Mas é-o talvez ainda uma coabitação fecunda, pacífica, fraterna, de imprevistos frutos, menos *portugueses* em sentido estritamente mitológico e nacional, mas com lugar de eleição no mesmo pé de igualdade e de liberdade que esses que o elemento autóctone produzirá. *Da atitude do português de Angola* depende em grande parte o seu próprio futuro, económico, político e cultural. A ele compete decidir-se por uma opção de colonizador clássico a quem as barbas do vizinho a arder nada ensinaram ou por uma opção difícil e corajosa de colonizador revolucionário e cristão. O tempo da sua decisão é-lhe contado. Se adoptar o actual princípio de que a Metrópole lhe sopra de "tudo conservar" sem nada ceder saiba que é responsável da sua própria aposta. Mas não é certo que procedendo assim escolha o melhor caminho. Em todo o caso, trairá definitivamente e sem remédio aquele mínimo de verdade que existe na mitologia da Colonização Portuguesa e em nome da qual exigiu da Metrópole os extremos sacrifícios.

Demais sabemos nós que o conjunto destas considerações e esta conclusão desabusada parecerão àqueles que se arrogam o exclusivismo do patriotismo um atentado de lesa-pátria e blasfema tentativa de dessolidarização com o que nesta mesma hora é pregado pelo responsável emérito dos destinos nacionais, como dever e vocação insofismável da Pátria. Qual nos parece esse mais alto e grave dever o espírito e a letra deste ensaio o dizem com suficiente e até cansativa precisão. Mas a todos os juízes, de boa ou má-fé, responderemos de uma vez por todas que nenhum dever mais alto existe para um intelectual que servir a Verdade sem ter a pretensão de se identificar com ela. Na medida em que somos capazes o tentámos, crentes de que a oficial verdade de um dia seca depressa ao sol da História.

Grenoble, Maio de 1961 – Agosto de 1963.

Mitologia colonialista e realidade colonial[9]

A António José Saraiva

> *Andámos engañando al mundo con el oropel*
> *de sus greguescos rotos y sus latines falsos, como hacen los portugueses*
> *con los negros de Guinea.*
> Cervantes, *Novelas ejemplares*

A alienação colonial é a mais tenebrosa e desenraizável de todas pois, lisonjeia, como nenhuma outra, o natural amor-próprio que os povos a si mesmos se votam, embora não seja filha da nação inteira, mas tão só de uma certa classe nela interessada. Seria de mais pedir a esta classe uma espécie de verdade contrária ao seu próprio estatuto. A sua cegueira é quase legítima de tão visceral. O pouco caso que sempre foi prestado aos relatórios honestos de um ou outro colonial clarividente, ou enviado metropolitano, é do domínio público. O caso Galvão ilustra apenas uma já larga tradição, sobretudo a da fase moderna, rapace e imperialista da nossa colonização, que conhecera melhores dias sob alguns reis. Quer isso dizer que essa classe

---

[9] De acordo com a nota de *O Jornal*, de 9-3-1979, onde foi inicialmente publicado, "este texto constitui o capítulo V de uma extensa reflexão consagrada ao tema da 'rebelião africana e consciência nacional'. Escrita nos anos 62-63 publica-se sem alteração alguma. Assim se assume o seu normal anacronismo e, por contraste, infelizmente, a sua actualidade, pois o que nela se explana continua ainda a alimentar uma fogueira que só foi possível atear por nunca ter sido possível abordar, em tempo útil, a complexa e passional questão do colonialismo e da colonização portuguesa, salvo sob os ângulos, simetricamente inadequados, da ideologia do Antigo Regime e da sua oposição democrática arcaizante (Cunha Leal, etc.)".
Em pesquisa no espólio de Eduardo Lourenço na Biblioteca Nacional de Portugal, deparámo-nos com um texto inédito anterior a este e aqui publicado sob o título "As contradições da mitologia colonialista portuguesa", que apresenta algumas reflexões retomadas fragmentariamente neste texto. A repetição parcial, disseminada e combinada com outras reflexões, levou-nos a manter o artigo no seu formato integral, mostrando o aspecto recorrente da reelaboração de certos tópicos no ensaísmo do autor.

dirigente não conhece *a verdadeira* realidade colonial? A complexa fraseologia de que a recobre, os mitos que deliberadamente cultiva provam de sobra que a conhece bem. Sem paradoxo, pode dizer-se que a verdade do facto colonial se revela a essa classe pela sua mesma ocultação.

Em princípio, é inútil e absurdo esperar dos membros vitalmente implicados na *sua* colonização uma tal verdade, mas as circunstâncias ou o excesso de boa consciência podem deixá-la filtrar, mau grado o interessado, naturalmente. Em tais casos, como em parte o verificámos já com o exemplo do comandante E. de Vilhena, a ficção idealista some-se e *a crua realidade colonial sobe à tona da História*. Para nova exemplificação – e pondo de lado a mais que elucidativa leitura da nossa Imprensa – escolhemos uma declaração típica de um agente categorizado do Poder Central. É seu autor um dos recentes governadores de Angola, o coronel Viana Rebelo. Diz assim a concisa declaração:

> *Perder Angola implicaria as consequências seguintes: vinte mil brancos e alguns milhares de negros, desejosos de permanecer portugueses, viriam estabelecer-se na metrópole; oitenta milhões de litros de vinho (ou seja quatrocentos mil contos) deixariam de ser exportados para Angola; trezentos e oitenta mil contos de tecidos fabricados pelas nossas fábricas portuguesas, mais de um milhão de contos dos nossos produtos não teriam mercado assegurado, etc. A perda de Angola criaria uma crise de emprego na metrópole, uma redução do crédito internacional, a desaparição de um grande consumidor dos produtos portugueses.*

Lê-se e não se acredita. Como sátira da nossa colonização é impossível fazer melhor. Nenhum Perry Anderson, nenhum dirigente africano, especialista algum da luta anticolonial poderia resumir tão brutalmente *a realidade Angola* do ponto de vista do próprio agente oficial da colonização. Esta, e outras passagens similares – os órgãos do regime estão cheios delas –, pertencem já à antologia do colonialismo sem vergonha, mas tal como se apresenta preferimo-la às suaves e hipócritas litanias que habitualmente tendem à defesa da mesma causa. Sem assumir totalmente como nossa essa atroz autocaricatura inconsciente da colonização, confessemos que é difícil imaginar argumentos tão baixos para defender o que se nos diz ser "a nossa sublime gesta de colonizadores". O desinteresse total do autor destas linhas, o seu quixotismo voluntário e tanto quanto nele cabe, lúcido – possivelmente eivado ainda dos relentos da imagem ideal do povo a que pertence –, leva-o a pensar que homens como o governador Viana Rebelo *são injustos para com a sua própria colonização,* a que outros portugueses deram, apesar de tudo, um suplemento de alma incompatível com essa soma ignóbil digna de chatins obtusos. Esta lista de bufarinheiro em pânico tem, todavia, o mérito de nos mostrar *o que é e representa Angola* aos olhos de um representante típico, de um responsável colonial, enviado de um regime que invoca e convoca as almas dos "santos e dos heróis" pátrios e nobiliza as mais altas formas da espiritualidade lusíada em função de uma cruzada que nem para ele é mais do que um colossal negócio da China da Metrópole.

Presença portuguesa

Com efeito, cada uma dessas linhas e entrelinhas é uma machadada implacável na beata mitologia colonial do nosso regime. Nelas se denuncia e se reduz a nada o mito da "portugalização" da massa africana e da sua orgânica fidelidade. Contar com alguns milhares de fiéis ao fim dos tais pseudoquinhentos anos de presença é um saldo só por si condenatório... Nelas se põe em causa, inclusivamente, a solidariedade integral da própria massa branca angolana com os interesses da metrópole, o que não é de admirar, de resto. Complementarmente, e isso é mais importante ainda, admite-se, portanto, a hipótese de uma *Angola independente* com lugar marcado para os angolanos brancos, hipótese incompatível com as afirmações posteriores que no-los apresentam como fatalmente "corridos de África". E, enfim, e como resumo de tudo, nelas figura a colonização ou a motivação essencial da necessidade da nossa presença *política* como da ordem comercial estritamente egoísta. São os termos mesmos do Pacto Colonial, como se o tempo tivesse passado em vão. E na verdade passou para os Viana Rebelo e seus pares. A grande questão é a de saber se são eles apenas a franja mais retrógrada da burguesia nacional ou a sua típica expressão como a actual política do regime o levaria a pensar.

Para o nosso propósito pouco importa e só o resultado conta. Mesmo se é minoritária, uma tal fracção da burguesia nacional é ainda suficientemente forte para prosseguir uma tradição que vem de longe, de classe sem capacidades científicas, nem técnicas capazes de lhe insuflar o espírito de risco característico da autêntica burguesia. O pecado original da sua incompetência e impotência é esquecido, ou melhor, agravado com o exutório de um mercado protegido. Para outras burguesias foram as colónias ocasião de aventuras económicas positivas, para a nossa até uma data recentíssima, um álibi, uma ocasião celeste de perpetuar com pouco gasto o privilégio caseiro de não acompanhar os esforços e as invenções alheias. Assim Angola, Moçambique, como outrora o Brasil (mas então era "normal"...) aparecem aos olhos dessa burguesia rotineira, parasitária, indigna dos privilégios que usurpa, como simples "reserva" de caça dos seus apetites sem grandeza.

Somos nós obrigados a tomar ao pé da letra o que é uma pura condenação moral da colonização? O que por si só tornaria, além de criminoso, absurdo pedir ao nosso povo quaisquer sacrifícios para manter tal empresa comercial? Na medida em que o sentido da nossa presença é *fundamentalmente* esse, implícito na contabilidade do coronel Viana Rebelo, é evidente que a resposta só pode ser negativa. *A realidade da presença portuguesa, porém, é além dessa, de uma outra natureza, ao mesmo tempo, física e moral e é por sê-lo que a questão africana não se pode resolver apenas, mesmo de um ponto de vista puramente ideológico, com a tomada de consciência e a denúncia da fraqueza e da incoerência da mitologia colonialista que serve de viático à cruzada angolana.* Os direitos absolutos, defendidos com argumentos transcendentes, que nos assistem para manter uma presença privilegiada, *por princípio,* não podem ser invocados de boa-fé, nem hoje, nem ontem. E se a rebelião ou a agitação africana, mesmo potencial, não existissem, o caso seria o mesmo. Mas na falta desse direito absoluto há razões sérias, prementes mesmo, para que a questão da nossa permanência em África e suas formas suscite à consciência nacional – mesmo à sua fracção extremista – um debate grave e uma preocupação histórica que é neste momento a preocupação política portuguesa essencial. Dessas razões fazem parte algumas que tomadas à letra se assemelham a outras invocadas pelo sistema para levar a cabo a política sem futuro que tem sido a sua. A óptica em que se situam, porém, de todo em todo as faz diferentes e mesmo opostas.

Que razões? Em primeiro lugar a da *antiguidade* da nossa presença, ou melhor, da significação razoável que se lhe pode e deve conferir. Tal factor não justifica o direito a ter por *nossa* Angola, no sentido que o sistema atribui actualmente a esse possessivo. Mas não é de modo algum um elemento indiferente, e muito menos sem valor, estranho *àquilo que Angola é, foi, e será,* essa antiga presença lusitana e sobretudo lusitanizante. Por lacunar e contestável que tenha sido ou seja, ela foi, e é, *ao mesmo tempo e irrefragavelmente, factor de autoconsciência e da lenta ascensão do africano e da sua terra a formas de actividade e existência que o converteram naquilo que hoje é.* O colono, enquanto ser privado, e na sua grande maioria, não se propôs como finalidade nítida essa ascensão, mas também não se pode dizer que deliberadamente, salvo excepções, se tenha proposto o contrário. A maioria sempre se acomodou do que ela era e do que eram os africanos, na medida em que esse *status quo* a favorecia. Mas independentemente dele ou da sua intenção, a presença do colono é de si mesma transformante, evolutiva e, num sentido que lhe escapa como escapa ao autóctone com ela confrontado, revolucionária. Não seremos nós quem escreverá com imaculada boa consciência que o encontro Português-Africano se confunde com a dualidade Civilização – Não-civilização. A natureza desse encontro é a de duas fases da civilização humana, impossíveis de hierarquizar sob todos os planos, mormente *sob o plano ético,* ou pelo menos do feixe de actos e valores que lhe emprestam um sentido[10]. A convicção por parte do branco de uma superioridade total, como que metafísica, enquanto *ser civilizador* reenvia a um horizonte que é ele mesmo criado e sustentado por valores, senão inteiramente *brancos* (esta facilidade que os chamados defensores do negro em si se concedem é de rejeitar por absurda) pelo menos consciente ou inconscientemente inflectidos no sentido da "brancura" ou antes, da "europeização", que a raiz do fenómeno é menos racial do que cultural. Convém, todavia, e com a máxima urgência, não cair na armadilha oposta, nessa espécie de masoquismo delirante filho de europeus niilistas ou decepcionados, género Sartre ou Frantz Fanon para os quais, numa inversão patológica, o *não ser negro* é por sua vez uma espécie de pecado original e um critério de falsa-civilização. Por mais críticos que sejamos a respeito do conceito de civilização – e esta crítica é música europeia, clamor nascido da interminável luta que na Europa se travou e trava para ascender a uma transferência humana porventura contraditória – há ao menos duas direcções dentro das quais a palavra "civilização" ultrapassa obrigatoriamente a óptica branca e ocidental para ser horizonte comum da humanidade: a ciência e a técnica, ou, mais genericamente, todo o conhecimento e toda a prática que se situam fora do círculo mágico de onde procedem, ou cuja intenção preenchem. A superioridade do Português neste capítulo – mesmo dos menos apetrechados – é um corolário apenas de uma superioridade civilizacional

---

[10] A repetição lexical que ocorre em relação ao passo das pp. 103-104 evidencia um traço parcial mas típico do processo de composição de Eduardo Lourenço. No reaproveitamento de trechos manuscritos, às vezes ocorrem citações parciais, linguísticas ou conceituais, que, no entanto, mostram tão só o exercício do que hoje se poderia chamar de *cut and paste*. A reescrita é a forma como Eduardo Lourenço resitua materiais do passado actualizando-os num novo contexto. Resolvemos deixar esta autocitação parcial porque expõe um *modus operandi* do autor e do seu processo de construção do discurso crítico.

europeia indiscutível, palpável. Pela força das coisas este *"quantum"* de dinamismo mental de espécie nova – mesmo enfraquecido entre nós – foi, é e será lógico que continue a sê-lo, sob certas condições, um factor objectivo de civilização. O sentido dele importa mais que a eficácia, apesar de tudo, bem real. O africano não é obrigado a aceitá-lo por ser "português", mas por não o ser – mesmo se os portugueses se confundem com capacidades que só numa acepção lamentável podem servir de base para reclamar um direito sobre os seres humanos. Como tais, conhecimento e técnica são libertadores dos homens que os possuem e daqueles que os recebem, por sua vez capazes de assumi-los segundo a intenção criadora e iluminante que neles existe. *Neste sentido a África, como o mundo inteiro, branca ou negra, está condenada a civilizar-se através de um elemento mediador de origem real ou ideal europeia.* E quem melhor do que o Português pode servir em África de elemento mediador?

Aproveitar duplamente um defeito

É claro que a defesa desta presença, sob uma forma profundamente diferente da actual quanto à intenção e significados políticos, radica e confirma por acréscimo o carácter colonialista da nossa presença. Se somos assim imprescindíveis *enquanto brancos* é por não ter suscitado entre os milhões de africanos os quadros que poderiam, ou substituir-nos, ou trabalhar connosco em pé de igualdade. Quer dizer, nós aproveitaríamos assim duplamente de um defeito e por não termos verdadeiramente colonizado exigimos por acréscimo o direito de colonizar e ser o motor da Angola futura. A contradição é evidente, mas salvo em perspectiva catastrófica, não se vê como não aceitá-la como ponto de partida. É um facto que não fizemos o que devíamos, mas nenhum país colonizador, mesmo mais liberal do que nós sob o plano cultural (França ou Inglaterra) conseguiu, *em África*, resultados muito melhores do que os nossos. Isto não nos absolve, como não absolve franceses nem ingleses, nem belgas – destes últimos nem é bom falar –, mas mostra que a colonização europeia, cuja essência é similar, apresenta em toda a parte essa dupla face de *falência* (em relação ao ideal que se diz propor) e de *fatalidade positiva* na medida em que uma hipotética retirada do colonizador significará, na quase totalidade dos casos, uma perspectiva de regressão. Se o fosse na óptica branca apenas, ou enquanto liquidadora de interesses puramente *europeus*, o caso mereceria, quando muito, lágrimas de crocodilo. Mas a imbricação colonizador-colonizado é muito mais complexa. Uma fracção dos colonizados acedeu já à perspectiva dinâmica da civilização mundial, embora, por culpa do colonizador, ou pelo menos da sua passividade, longe de poder, por si só, suportar a herança tecnológica, científica e administrativa que a participação nessa dinâmica civilizacional supõe. Acontece ainda – e não por acaso – que os quadros africanos já existentes pertencem na sua quase totalidade a uma ordem de conhecimento que por importante não é *decisiva*. Advogados, homens de letras, um ou outro médico são quadros para uma revolução política *formal* ao estilo dos "licenciados" sul-americanos ou portugueses da República. Mas não são suficientes para arcar sozinhos com uma herança na qual o engenheiro, o técnico, o homem de ciência são a chave autêntica, sem falar no economista. Culpa da colonização? Sem dúvida, ao menos, enquanto ela pretendeu e pretende o papel de *identificadora de colonizadora e colonizado*.

Os jornais portugueses, com uma ingenuidade que noutros países seria cinismo, ao anunciar contentes "o progresso" de um liceu de Luanda notam que entre os seus quase quinhentos alunos trinta são "de cor". Quando se observa que estes trinta correspondem a quatro milhões e aqueles quinhentos a duzentos mil é toda a mitologia "unitarista" da colonização portuguesa que vai por água abaixo. Todavia, uma vez que se faz tal constatação, o problema permanece, ou melhor, é nela mesmo que enraíza. *Tal como em Angola a ausência branca representaria para a totalidade dos seus habitantes um sério "handicap", a menos que se tome à letra a fervorosa mitologia da "negritude" dos Aliou-ne Diop ou dos Senghor, que não sendo sem méritos é por demasiado complexada para abrir a porta do futuro.* Significa isso a justificação da *nossa* presença? E sobretudo nos termos actuais?

É possível que em alguns líderes africanos a componente "racial" – importante na hora da rebelião contra "o branco" – da sua luta ou da sua ideologia os leve a pensar "numa África para os africanos", entendendo por "africano" o não-branco. Compreensível idealmente – toda a luta pela independência repousa numa identificação "étnica" – uma tal perspectiva não parece destinada a brilhante futuro. Como simples elemento de revolta e alavanca própria a assegurar o direito à independência política, esse *africanismo* é operante por ser o factor unitário imediato e essencial, em suma, a resposta "racista" ao "racismo" europeu, senão de facto, de civilização.

Além deste limite, a natureza das coisas o fará contraditório. Uma tal perspectiva, na hora actual, em Angola ou Moçambique é impensável e assim aparece aos olhos dos líderes africanos conhecidos. Eles sabem bem – mau grado as palinódias sobre o *neocolonialismo* – que *a presença não-africana* em

África é uma condição vital da sua autopromoção. O fantasma de uma liquidação geral da presença portuguesa em África não nasceu na cabeça dos africanos, mas na nossa, para justificar o *statu quo,* para nos autorizar uma resistência moral e física que sem ele seria mais difícil de admitir.

As primeiras manifestações da rebelião, por seu lado, podiam prestar-se a essa interpretação, como as similares no Congo. *Mas justamente os belgas não partiram do Congo, apesar das aparências e de tudo quanto fizeram para merecer ter partido.* De resto, os portugueses de Luanda ou Lourenço Marques sabem muito bem que não é a *partida* deles que os africanos desejam, mas *o fim da sua preponderância económica e política enquanto brancos,* quer dizer, uma autêntica conversão do seu papel actual mais condizente com a evolução mundial e a demografia africanas. Esses mesmos portugueses sabem igualmente que, *salvo o irreparável* – e bem pode ser o seu comportamento actual – eles mais do que ninguém terão lugar em Angola ou Moçambique e que nenhum dirigente africano contesta a sério o direito a ser *africano,* não a 1000 por cento como hoje, mas a 100 por cento, como os autóctones. O conhecimento efectivo que têm de Angola, a sua "posse" real – embora exclusiva – da economia e seus mercados, *o seu amor à terra* que é para muitos *a sua,* torna a sua presença não só desejável como a mais útil, *no interesse de todos,* com a condição de mudar de mentalidade ou de não jogar a fundo o jogo nefasto da Metrópole na hora que passa. *Eles não ignoram, ao contrário do que demagogos lhes querem fazer crer, que a sua situação não é exactamente a mesma dos franceses e "pieds-noirs" em Argélia.* Em *princípio* eles são mais de Angola e sobretudo são-lhe mil vezes mais indispensáveis que os franceses na Argélia.

Mas que isto não lhes acrescente uma ilusão suplementar às que já possuem: a sua incapacidade de escolha, a sua participação no mito colonialista nacional, podem convertê-los, se a maioria o não está já, em franceses de Argélia com o destino subsequente. Na realidade, a sua presença, embora desejável – e como portugueses quem o não deseja? –, embora a mais útil numa visão realista dos interesses africanos, nem é *fatal,* nem absolutamente *indispensável,* mau grado a inevitável depressão que a sua partida acarretaria.

O dilema nacional

Com efeito, é bom não confundir *a necessidade imperativa* de presença não-africana em África com a necessidade da *nossa* presença. É certo que os Holden, os Neto ou quaisquer outros futuros políticos africanos não poderão fazer uma Angola "útil" sem presença não-africana. Mas podem fazê-la com presença americana, alemã, russa, chinesa, árabe, israelita, separadas ou juntas e com a de *portugueses,* naturalmente, pois bem se sabe que não seríamos os últimos a deixar a outros o que histórica e naturalmente nos solicitaria. *Uma Angola autónoma ou independente terá automaticamente um poder de manobra e de atracção prodigiosos.* O dilema nacional é saber (e escolher) se essa autonomia se fará connosco ou contra nós. Todas as razões e mormente a dos africanos levam a supor que nenhuma solução, nem de perto nem de longe, equivalerá àquela que se fizer connosco. *De Angola ou Moçambique só potencialmente se pode dizer que falam português, mas isto mesmo é considerável.* Com um mínimo de tempo o africano disporá – além das "suas" línguas... (o problema é complexo) – através do Português de um meio de comunicação – quer dizer, de potência cultural – sem comparação superior a qualquer outro, cuja aprendizagem, sem ser impossível, seria sempre aleatória. É evidente que os futuros dirigentes, muitos deles autores da nossa língua e homens da nossa mentalidade, não estarão dispostos a abdicar do que hoje é, ambiguamente, marca de *subordinação* e de *libertação,* mas amanhã, como aconteceu no Brasil, de libertação apenas, não porque enquanto portugueses tenhamos o Português "em si" como mais universal que uma língua indígena, mas por sabermos que a unidade angolana nesta base aparece, além de difícil, como constituindo um obstáculo suplementar à sua promoção rápida ao conhecimento científico e humanístico universais.

O desejável, o natural, não são forçosamente os hóspedes do futuro. Um extremismo africano, resposta normal à nossa intransigência de colonizadores sem mancha, dispostos a tudo para manter a integridade de privilégios históricos incompatíveis com o ideal que dizemos professar, poderá muito bem preferir um caos provisório iluminado pelo fogo da libertação política à improvável reconversão de uma mentalidade de senhores. Seria lamentável para todos, mas da nossa parte bem grotesca a ideia de acusar um tal extremismo por nós mesmos provocado. Preferimos imaginar que a mitologia da nossa excepcional compreensão da África e dos africanos comporta aquela mínima parte de verdade capaz de uma solução criadora realmente "portuguesa", à qual decerto pensam ser fiéis aqueles que na prática a estão destruindo noite e dia. Homens como Gastão Sousa Dias, como Castro Soromenho, ou anónimos portugueses imunes por ignorância da mortífera e infantil bazófia hipernacionalista dos nossos manuais de História e livros de leitura provam que um *entendimento real, profundo,* entre o português e o africano, entendimento não apenas intelectual, mas humano e fraterno, é não só possível como vivo. Sobre este entendimento repousa a meia-verdade da nossa famosa "compreensão", mas de pouco servirá (salvo aos fins contrários que ele se propunha) quando se vê como é correlativo de uma exploração sem sombra de má consciência por parte de outra categoria de portugueses a quem tal "compreensão" ideal serve de álibi. Se em algum lado em África é ainda possível, mais do que uma coexistência política e social entre etnias diferentes – o que supõe já consciência de dificuldade – uma verdadeira amálgama inter-racial ou melhor, *uma situação que seja indiferente a essa sempre funesta, e inumana, absurda e anticristã referência rácica* é bem o mundo português, não no que efectivamente é, mas no que pode ser.

Que os portugueses alcançassem aqui o que não é exacto terem alcançado no Brasil – exemplo de miscigenação parcial, por conseguinte de "triunfo" do branco sobre a negra ou índia... –, isto é, o ideal de um convívio efectivo entre etnias diversas (para os outros, que não nós...) mutuamente satisfeitas de serem diversas ou de se confundirem quando muito bem o entenderem, isso sim, seria *o fim da colonização* e, mais além, um exemplo inimitável num mundo de novo inquieto ou obcecado por questões de convívio humano. Fora disto só há três soluções: a África do Sul, nossa aliada política, cujo comportamento repugna aos portugueses em geral; o triunfo da "negritude", ou seja, o ideal de um povo africano de cor única, solução natural e normal na aparência, mas no fundo "racista" e que tende a fechar as nações em *"ghettos" de cor* repondo a nível internacional uma dificuldade nacional; enfim, a actual solução portuguesa, que se o fosse, excluiria todo o debate, solução que dá como *existente* o que só parcialmente existiu e existe, e assim se fecha os olhos para a autêntica solução.

Qual? Não a da mitologia do regime *que pseudoportugaliza e pseudofraterniza com os africanos* mas uma outra mais conforme à verdade e à nossa vocação *que é a de perder o nosso ser mesquinhamente concebido de um ângulo "português-reinol", em função de um outro, que nem é necessário inventar pois é aquele que outros climas e o contacto com outros povos naturalmente nos dão*. Em suma, consentir em perdermo-nos para nos salvar segundo um conselho evangélico que é válido para a salvação da alma e para a salvação terrestre. O que trezentos anos fizeram com os portugueses do Brasil e seus descendentes – *brasileiros* – não é possível em Angola. Mas é possível outra coisa mais meritória por inculcar dificuldade e propósito: abolir política, económica, socialmente o estado de colonização, inventar uma civilização africana onde a referência a Portugal, sem se abolir, perca esse carácter e essa ressonância triunfalista que a tornam odiosa não só aos ouvidos dos africanos conscientes de sê-lo, como aos nossos. O famoso *slogan* "Angola é *nossa*" só por si nos condena. E duplamente: se o fosse não precisávamos de gritá-lo histericamente; se o é não fizemos dela "outro Portugal" como enquanto criadores de nações" nos intitulamos. A solução não pode inscrever-se neste grito de orgulho nacional mal compreendido, que é confissão indirecta de fracasso. Nós devíamos orgulhar-nos de que Angola não fosse *nossa*, mas *nós* de Angola. Estaríamos então, em *nossa* casa e não guerreiramente na casa comum. Mas quando os portugueses-angolanos o compreenderão?

Ideologia multirracialista ou defesa do *"Apartheid"*?[11]

*A Política é a arte de impedir as pessoas
de se interessarem pelo que lhes diz respeito.*
Valéry

A Política não é a lógica de Boole, nem mesmo a de Descartes. Admitamos, pois, que vive de uma lógica global, orgânica, e que por isso não é fácil o consabido jogo político de a desconsiderar apontando nela tal e tal contradição. Se isso é exacto significa que toda a Política está ao abrigo da crítica e que nada a atinge a não ser o que a nega em bloco? Uma Política mesmo na sua organicidade, na sua "verdade" que não é a comum verdade facilmente posta em xeque, vive de certas opções, tem um centro que a ordena, a impulsiona e lhe dá a coerência necessária para a acção. Pelo menos é assim mesmo que essa Política se vê a si mesma, quando se explica e tenta impor-se diante da Nação e diante dos outros povos. Nunca nenhuma Política teve a coragem de se confessar cínica ou realisticamente como aplicação de um critério empirista, fruto de uma prudência ou de uma vontade de poderio sem princípios. Uma grande Política é aquela que se justifica na luz dos "grandes princípios" mesmo se a realidade quadra mal com eles.

Qualquer que seja o juízo de fundo sobre a nossa política ultramarina, uma coisa é certa: era ela feita em nome de um desses princípios e dela tirava até agora uma coerência que não devia ser desprezível, pois servia de base às nossas justificações ideológicas nas instâncias internacionais. Esse princípio, na verdade essencial, era o do *multirracialismo*. Quer dizer, Portugal encontrava na proclamação e na defesa da prática

---

[11] Texto inédito. Espólio de Eduardo Lourenço, Biblioteca Nacional de Portugal.

da confraternização entre raças diferentes *a teoria* que melhor servia à defesa dos seus interesses africanos. De algum modo a nossa miragem encontra-se ligada a esse ideal de coabitação activa e interpenetração racial de que o Brasil ex-português seria o símbolo glorioso. Isto pode ser discutível ou parcial, mas tem a virtude de ser *claro* e conter uma inegável parte de verdade.

Ora bem, porque aberração este mesmo Portugal, *exemplo de multirracialismo*, num voto recente das Nações Unidas, aparece, entre *todas* as Nações aí representadas, como *o único* país que não condena o *apartheid*, quer dizer, *a prática e a teoria do antimultirracialismo* de que a África do Sul é a ardente e triste campeã? Como é possível, sem nos negarmos, oferecer ao mundo, *simultaneamente*, duas caras opostas?

Bem sabemos que a nossa Diplomacia tem a resposta pronta. O que seria um diplomata sem respostas prontas para tudo? Dir-se-nos-á no contexto formalístico-juridista que é de regra nas instâncias internacionais que *não condenar o apartheid* não significa *defendê-lo*. Mas bem o entendemos. Uma tal declaração quando muito podia valer para nações que não têm clara doutrina sobre o assunto. Mas não é o nosso caso. O *multirracialismo* é (ou era?) o nosso brasão de colonizadores diante do Altíssimo. Se não é mera cobertura ideológica momentânea significa em si mesmo a condenação do monstruoso *"apartheid"*, essa antilusitana absurdidade que considera acto reprovável e objecto de sanções morais e políticas graves o facto de um branco casar com uma preta ou um preto com uma branca. Como é possível, que razão de Estado mal compreendida nos levou a uma tão pública *negação de nós mesmos*? Que dirão a essa fraternidade ideológica do azeite e do vinagre os milhares dos nossos mestiços e os milhões dos nossos negros, todos portugueses na lógica ideal da Nação?

É do domínio público a aliança *política* que neste momento nos liga à África do Sul. Não nos compete discutir o seu bom fundamento. Mas não é crível que a nossa situação em África seja tão desesperada que nos obrigue *a vender a alma ao diabo* em troco de apoio financeiro e logístico. Uma Política vive de sacrifícios e de oportunismo, mas não ao ponto de sapar as bases morais sobre que assenta. O nosso gesto infeliz do passado dia 28 de Novembro 1963 é dessa ordem. Era necessário? Os responsáveis por ele assim o julgaram ou não lhe mediram a consequência. A *"Real politik"* é a sua grande regra de ouro. Nenhum país do Ocidente nos seguiu. Sós, no mesmo banco de solidários da não-condenação do *apartheid, nós* e o réu. Quinhentos anos de história nacional apagados com uma assinatura. Não é possível. Nós cremos acreditar que não era Portugal que se encontrava nesse dia nas Nações Unidas. Que o seu delegado havia sido substituído por qualquer James Bond encarregado de nos desautorizar a nossos olhos e aos olhos do mundo. Já não era brilhante – mas explicava-se – que nos *abstivéssemos*. Preferimos o ouro da África do Sul à tradição de D. Manuel, de Sá da Bandeira. A cada um a sua escolha. Não é a nossa.

Conversa pátria[12]

As graves circunstâncias presentes impõem a cada português o dever e a necessidade de se informar acerca da origem, natureza, perspectivas e solução do problema africano que a todos concerne. Acontece, porém, que um dos elementos desse problema-tragédia – não dos menos importantes – reside na impossibilidade quase total de dar expressão pública, extensa, à consciência e ao conhecimento da questão africana. Tudo se passa – e não sem fundas razões – como se a ignorância ou a luz parcial sobre ela fossem a mais sólida muralha da China contra a interrogação brutal que os acontecimentos africanos, só pelo facto de existirem, põem à Nação inteira. Sob o pretexto de "perigo de morte" e sob a capa da "união sagrada" pede-se, ou melhor, exige-se da consciência nacional que ela mobilize toda a sua energia histórica no sentido de liquidar pela força uma dificuldade apresentada como *acidental e exterior,* mas da qual não é fornecida à Nação mais do que uma imagem grosseiramente mutilada, sem verdadeira relação nem com a gravidade dela nem com a resposta que lhe corresponde. Os acontecimentos de Angola, pelo seu carácter de urgência, constituíram a ocasião ideal para levar à extrema perfeição o processo de infantilização política que caracterizam a vida nacional nos últimos trinta anos.

Não significa isso que a política concreta da Nação tenha sido "infantil" – seria absurdo asseverá-lo – mas tão só que a massa dos portugueses

---

[12] Este texto, cuja data não está expressa, mas que podemos pelo contexto evocado aproximar do tempo inicial da Guerra Colonial, tinha o título original de "Prólogo". Espólio de Eduardo Lourenço, Biblioteca Nacional de Portugal.

não participou nela senão como comparsa, espectadora ou indiferente, sob a vigilância e o olhar inquieto de um Poder paternal, nervoso em extremo e sensível até perder a cabeça de cada vez que a "criança pátria" deu mostras de querer participar na conversa dos adultos, ou do único Adulto que a tutela.

O fenómeno da infantilização – que não é a mesma coisa que infantilismo político – é geral, mas em raros países pôde ele encontrar condições tão maravilhosas como no nosso. Não é nossa intenção minimizar e muito menos desculpar a vontade expressa, sem um desfalecimento, de *infantilizar politicamente* a Nação. Os recursos postos em acção, a teia mais ou menos subtil estendida sobre a vigília ou o sono do País para lhe captar até os sonhos, são por demais conhecidos para merecer nova glosa. Todavia há no caso português qualquer coisa de único, de específico, que até certo ponto justifica a dolorosa mas profunda asserção de que "cada povo tem o governo que merece". A política – pese os manes veneráveis de Herculano – foi sempre, em Portugal, coisa de poucos. São esses poucos, mas nas mãos dos quais se concentra o poder efectivo, como detentores privilegiados da propriedade, do capital, da técnica e da decisão económicas que decretam o Poder, o qual por sua vez se dá como razão de existir e prolongar até aos limites do possível a situação de privilégio que nele se exprime. Contudo há privilégios e privilégios. Os da actual classe dirigente são daqueles que não podem "ser vistos" sem morrer, ou sem causar pavor aos que, por milagre, se detiverem a contemplá-los. Deste modo *a ocultação da situação verdadeira da Nação* não é um capricho, nem a expressão de uma mentalidade particularmente dogmática, mas a *razão de ser* e a *razão de actuar* do Poder, que só sob esse agir, sob esse culto extraordinário de Silêncio pode perpetuar a sua vida, interiormente acabada em seu ideal de "conservar" o que está, mas exteriormente submetida aos balanços imprevisíveis e irritantes da História. Com efeito o Sistema goza a seus próprios olhos de uma tão idolátrica perfeição que todo o Obstáculo tem de vir fatalmente *de fora*. No plano da política metropolitana esse *fora* é a subversão comunista. No plano da política ultramarina é também a subversão, mas agora mais complexa, pois nos órgãos do Regime e até nos textos oficiais se insinua o conluio monstruoso e contranatura do Imperialismo Americano e do Comunismo Internacional. Todas as explicações serão preferíveis às da hipótese de que a Dificuldade possa igualmente *vir de nós*, do que somos, ou da política que nos representa. Com verdade se diga que esta prática obteve um certo sucesso. Repetir a um País que não participa concretamente no seu próprio viver adulto, mas se delega ou nem sabe que lhe falta uma dimensão, que ele é "bom, ordeiro, feliz" e que a raiz das raras sombras da sua existência *provém de elemento estranho a ele,* não deixa de ser hábil e frutuoso. O sistema apresenta, contudo, uma grave falha, ou duas: por um lado não se renova e por outro é por demais sabido e evidente que o descontentamento é de portugueses e em Portugal. O epíteto de *comunista* leva ao lado o de "português", e coisa mais grave, em vez de se desmonetizar, com o tempo e graças à prática mesma do Regime, acabou por ganhar foros de cidadania, de bom comportamento. Já não mete tanto medo como outrora. A situação metropolitana começava a tornar-se perigosamente "fluida" e o arsenal ideológico do Poder a empobrecer-se quando os acontecimentos de Angola eclodiram. Chegara, enfim, a ocasião única – já preparada por longos anos, de disputas com a Índia – de dar corpo, e corpo plausível a esse fantasmático *Lá Fora* e simultaneamente de confundir sem falhas a sorte de um Regime ou de uma Política com a vocação, o destino e a urgência vital da Nação. Pela mesma ocasião ganhava foros de aceitável, ao menos provisoriamente, a já crepuscular necessidade de censurar com maior rigor ainda as raras veleidades da participação normal no diálogo da Nação consigo mesma que o Regime convertera com diabólica tenacidade num monólogo idólatra.

Manifesto anticolonialista[13]

Os acontecimentos graves desenrolados em Angola não podem ser todos imputados à evidente e indesculpável imprevidência do Regime. Nós não podemos opor à grosseira e parcialíssima explicação oficial de tais acontecimentos uma outra que embora mais adequada seja como ela parcial. A revolta angolana tem as suas raízes no facto colonial e não é a primeira que no solo africano se produz, nem será a última se a mentalidade colonialista até hoje apanágio de todos os governos portugueses sem excepção não sofrer uma total mudança. As actuais reformas concedidas sob a pressão sangrenta da revolta são um puro paliativo e o seu espírito está bem na linha dos últimos 30 anos de política ultramarina, melhor seria dizer, da falta dela, capítulo que entre todos exprimiu a essência retrógrada do Regime corporativo. Na nossa política ultramarina passada – mormente na que se praticou sob alguns governadores liberais de carácter ou de convicções – havia uma vontade expressa de caminhar na vanguarda das realizações coloniais, mesmo quando os meios não corresponderam aos fins. Tais tentativas tinham contra eles o facto então mundial de um imperialismo europeu triunfante que não podia sequer imaginar a possibilidade de reivindicações autonomistas por parte das populações africanas. Uma tal desculpa não a pode buscar o Regime, nem na ideologia cristã com que se cobre, nem numa inconsciência imperialista generalizada. Conhecidas e avisadas vozes denunciaram, vezes sem conta, com corajosa determinação, contra a situação política, social e humana oferecida às populações africanas, ou melhor dito, a inacreditável

[13] Espólio de Eduardo Lourenço, Biblioteca Nacional de Portugal.

ausência dessas situações. Simplesmente a colusão monstruosa de interesses que não são os da Nação inteira, mas de meia dúzia de sociedades esclavagistas em pleno século XX, teve mais força que essas vozes proféticas depressa amordaçadas da maneira que se sabe. Nem a clara ameaça representada pelo jardim vizinho livrado ao ferro e fogo pôde alterar a digestão mista do Governo e dessas sociedades cujos interesses em boa parte se confundem. Quando a revolta eclodiu o Regime nem fingiu a surpresa, pois para sua condenação era ela efectiva. O facto da miserável cobertura militar angolana o denuncia à evidência e não se tocou nisso como argumento em favor da boa-fé do Regime, mas somente da espantosa boa consciência colonialista em que viveu até agora e persiste em querer viver. É esta boa consciência que nada justifica, o escândalo máximo e o obstáculo supremo a uma solução do problema africano à altura das concepções idealistas pregadas pelo Regime nos desmentidos, na prática com uma brutalidade de que a história contemporânea oferece poucos exemplos. Não é nem o carácter nem o comportamento humano do português diante do africano que estão em causa – embora a legenda dourada de uma fraternidade seja apenas obra de poucos – mas o estatuto ultramarino no seu conjunto. A própria virtude de um certo convívio – restritíssimo ou de mistura restritíssima também são ao mesmo tempo fruto de disposição portuguesa para o bom entendimento com gente alheia e produto do fabuloso *atraso* em que as nossas províncias se encontram. O tão decantado entendimento é, por enquanto, a face da situação paternalista em que se encontra ainda o branco e o negro africano. Essa face que é luminosa ou não nas relações de uma dona de casa branca com os criados – tal como em Portugal aliás e só o grau varia – tem uma bem outra negrura quando se trata do homem da plantação ou das minas. Aqui o mais atrasado colonialismo – idêntico na essência ao do século XVI – ostenta a sua face trágica que só com horror e amargura pode ser evocado para quem tomou a sério a cantata da missão civilizadora, etc., que durante três séculos nos constituiu em África como um povo de negreiros, o mais resoluto em tão fúnebre ofício sob a roda do sol. Um 1 000 000 de homens da raça negra que nós dizemos amar tanto atravessou o Atlântico encadeado como escravos que eram e uma boa parte dorme no seu fundo o sono redentor que lhe oferecemos. Numa perspectiva da justiça divina não será demais imaginar que esse sangue por nós (?) vertido role ainda na praia que tivemos a ventura de descobrir, um clamor inextinto que só uma verdadeira conversão nossa a serviço desses povos que tivemos o orgulho de querer "civilizar" poderá fazer esquecer, se eles no-lo permitirem.

Este passado esclavagista que nos é próprio o Regime não o inventou, mas não há uma linha que o lembre para nos remeter à humildade que nos salvaria. Ao contrário: é em termos de epopeia que se sabe falsa – ou de alguns que foram excepção – que a nossa acção em África é lembrada de manhã à noite. Desta auto-intoxicação os últimos acontecimentos puderam mostrar as trágicas consequências. É em nome de uma imagem falsa no passado e mais que desmentida no presente que o Regime pôde justificar uma repressão brutal de uma revolta nascida e provocada pelas suas próprias faltas, diferente de outras mais antigas por serem conscientemente contrárias ao espírito do tempo e nada ter feito para a evitar. Temos, pois, de começar pelo princípio e *desintoxicar a Nação,* destruir até ao cerne a mitologia de colonizadores diferentes dos outros quando o certo é que nessa diferença o *mau* é pelo menos tão espectacular como o *bom*.

Situação africana e consciência nacional[14]

> *Um dos piores sintomas de desorganização social, que num povo livre se pode manifestar, é a indiferença da parte dos governados para o que diz respeito aos homens e às coisas do governo, porque, num povo livre, esses homens e essas coisas são os símbolos da actividade, das energias, da vida social, são os depositários da vontade e da soberania nacional.*
> Antero de Quental

> *Querem que tragamos os gentios à Fé e que os entreguemos à cobiça; querem que tragamos as ovelhas ao rebanho e que as entreguemos ao cutelo; querem que tragamos os Magos a Cristo e que os entreguemos a Herodes. E porque encontramos esta sem-razão, nós somos os desarrazoados; porque resistimos a esta injustiça, nós somos os injustos; porque contradizemos esta impiedade, nós somos os ímpios.*
> António Vieira

> *É com retórica histórico-patrioteira que se pretende entre nós galvanizar o povo. Excelentíssimo recurso para fugir ao problema, atordoando o mísero.*
> António Sérgio

> *Ela (a igreja) não se identifica a nenhuma cultura, nem mesmo à cultura ocidental, à qual todavia a sua História está estreitamente ligada. Que a sua missão é de uma outra ordem: é a salvação religiosa do homem.*
> S. S. João XXIII

---

[14] Publicado em *Situação africana e consciência nacional.* Venda Nova/Amadora, Cadernos Critério 2, 1976. Em nota nesta publicação, o autor regista: "Estas reflexões fazem parte de um ensaio escrito entre 1961 e 1963, e conservado inédito por motivos óbvios, dedicado ao problema do colonialismo português".
"Retrato (póstumo) do nosso colonialismo inocente I" foi anteriormente publicado em *Critério. Revista Mensal de Cultura,* 2, Dezembro de 1975, pp. 8-11. "Retrato (póstumo) do nosso colonialismo inocente II" foi publicado em *Critério. Revista Mensal de Cultura,* 3, Janeiro de 1975, pp. 5-10.

Prólogo

Dada a gravidade, a persistência e a amplitude da questão posta à Nação inteira pelos acontecimentos africanos que a concernem, poder-se-ia crer, com algum fundamento, que os portugueses, ao menos os mais responsáveis, a tivessem convertido em sério e doloroso caso de consciência. Com espanto, ou sem ele, honesto é verificar que tal não sucedeu. Os motivos profundos desta singular ausência de interesse pelo que de tão perto parece tocar-nos são menos misteriosos do que se supõe. É propósito deste ensaio esclarecê-los, na medida em que o seu autor o puder. Convém, todavia, liminarmente, refutar a comum e fácil hipótese de atribuir o extenso e fundo desinteresse nacional pelo problema africano na sua totalidade, unicamente às circunstâncias históricas e políticas determinadas por um Regime como o nosso.

Com lógica profunda, segundo os seus interesses vitais, o Regime, ao apresentar as dificuldades africanas como *exteriores*, fazia já o máximo que lhe era possível para que elas se não convertessem para a Nação em "caso de consciência". Tudo o que se passa em África, segundo a sua óptica impecável, é da ordem do acidental, do provisório. A Nação é obrigada a ocupar-se do "caso", mas ele não lhe diz respeito senão como obra e acção de forças exteriores a ela. Que o Regime tenha empregado todos os esforços para "neutralizar" um generalizado e profundo exame da nossa "situação africana" é inegável. Mas, sem esquecer os poderes de que a máquina estatal dispõe, o seu sucesso objectivo sobre este ponto excede em muito os êxitos que habitualmente alcança nos domínios da doutrinação ideológica e política. O desinteresse nacional pela situação africana afecta em profundeza a massa da Nação. É lícito supor que haja uma conivência visceral entre o que nós somos como Nação e esse estranho desinteresse, pois ele é comum, se acreditamos nos testemunhos, ao escol dirigente do regime e da chamada Oposição. Em boa verdade, mesmo, um tal desinteresse é mais evidente nesta última que no próprio Regime, obrigado pela natureza das coisas e pelas dificuldades concretas da nossa política africana a forjar uma explicação, uma doutrina, através das quais *uma problematização* das questões africanas aparece em filigrana. Se o Regime recusa a situação africana como "caso de consciência nacional", não a oculta enquanto dificuldade nacional, e neste particular é ele superior à Oposição, que persiste em olhar a situação africana como simples dificuldade do Regime.

Nós tocamos aqui a razão imediata, a explicação aparente do fenómeno singular do nosso desinteresse pelo debate sério da situação africana.

Por motivos opostos, Regime e Oposição *cultivam* esse desinteresse. A diferença é que o Regime o cultiva conscientemente, em função de uma política que pode ser contestável mas é coerente, enquanto a Oposição o faz contra os seus próprios interesses. Nisto, como no resto, o Regime (tal como é) e a Oposição (tal como parece ser) são os irmãos siameses de um imobilismo político fundamental. A Oposição – e já este título é para ela uma armadilha, pois através dele se dá uma face negativa, quer dizer, dependente do Regime – é prisioneira da sua obsessão meramente *política*, com a agravante de que o seu conteúdo é essencialmente *metropolitano*. Infelizmente para ela, a situação africana nem é susceptível de mero tratamento *político*, nem cabe *(et pour cause...)* na óptica metropolitana a que trinta anos de "oposição" a confinaram. Descarregar sobre o Regime o fardo inteiro da dificuldade colonial é fazer da questão africana uma questão do Regime, quer dizer, *desinteressar-se* dela. E como as coisas não mudam quando nós lhe trocamos os nomes, uma vez que objectivamente a questão colonial é da Nação inteira, responsabilizar o Regime por ela é identificá-lo absolutamente com a Nação e abdicar de toda a eficácia, salvo a de uma isenção puramente verbal, sem conteúdo político nem histórico. Mas lido de outra maneira, o comportamento da Oposição articula-se perfeitamente com o do Regime, e é essa profunda semelhança que explica a geral ausência de debate nacional acerca da situação africana. *A Oposição e o Regime exprimem, cada qual a seu modo, uma Nação essencialmente colonial, quer dizer, para a qual tudo quanto afecta os territórios coloniais é subordinado aos imperativos e interesses da Nação colonizadora.* Impedindo o exame desse laço de subordinação, negando-o, ou sublimando-o, o nosso Regime obedece à lógica inerente a essa relação de subordinação que é a essência do poder colonial. Mas a Oposição, eximindo-se a ela, trai-se duas vezes. O desinteresse que justifica o Regime – ou lhe prolonga a eficácia – a ela destrói-a. Na verdade, só a ausência de debate africano por parte da Oposição representa um autêntico e dramático *desinteresse*.

Dir-se-á que exageramos a ausência de um tal debate, inventando assim de corpo inteiro uma dificuldade imaginária. Os leitores far-nos-ão a justiça de acreditar que não ignoramos as plurais declarações *políticas* que a Oposição (ou Oposições) têm formulado a respeito da situação africana. Também não ignoramos que neles ecoa não só o drama colonial de que somos actores como a perspectiva de uma possível e adequada solução dele. Simplesmente, tais declarações, além de *genéricas*, como são fatalmente as declarações *políticas*, em particular as oposicionais, supõem o problema resolvido e apelam para categorias de compreensão histórica que tudo explicam, salvo *a específica realidade que é a de Portugal e seu complexo de territórios ultramarinos*. Uma filosofia simplista de descolonização informa os documentos vindos a lume. Os mais bem estruturados – ou com aparências disso – relevam de uma visão política e mesmo de uma concepção geral da História que jamais se moldou às realidades com o simplismo que apregoa e mormente às realidades africanas. E uns e outros são *documentos* e *armas políticas*, quer dizer, endereçados à acção imediata e dialecticamente determinados pela *política* metropolitana do Regime, a qual não recobre em absoluto a africana, por maior que seja a imbricação mútua. Documentos de Argel ou da Oposição liberal, livros como os do Senhor Engenheiro Cunha Leal opõem uma política, a *outra*, o que é seu legítimo direito, senão dever, mas nem uns nem outros examinam *a situação africana tal como ela se apresenta* à consciência nacional. Segundo é hábito na luta política, opõe-se uma solução ideal a uma prática real, o que é razoável na perspectiva de uma apropriação do Poder, mas escamoteia, além da dificuldade desta apropriação, o enraizamento dos portugueses numa *consciência colonial* que não pode ser esquecida sem falsear a realidade, o sentido e a forma da situação africana sobre a qual se deseja reflectir.

    Nada é mais complexo e inextricável que a relação entre a consciência de um povo colonizador e a situação que tal estatuto lhe cria. Mas nada é mais urgente também do que clarificar essa trama, sobretudo quando se é prisioneiro dela. Negá-la ou reduzi-la a um estatuto perfeitamente legítimo, justificado ao mesmo tempo pela História, pela Moral e pela razão de Estado, é a opção basilar do Regime, e em função dela se articula a nossa política ultramarina actual. Considerar esta opção como desastrosa e contrária aos interesses autênticos, tanto históricos como políticos e humanos da generalidade dos portugueses, mas sem examinar a fundo os motivos e os postulados da nossa situação de colonizadores, é a habitual e reiterada atitude ideológica e política da Oposição no seu conjunto. Regime e Oposição fingem *dominar* a situação, mas o mais claro dela é que um e outra são envolvidos por ela e nela, enquanto expressão de uma consciência metropolitana fatalmente solidária da espécie de consciência que um povo adquire ao tornar-se colonizador. Uma visão lúcida da nossa situação africana que possa servir de base à solução que nós somos capazes de lhe dar, enquanto portugueses, passa fatalmente pelo exame da *nossa própria situação de colonizadores*, a qual é comum a gregos e troianos. Imaginar que só o Regime é implicado em África de maneira decisiva é infantilismo histórico e político.

O exame da situação africana é simultaneamente o exame da consciência nacional enquanto essencialmente colonizadora. E a possível e duradoira solução das dificuldades que nos dizem respeito implica uma dolorosa, lenta e acaso impossível conversão de toda a mitologia nacional, que é o verdadeiro suporte da acção e atitude actuais do Regime.

Um tal exame não o pudemos encontrar nos escritos favoráveis às acções em curso em África e sobretudo à ideologia que as suporta. Não significa isso que tais escritos sejam inúteis. Ao contrário, eles revelam-nos uma boa consciência colonizadora – e mesmo colonialista –, que tem o mérito da franqueza e serve como amostra insuperável da radicação da consciência nacional como mitologia centrada toda ela no papel *colonizador* de Portugal. Claro está que a todos esses escritos sobrelevam, pela autoridade, pelo conteúdo e mesmo pela forma, os do Senhor Presidente do Conselho. Mas à parte os estudos do Professor Adriano Moreira, deve verificar-se que em matéria de reflexão colonial – fora do domínio estritamente político – os acontecimentos africanos suscitaram uma literatura invulgarmente medíocre. Se isso significasse apenas que a mitologia colonizadora que neles transparece é por natureza pobre ou inconfessável, compreender-se-ia quer o pouco interesse pela análise da situação africana nos arraiais dos ideólogos do Regime, quer a sua prodigiosa mediocridade. O fenómeno é, porém, mais vasto. Tirando os livros do Senhor Engenheiro Cunha Leal – também escritos de polémica essencialmente política –, não se encontra entre os sociólogos, ou simples intelectuais desafectos à posição do Regime em matéria colonial, nenhuma reflexão à altura do debate histórico que nos envolve. Poder-se-ia mesmo falar de demissão colectiva se tal fenómeno não fosse por sua vez a clara manifestação da incapacidade geral da consciência metropolitana de um povo colonizador de descer aos desvãos da sua realidade colonial que, por natureza, é invisível, enquanto tal, para olhos metropolitanos.

Desta dificuldade os livros do Engenheiro Cunha Leal são precisamente um bom exemplo. Meritórios enquanto expressão concreta de liberdade e coragem cívica, atravessa-os uma contradição insanável, a mesma que desde há décadas, e cada vez mais irremediavelmente, caracteriza, entre nós, os sobreviventes "liberais". O Engenheiro Cunha Leal, como muitos sectores da burguesia nacional, quer os fins sem querer os meios. A acção repressiva do Regime repugna-lhe, o nosso destino africano preocupa-o, mas a sua visão africana enraíza na mesma mitologia nacional que a do Regime, com a única diferença de ser ainda mais arcaizante na forma. Contudo, o seu exemplo prova, ao menos em parte, que a situação africana pode ser objecto de debate e que a inegável precariedade da expressão pública das ideias não conformistas entre nós não é escusa nem óbice a um esclarecimento, tanto quanto possível, sério e exaustivo, dessa situação e do seu reflexo na consciência nacional. O verdadeiro obstáculo a um tal esclarecimento reside na natureza mesma da dificuldade que o nosso estatuto de velha Nação colonizadora representa. Desembaraçar-se dele recorrendo, como é o caso dos manifestos ou dos relatórios em que se denuncia *politicamente* a ideologia e a prática actual do Regime, a uma filosofia geral *anticolonialista,* que sem ser falsa é produto de estruturas históricas diferentes da nossa, é a mais cómoda das soluções. Pela sua fundamental inadaptação à nossa realidade é também a mais inoperante.

As mais eficazes e estruturadas análises da nossa situação africana, quer sob penas estrangeiras, quer sob pena nacional, como a de *Rumo à Vitória,* contêm informações e dados preciosos, sem dúvida alguma, mas cometem a falta de imaginar que o anacronismo das estruturas económicas e o retábulo das mil e uma *contradições*, que, segundo eles, caracterizam a nossa situação colonial, significam fatalmente precariedade de uma tal situação. Se jamais uma situação histórica viveu confortavelmente das "contradições", que em boa (mas abstracta) análise deviam matá-la, essa foi, e é, a do Portugal ultramarino. A quem é possível fazer crer – como com grande cópia de estatísticas e dados no-lo sugere um desses documentos – que o investimento internacional em Angola condena a política do Regime? Ou que enfraquece a sua resistência uma mudança de atitude? Essas denúncias têm um sentido, decerto, mas adentro de esquemas que não são, nem no continente, nem em África, os da nossa existência efectiva. Dentro desta, o que seria convincente como prova de fragilidade da nossa situação africana era o poder mostrar que os grandes monopólios *se recusam* a investir na nossa África ou na Metrópole. De outro modo é dar a utopia como módulo da realidade e pregar a convertidos. É igualmente substituir a análise sociológica concreta – e isto na boca dos apóstolos do "concreto" – pela condenação ética, à qual realidades como a da colonização são insensíveis. O que há de mais "natural" que a solidariedade se manifeste em África com a mesma força com que se manifesta na Metrópole? Não estamos nós em regime capitalista? Por que razão analisar os problemas que nos dizem respeito como se tal regime fosse um obstáculo imaginário, ou pensado "no futuro" como abolido? Nem os investimentos nacionais nem os estrangeiros acentuam a *contradição* africana ou são sintoma de catástrofe. A catástrofe – e o Regime bem o sentiu em 1961 – seria a da *fuga* de capitais. Só esta é *contradição* real dentro do sistema e da atitude actual, pois só ela vai contra os fins da política confessada e praticada em África.

Se aduzimos estes exemplos, é para mostrar como na prática e no campo mesmo dos opositores à política colonial do Regime a análise da situação africana é menos daquilo que ela é do que daquilo que se quer ela fosse. De resto, o exemplo é de alcance mais vasto e abrange toda a história oposicional à política do Regime ao longo de quarenta anos. O Regime confiscou de facto *toda a existência política* da Nação, na medida em que isso é possível. Por um trágico reflexo, a Oposição empregou-se a fundo no *vazio* deixado por essa confiscação e a vida nacional passou a ser um diálogo de surdos, ou, antes, dois monólogos, um pesadamente audível, outro irreal. Paradoxalmente – mas no fundo muito naturalmente –, uma possibilidade de real diálogo pôde aparecer no momento em que a nossa situação ultramarina foi posta em causa. Ela durou apenas o tempo necessário ao Regime para continuar sozinho a sua linha imutável, deixando na praia os cadáveres políticos de meia dúzia de velhos bonzos caídos na armadilha do mais honrado dos sentimentos e na ilusão de uma unanimidade nacional requerida por aqueles que tudo põem em obra para a negar. Passada essa lua-de-mel radiofónica e conferenciante, os ecos da Oposição volveram à caverna onde os encerraram e eles se encerraram, sem que seja possível, com audácia e sangue-frio, examinar nela mesma uma situação geral, na qual a africana está englobada, independentemente da exclusiva perspectiva política que esses quarenta anos de incomunicabilidade criaram entre os portugueses.

 Este breve ensaio é uma pequena tentativa de busca e de passagem desse necessário estreito histórico que a comunidade nacional terá de atravessar antes de atingir a pacífica e elementar solução de um viver normal. Centramo-lo sobre a situação africana porque essa é *a questão*, ou a dificuldade que no-la mostra com mais clareza, na qual se concentram e se elevam ao paroxismo todos os avatares da nossa realidade histórica de Povo colonizador, na hora exacta em que uma evolução de antigos laços económicos e políticos consubstanciais a toda a colonização se tornou fatal e inadiável. Nem a intenção, nem a perspectiva deste ensaio são especificamente políticas. Tanto nos importa explicar e compreender as motivações históricas e as justificações ideológicas que o Regime apresenta como quadro da sua actual atitude em África, como o confronto delas com a realidade e as exigências históricas inscritas na situação africana. De todos os lados se nos explica que a situação portuguesa em África é precária, que razões históricas, éticas e políticas a condenam, mas não se nos explica *como* persiste a nossa presença, a menos que se tenha por assente que só a força das armas a impõe, explicação inaceitável ou sumária, pois a presença dessas forças e a sua relativa eficácia necessitam, por sua vez, de explicação. Também se nos diz que a situação em África, tal como se apresenta, só é possível dado o carácter "fascista" do Regime na Metrópole – e a verdade da afirmação não sofre, aparentemente, controvérsia – mas essa explicação elimina justamente um dos factores do problema africano, como se ele fosse independente da Metrópole e vice-versa, ou como se o Regime, que tem quase quarenta anos de existência, fosse uma "alucinação" histórica, um fantasma, e não o puro produto da nossa actual – o que não quer dizer, eterna – situação nacional. Sempre o mesmo processo de "compreensão" transparece nesta maneira habitual de analisar uma situação. Evapora-se ou minimiza-se um dos termos dela e tudo se torna transparente. Feliz ou infelizmente as coisas não se passam assim. A situação africana faz parte da situação metropolitana e fá-lo-ia mesmo sob outro Regime. Isto é um "dado" que convém aceitar como ponto de partida. Sem ele não se explicam, nem a ideologia que serve ao Regime para justificar a sua acção sob o plano interno e externo, nem a mitologia nacional sobre que se funda e sem a qual essa acção seria impraticável. É pois o contexto inteiro Portugal-África que tem de ser analisado, tal qual é, de maneira *a compreender o que nos acontece e a impotência actual para encontrar uma solução satisfatória, a menos que se considerem tais, quer a política de força do Regime, quer a liquidação, pura e simples, dos territórios ultramarinos, o que, mesmo admitido em teoria, supõe dificuldades da mesma ordem que a primeira.*

O que nós insinuamos é que enquanto portugueses a situação africana é para nós um *drama*. Por mais que façamos não a podemos ver de fora. Ora, é de fora, embora o não pareça, que o Regime a vê. Para ele, a situação é ao mesmo tempo acidente e ocasião de *epopeia*. A leitura dos jornais portugueses é elucidativa. O que nos está sucedendo continua a epopeia do século XVI ou dos fins do século XIX. É por de mais manifesto que não, mesmo tentando deslocar o caso para o horizonte de uma defesa geral da "civilização cristã e ocidental", já que dentro da mera óptica caseira a epopeia nos pareceria discutível. Mas se não é epopeia também não é *tragédia*, na medida em que não aceitamos de antemão uma saída imperativa, num sentido ou noutro. Só o será se os antagonismos forem reduzidos pela pura presença das armas num sentido contrário à vocação legítima e nos interesses das populações implicadas na luta. É enquanto situação *dramática* que a situação africana é, para nós, susceptível de compreensão actuante. Por isso, tomar consciência dos factores desse drama é já de algum modo "desarmá-lo", impedir que ele se converta em tragédia para os actores nele implicados.

A análise desse "drama" – por muitos não sentido como tal, por opostos motivos – parecerá impossível ou inútil a alguns, e a todos perigosa. Considerações desta ordem são sem importância em negócio de tal monta. Tê-las em conta seria pura demissão. Nas suas linhas gerais, o drama é claro e confessar o que muitos sabem em silêncio não pode ser inútil. De todos os modos, a verdade caminhará por si, ela está a caminho e nós nada mais fazemos que ampliar o eco da história em marcha. Não ignoramos que essa verdade, na medida em que contraria uma mitologia colonizadora exasperada pelo actual Regime, mas profundamente enraizada na nossa própria História, encontrará diante dela uma inevitável resistência, senão repulsa. A poucos portugueses, cremos nós, poderá causar particular alegria a verificação de que na raiz do drama presente se encontra uma espécie de fatalidade histórica nacional, um género de culpabilidade inocente, mas por isso mesmo da natureza das que geram as autênticas tragédias. Sem a clara aceitação e futura reabsorção dessa fatalidade original característica de todas as empresas coloniais, o drama não encontrará solução, ao menos do nosso lado. Nós não cremos que a situação africana obrigue um português fiel ao que deve à Nação de que faz parte e ao geral dever de comunhão humana a uma escolha como a que Camus exemplificou opondo a "mãe" e a "justiça", um amor carnal a um ideal abstracto. O interesse histórico, material e moral da Nação no seu conjunto não é, no caso presente, incompatível com o triunfo de uma geral comunhão humana. Até os que tudo fazem para que a incompatibilidade se instale e aprofunde têm a peito não separar a contestável acção que exercem em nome dos "interesses da Pátria", dessa intenção de superior justiça e comunhão humana. Raras vezes uma atitude tão discutível como a do Regime em matéria colonial se apoiou numa fraseologia "tão nobre". É da distância entre ela e a situação efectiva que mascara, que o drama em curso recebe a sua luz mais deformada e deformante. Pôr a claro a eterna traição ou obscurecimento de um ideal colonizador por parte dos que deviam inseri-lo nos actos é a melhor maneira de servir os tão apregoados "interesses vitais" da Nação. Quanto ao mais, a verdade mesma será juiz entre aqueles que dela se servem e aqueles que a servem.

Retrato (póstumo) do nosso colonialismo inocente I

O colonialismo é um espelho deformante onde todas as motivações suspeitas se podem branquear e vice-versa. Admitir que o fim da colonização é o de suprimir-se como tal quando se sabe perfeitamente que ela não visou nunca a sério esse propósito altruísta, por ser a imagem ampliada de um propósito inverso, empresa colossal de subordinação do corpo e da alma alheia, é naturalmente difícil. E as aparências favorecem esse resultado, pois toda a lógica da colonização mais não faz do que confirmar o colonizador na convicção da sua excelência, face inversa da menoridade em que gostosamente entreteve o colonizado. É necessário ser da raça dos Las Casas, dos Vitória ou de Vieira para compreender o mecanismo infernal deste sentimento "natural" de superioridade, raça que a séculos de distância deveria contar-se pelo número de cidadãos de um país que se diz cristão, mas que é tão exíguo como então.

De onde provém, todavia, a excelente saúde que goza entre nós a mitologia colonialista, tão excelente que os seus termos em nada se alteraram desde o século XV até hoje? A raiz encontra-se, em primeiro lugar, na mesma prática colonial, que se perpetuou em formas idênticas, não encontrando naturalmente razão alguma para descobrir defeitos naquilo que ontem era excelente ou como tal passava. A colonização foi durante séculos o nosso motivo de orgulho, proveito e consolação. E não só o nosso, mas o da Europa inteira e das sociedades crioulas de todos os continentes colonizados. Colonização-civilização, este par suspeito mas não de todo inexacto, converteu-se no lugar-comum do homem branco, o seu pesado fardo glorioso, segundo Kipling, que o colonizador pôde suportar pondo-o, em sentido próprio e figurado, nos ombros do colonizado. Este pano de fundo de boa consciência europeia só por si seria demasiado genérico para explicar *a nossa* mitologia colonial. Similar por mais pontos do que os nossos cavaleiros andantes do hipernacionalismo imaginam a várias outras, essa mitologia é, ao fim e ao cabo, *efectivamente específica,* mesmo se não o é no sentido que nós lhe damos nas assembleias internacionais, onde nos pedem insolentes contas porque nós a nós mesmos as não pedimos. E nessa especificidade reside o fundamento da atitude portuguesa e as razões complexas que tornam a questão africana um caso à parte no conjunto da descolonização actual.

O que se chama História de um povo, enquanto espelho simplificado do seu passado, é sempre uma idealização. Mas o carácter desse passado, junto a circunstâncias passageiras, embora poderosas, pode levar essa idealização, em suma, normal, a graus paroxísticos sem grande coisa a ver com a realidade histórica que os justificaria. Este caso é, para mal dos nossos pecados, precisamente o caso português e em certa medida é inevitável que o seja. É *difícil ou mesmo impossível descobrir entre os velhos povos europeus um caso tão exemplar de hipertrofia da consciência nacional como o nosso.* Uma tal hipertrofia não é um acidente, não é um fenómeno provocado do exterior (como o da Albânia actual, por exemplo), mas a expressão orgânica da nossa realidade histórica de povo cuja existência política não pôde jamais considerar-se ao abrigo de surda ou clara ameaça, mau grado a sua inegável originalidade de Nação. Não é por acaso, pondo agora de lado os relentos de sacristia lusa do vocabulário, que os nossos tradicionalistas empregam, como termo explicativo, e palavra-resumo do mistério do nosso destino, a palavra "milagre". A tremenda querela que tanto desalentou Herculano (e havia de quê) não dizia respeito, como superficialmente se pensa, apenas a esse singular "milagre" de Ourique, mas ao milagre inteiro sob o qual é concebida a existência nacional e de que o de Ourique é justamente o fundamento mítico. Esta ideia não ocorre aos tradicionalistas retrógrados do século XIX por acaso. Ela encontra-se com todas as letras na historiografia de Alcobaça e elevada a sistema grandioso em António Vieira, para o qual o pequeno Portugal é ao mesmo tempo o Menino Jesus e o Messias das Nações.

É fácil ironizar acerca do que parece simples absurdidade indigna de ser comentada. O positivismo, porém, é mau conselheiro. Esse recurso ao *milagre* encerra uma verdade profunda, é mesmo *a verdade da existência histórica portuguesa como consciente da sua intrínseca fragilidade.* Essa hipertrofia enraíza de facto na realidade histórica *de uma Nação protegida do Altíssimo, e que no entanto perdeu a sua independência, independência que não recuperará senão esperando "o milagre", milagre que não deixará dúvidas a ninguém quando efectivamente se realizar o que parecia impossível.* O apogeu do "milagrismo" situa-se, como era previsível, nos tempos do cativeiro e nos que se lhe seguem, de Bernardo de Brito e de Vieira.

Que confissão nesse recurso ao "milagre", mas que visão tão justa, não da existência portuguesa mas de um dos seus lados, que nas más horas aparece como o único, quer dizer, o de *pequena Nação*. Paradoxalmente, são os "milagristas", cuja raça não se extinguiu (Oliveira Martins e Junqueiro o foram cada um a seu modo...), que nos aparecem como *derrotistas*, derrotistas por excesso de zelo ou amor abusivo como o de certas mães. Dá-se aqui a mesma coisa que no plano da espiritualidade na qual a referência e o culto do "milagre" sistemático pode aparecer menos como exaltação normal do poder de Deus que como desconfiança dessa graça que é conatural à própria Criação e às suas ordenadas manifestações. Não admira, pois, que a realidade (no nosso caso a existência nacional) lhes apareça sob a forma patética, dual, partilhada entre momentos "milagrosos" e "catastróficos", aflitiva existência incapaz de viver em paz consigo mesma. É a visão de Vieira, é sobretudo a de Oliveira Martins, a quem o profetismo não oferece idealmente o recurso de um privilégio providencial em favor da Pátria. O que importa sublinhar é a constância deste reflexo e a evidente relação que ele tem com a efectiva situação da Pátria diante de si mesma, ou, melhor, do seu projecto histórico. Vieira e Oliveira Martins, cada um à sua maneira e às vezes na mesma, são os psicanalistas da Pátria, e por sua vez a Pátria confessa-se neles a um nível de perspicácia que é bem inútil buscar na historiografia empirista ou mesmo naquela, mais estruturada, à qual importa menos "o sentido" que "o encadeamento" chamado causal, mas que sem ele ou é ininteligível ou vão. O patetismo da autognose histórica de um Vieira ou de um Oliveira Martins não contradiz a evidência de *hipertrofia* da consciência nacional. Dá-lhe corpo, um, sob o modo positivo, outro, negativo, com regresso final à exaltação nacionalista, essência dessa hipertrofia que nós descrevemos como um comportamento *patológico,* sabendo bem que ele é ainda outra coisa, que ele tem uma função salutar como certas supurações sem as quais a doença de suportável se tornaria mortal.

    O "ser ideal" e o "ser real" de um povo jamais coincidem, mas há graus diversos nessa distância entre eles. A hipertrofia da nossa autoconsciência – que por seu turno não tem só a face irrealista, milagrenta, mas a oposta, a do denegrimento, da melancolia extrema – significa que essa distância entre o que nos supomos e o que somos é das mais profundas. Justamente, a hipertrofia preenche, ou melhor, resolve – em boa psicanálise histórica – esse conflito, o qual não é uma miragem mas qualquer coisa de bem adequado ao ser racional diante de si, quer dizer, no meio dos outros, relativizado pela mútua presença dos restantes povos. O dado original do "ser português" é ter nascido na dificuldade e aparentemente "contra a natureza", isto é, "contra a História". Os estrangeiros que nos ignoram ou superficialmente conhecem a nossa "história" compreendem dificilmente a existência dessa orla de cor diferente na maciça Península. Mas nós compreendemo-la bem e pensamos nela todo o tempo. Nós sabemos de cor esse frágil milagre de uma singularidade que nos inquietou e nos exalta. Nós amamos a nossa pequenez e nós detestamo-la. Ou antes, detestá-la-íamos, se não tivéssemos outro recurso que *medir* o nosso ser ideal pelo nosso ser real. Mas justamente o nosso ser real foi sempre, desde o início, essa franja de cegueira ideal – Oliveira Martins chamou-lhe "vontade" – que nos permitiu ser quem realisticamente parecia pouco provável que viéssemos a ser. Ou nós mudámos tremendamente – o que a psicologia dos povos não confirma – ou é inexacto, como a nossa mitologia nacional por vezes o proclama, que sejamos um povo de "guerreiros". A Lusitânia foi um povo a quem *fizeram a guerra,* o que é bem diferente. Desde então, a nossa mais profunda virtude, nos dois sentidos de "excelência moral" e de "energia moral", parece ser essa, de uma *vontade,* digamos, paradoxalmente, *passiva,* mas no seu género suficiente, a quem não é forte, para resistir ao que persiste ou insiste em lhe mudar o ser. A nossa luta com os mouros é, sob todos os ângulos, *reconquista,* e quando ela termina, a passagem a outra fase, a de uma verdadeira "conquista", põe pela primeira vez (e última, ai de nós...) um problema moral grave ao escol dirigente da Nação. Isto significa que a hipertrofia da consciência nacional – de algum modo provocada pelo nosso pecado original de "ser pequenos" –, e por ela logo visto como "feliz culpa", não teve sempre nem o mesmo aspecto nem a mesma função. Historicamente, é isto bem compreensível, pois, de um lado, a relação de forças peninsulares durante toda a fase que vai das origens à união das coroas de Aragão e Castela não nos é mais desfavorável que a outros pequenos reinos peninsulares; e do outro "a reconquista" é acção colectiva e não empresa sobre-humana como o seria se tivesse sido apenas nossa. Acrescente-se a isso a natural boa consciência que à Reconquista emprestava o ser "cristã", por conseguinte envolvida e emblematicamente inscrita numa empresa internacional – de que o jovem reino é vanguarda –, e fácil é compreender que o sentimento "nacional", na medida em que é lícito referi-lo então, se continha gérmenes de futuro delírio, era ainda realista, do realismo de cruzada de que era parte. A nossa gesta histórica – como a nossa expressão literária – soa então natural e justa. As canções de amigo no-lo mostram e Fernão Lopes não o desmente. Nós éramos então o que podíamos, e podíamos o que éramos. Mas este equilíbrio era ele mesmo o resultado de uma luta, que, como sempre sucede, só a fuga para diante podia salvar. A nossa foi assombrosa. Foi mesmo sem exemplo. Chamou-se Descoberta e levava no bojo a Colonização, a primeira dos tempos modernos, que por ela não se abriam, como a nossa megalomania o proclama, mas se transformavam.

Aqui se situa a segunda fase da hipertrofia da consciência nacional, ou para bem dizer, a primeira a merecer tal nome. Um só documento a resume: *Os Lusíadas,* nossa pátria celeste. Dir-se-á que o que move Camões é a verdade "claramente vista", essa verdade que a epopeia antiga, segundo ele, não conhecera. É exacto, mas é mais exacto ainda que o move o *espanto,* a consciência maravilhada de *desproporção* entre "a pequena casa lusitana" e os mares abertos, e as terras que ele vai enumerar como para se convencer, por essa litania épica do canto X, do milagre já inquieto de tanta Conquista. A crítica encarou já mil vezes, mas a nosso ver bem mal, o problema dessa *epopeia*, problema de direito, pois a realidade da consciência cultural europeia de então *não a consentia*, e problema de facto, pois que só *Os Lusíadas* triunfaram da massa de epopeias realmente impossíveis que a imitação antiga suscitou. A nós parece-nos o duplo milagre bem claro, descontando o génio, que o não é nunca. Fidelino de Figueiredo tratou excelentemente do clima épico e das expressões épicas antecamonianas, que, é manifesto, explicam em parte o surgimento de *Os Lusíadas*. Mas não nos explicou, nem ele nem ninguém, em que consistia essa *epicidade* das coisas épicas e por que motivo só n'*Os Lusíadas* a expressão de uma epopeia que estava inscrita na realidade antes de o estar na Literatura é convincente. Ninguém nos explicou, sobretudo, por que motivo a Espanha, a Espanha de Colombo e de Carlos V, cuja *realidade épica parecia nada ficar a dever à dos portugueses*, não encontrou o seu Poeta, essa Espanha a quem a épica é conatural... Desta falência de explicação parecem-nos ser responsáveis o realismo e o racionalismo críticos, que têm de comum esta crença bem infundada de *que a Literatura é o espelho da Realidade, quando é mais certo que ela é filha de uma relação dialéctica com ela*. Nesta perspectiva, *Os Lusíadas* parecem receber a explicação que não tiveram: eles não são tanto a expressão da *epopeia real* como a *consciência de epopeia* que só podia surgir então com tal esplendor e com a ingenuidade requeridas pelo facto *da desproporção grandiosa entre o agente e a acção*, Camões mil vezes mais exaltado por essa distância de que ele encontra em si raízes profundas noutros planos, do que pelo facto dos "mares nunca dantes navegados", que não o eram mais que os de Colombo. Positivamente, em matéria épica, nada fizemos que possa comparar-se à fabulosa marcha de Cortez a Tenochtitlan ou de Pizarro a Cuzco. Mas para soldados de Carlos V a epopeia, embora fonte de exaltação heróica e como tal glosada pelos Bernal Diaz del Castillo, *não é maior que Espanha, senhora de metade da Europa, cujos soldados saqueiam a própria Roma...*

A nossa sim, sendo portuguesa é maior do que Portugal, e isto foi o que sentiu, o que cantou Camões, dando assim forma definitiva, instaurando-a mesmo, à mitologia nacional, pois a empresa descobridora e colonizadora, ao contrário da dos espanhóis, foi desde o começo, ou quase, identificada com a actividade fundamental da Nação. São então *Os Lusíadas*, como às vezes se é levado a pensar, dado os usos a que se prestam, os responsáveis supremos da autognose hipertrofiada que os portugueses adquiriram deles mesmos e da sua acção no mundo?

Sim e não. Sim, pois essa música divina, que por um breve e portentoso instante nós merecemos ouvir (mas já então na nostalgia, como o poema bem no-lo mostra...), mau grado o que a sua beleza nos escondia ou através dela nos dourava, tornou-se, quando a já não podíamos suportar, a fonte do desemprego heróico perpétuo que nela bebe sem esforço o antigo vinho forte. Não, porque no Poema mesmo, a par da exaltação heróica hipertrofiante, mais pelo estilo que pelo conteúdo, então perfeitamente aceitável, senão justo, coexiste uma visão ética capaz de distinguir no tumulto bárbaro da violência histórica a grandeza verdadeira do seu simulacro. A hipertrofia da consciência nacional, de que *Os Lusíadas* se tornaram a Bíblia, é muito menos aquela que neles se exprime ou de que eles são já expressão suma que aquela que épocas posteriores, decaídas do antigo esplendor, vão projectar sobre o Poema, como os herdeiros empobrecidos de parentela rica. O papel do Poema na história da consciência nacional corresponde à ambiguidade que nele efectivamente está inclusa, mas só é nefasto quanto essa consciência se aproveita dele para mascarar no vazio a realidade da sua impotência histórica. O que no Poema era eco ampliado de grandeza verdadeira volve-se então em fonte de heroísmo verbal, em álibi imaginário e caução suspeita de nacionalismos contrários ao interesse nacional. A idealização natural da gesta lusíada, uma vez esta gesta desfeita em fumo ou tornada pálida sombra – como à nossa sucedeu –, tornou-se fautora de irrealismo, de retórica nada inocente, de justificação hipócrita de más causas no espírito daquela classe que tem tudo a ganhar hipnotizando a consciência portuguesa na contemplação de um passado glorioso para a distrair do presente, onde nada de exaltante lhe é oferecido. Mas que culpa têm nisto *Os Lusíadas*?

Uma só, a do génio que autoriza a nossa fixação cultural no século XVI, e, indirectamente, prolonga uma nostalgia tanto mais profunda quanto é certo que a existência nacional no seu conjunto nunca mais pôde encontrar um momento histórico semelhante, nem de certo modo tal é possível. Assim, ao desencontro normal entre "o ser ideal" e o "ser real" de um povo acrescenta-se entre nós, e mormente devido a *Os Lusíadas*, o desencontro já patológico entre o presente e esse passado, onde só verdadeiramente somos quem somos, mas sabemos ser por tê-lo sido um dia. Ora o conteúdo dessa *grandeza arquétipa* não é outro que o de Nação colonizadora. É aqui que a nossa consciência hipertrofiada se enreda na armadilha que ela e a História se criaram. Com efeito, esta consciência exagerada da nossa existência e do nosso valor, historicamente justificável no plano metropolitano e *sem a qual porventura não existiríamos como Nação*, assume proporções e consequências incalculáveis enquanto reflexo da nossa realidade de Nação colonizadora por excelência e de cuja glória *Os Lusíadas* são a porta e o templo inteiro. O poema não inventou a nossa realidade de descobridores de mundos e colonizadores, mas converteu um momento privilegiado em Eterno Presente da alma portuguesa. Comparado com ele tudo nos parecerá pouco, mas em vez de cultivar as energias próprias de novos presentes não indignos desse Passado, o reflexo mais comum da consciência nacional foi o de recusar os duros deveres do presente, reportando todas as suas complacências sobre essa hora solar que por definição nos devia assegurar um lugar cimeiro, senão aos olhos dos outros, aos nossos mesmos, como se o tempo tivesse parado. E efectivamente o nosso comportamento histórico, mormente o colonial, enquanto tempo vivido na Metrópole, vai ser *um tempo fechado, com raríssimas aberturas (Sousa Coutinho, Pombal, Sá da Bandeira, Norton, o Estado Novo, em parte)*, tempo de rendeiros esquecidos a quem os bens tivessem caído de uma vez para sempre do Céu da História. A consequência mais visível desta situação é que o dinamismo histórico das Descobertas breve se inverteu, passando, embora ao *ralenti*, para as Colónias mais facilmente exploráveis, exemplo talvez ímpar da célebre dialéctica do Senhor e do Escravo. Contudo, esta situação – que os "brasilienses" bem sentiram cedo, como *O diálogo das grandezas o Brasil* claramente o diz – não subtraiu a Metrópole à sua glória beata e podre, antes a afundou numa atitude que de uma maneira ou outra veio até aos nossos dias. A colónia (e em palavra as colónias) preenchia bem o seu papel, que era tanto o de mina de vária riqueza que esse, mais importante, *de nos compensar da nossa pequeneza ou, mais radicalmente ainda, de no-la tornar invisível*. Ainda hoje os nossos não extintos ditirambos endereçados a um Brasil que o português metropolitano conhece mal têm exactamente a mesma função *compensatória*. Aqui reside o fundamento passional do tema da colonização para a consciência portuguesa e nele enraíza também o motivo pelo qual a sua análise é simultaneamente conexa com a discussão da História Pátria na sua totalidade. Termos colónias não foi um simples *a mais*, resultado de um excesso de poderio e vitalidade, mas necessidade de *fracos* e *pobres* dispostos a pagar caro um lugar ao sol um pouco mais confortável que o caseiro. Aqui reside também o claro mistério da nossa alma "pelo mundo em pedaços repartida", quer dizer, acolhida, o que explica esse vital enraizamento do português que não tem pressa nem vontade, quando encontrou melhor, de volver à "pequena casa lusitana" que ele exalta na ausência para se perdoar o abandono. De tudo isto resultou, historicamente, menos uma colonização diferente (que o é, mesmo se não se aprovam os ditirambos ultranacionalistas) do que *uma modificação substancial da consciência lusíada determinada pelo papel que a colonização, como factor compensatório, nela desempenha*. A essência dessa modificação pode resumir-se num díptico cujas faces se complementam: numa delas, a consciência nacional, representa-se a colonização como imperativo espiritual e ético suscitado de fora, criado *pelas necessidades e indigência históricas e humanas do colonizado*, escondendo assim a motivação suprema de raiz compensatória nela implícita desde o começo e cada vez mais acentuada à medida que o gozo passivo da nossa dominação fácil nos desarmava em casa; na outra, concede-se a essa colonização uma *exemplaridade* sem igual, a exemplaridade que cada povo se atribui a si mesmo, sem duvidar que através dela se confessa implicitamente a *insubstância da nossa realidade metropolitana*. A exemplaridade da nossa colonização consistiria (tal é o mito pelo menos) no facto de que a atitude vital e ética do Português é a mesma nas colónias que na Metrópole. É evidente que o não é, pois se o fosse seria absolutamente inexplicável que ele tivesse trocado a Metrópole pelas colónias, mas o mito traduz uma realidade profunda: a da naturalidade com que o Português é colono e aceita "os perigos e guerras esforçadas", como aceita o homem negro ou o índio que lhe são vitalmente indispensáveis, não apenas como fonte da sua riqueza e a título de indivíduos, mas como compensação anímica e a título de filhos de uma pequena pátria. Assim, do que é na origem uma manifestação de fragilidade, por uma reversão bem explicável, fizemos uma manifestação contrária, *convertendo-nos em povo indispensável aos negros e índios, quando o mais evidente é que são eles que nos são indispensáveis*. Não é esse o caso de todas as colonizações? Em parte, mas a nossa tem de específico o ser a tal ponto colonização pura vocação, como dizem os apologetas colonialistas não sem verdade, mas que não serve os seus propósitos, que se tornou invisível. Isto não é uma metáfora. É assim mesmo que ela comparece nos Discursos do Presidente do Conselho, *como não colonização*. É assim que vive no subconsciente nacional só paradoxalmente partilhado entre o orgulho sem limites de se dizer colonizador exemplar e único e a recusa igualmente frenética de endossar a responsabilidade que esse facto implica, sobretudo hoje, quando a boa consciência colonial europeia se desfaz contra os muros da descolonização. A verdade integral é que nós não sabemos, nem é fácil, como despirmos a túnica gloriosa de colonizadores que assumimos e de repente, por uma espécie de sortilégio a que seríamos estranhos segundo a mentalidade oficial, se converteu em túnica de Nessus. A nossa consciência nacional hipertrofiada, nosso refúgio durante séculos em que a História nos deixou ser os "colonizadores inocentes" que nós somos, tornou-se de repente nossa inimiga. E duplamente inimiga. Foi ela que nos cegou para a visão de uma fragilidade de senhores de império, talvez não grande para heróis de Quinhentos, mas terrível para os herdeiros moles da sua energia, ou melhor, da sua clarividência, com raros amanhãs semelhantes aos que durante séculos nos guardaram o Brasil e Angola. É ela que continua cegando-nos, sob a máscara de último dever épico, impedindo soluções que uma consciência à altura do que somos e podemos mais facilmente encontraria. Mas tal não admira, pois, essa consciência hipertrofiada representou e representa a expressão apenas retocada de *uma fuga diante de nós mesmos*, que um Poder como o nosso é incapaz de remediar no que precisa e tem remédio, por ser ele próprio a sua acabada expressão política. O problema da colonização é o problema do País. Mostrá-lo, tentar percorrer o labirinto da consciência portuguesa actual e, em parte, da dos cinco séculos de que é herdeira, é precisamente a não pouco ambiciosa pretensão destas considerações. De antemão a teríamos rejeitado se outros, mais documentados e competentes, a tivessem tomado a sério como a merece.

Retrato (póstumo) do nosso colonialismo inocente II

Desde o início da nossa expansão (eufemístico vocábulo que prova bem que as palavras não são "neutras"...) o *facto colonial* aparece-nos sob modalidades singulares. São elas que explicam o nascimento e em seguida a perpetuidade *da mais espectacular boa consciência colonial que a História regista*. As consequências desse fenómeno só hoje se nos mostram em toda a sua amplitude, constituindo uma das faces da nossa tragédia em curso. O que espanhóis, franceses, ingleses, holandeses mesmo não alcançaram, os portugueses o obtiveram com uma espécie de perfeição tão excessiva que eles mesmos se esqueceram que o seu império era fruto da colonização, isto é, de o encontro com *outrem* sob uma forma que não exclui, nem excluiu, a violência.

Tudo se passa, ou como se esse Outro jamais tivesse constituído um problema, ou como se a violência ingénita de todas as colonizações tivesse sido reabsorvida sem resíduos, ao menos na consciência do colonizador. Acaso, facto algum o revele melhor que a surpresa fantástica ocasionada pelos acontecimentos de Angola, junta, ou a par, da verificação da exígua cobertura militar dessa colónia na mesma altura. Se se pensa no contexto – lutas congolesas mesmo às portas –, não se sabe que mais admirar: se a espantosa inconsciência que isso revela ou se a inexcedível boa consciência de uma presença colonial incapaz de supor que ela seja motivo de escândalo ou de contestação, a tal ponto ela se tornou *invisível* e como que transparente. Não houve e não há exemplo de um *colonialismo inocente* de tal género... Em que radica um tal comportamento? É ele a prova de uma colonização *sui generis*, como nós o apregoamos nos corredores das Nações Unidas sob os aplausos de raros e a incredulidade de quase todos? Resolvemos nós positivamente, e mesmo definitivamente, como a propaganda oficial o desejaria fazer crer, o problema essencial da colonização que é o de anular-se como tal? São Angola e Moçambique províncias como o Minho ou o Algarve, segundo a provocante mitologia do ultracolonialismo actualmente cultivada entre nós?

Por uma dessas habilidades políticas à *rebours* que confinam com o génio, o Presidente do Conselho inventou o conceito de Democracia Orgânica. Sem habilidade alguma, mais lícito será ver no nosso colonialismo, antigo e moderno, um fenómeno realmente "orgânico", ou que em tal veio a parar. É esta "organicidade" que torna tão difícil pensá-lo, pois o mesmo significa, ou pouco menos, repensar a nossa inteira história de portugueses. Isto acontece não apenas porque a quase totalidade da nossa existência – mais de quinhentos anos – é a de *Nação colonizadora*, exemplo único nos tempos modernos, mas sobretudo por ser a sua colonização de raiz *compensatória*, necessidade de pobre, num grau desconhecido de todas as outras formas de colonização. Quando nos confundimos com o que fazemos, quando, ainda por cima, temos o sentimento de que não podíamos ter feito outra coisa, a boa consciência é de norma e a impossibilidade de vermos diferentemente do que somos quase fatal. O Português é colonizador como é português e não vê motivos para se problematizar enquanto colonizador, pois também os não vê enquanto português. É este um desses círculos viciosos de que ninguém dá conta senão *de fora*. Na verdade, a situação africana é a problematização da nossa existência inteira e não só a de colonizadores. Ela significa o fim de uma Mitologia, que é ao mesmo tempo, caso ímpar, *nacional e colonial*, e a sua metamorfose como justificação exacerbada, em mitologia colonialista, quer dizer, numa imagem tal que possa ocultar, magnificando-a a *realidade histórica e presente da colonização portuguesa*, o mesmo é dizer, da imagem mesma de Portugal enquanto ele se concebe inseparável da sua existência de colonizador.

A mitologia colonialista portuguesa não é tão original como os seus profetas imaginam. Encontram-se nela reflexos, convicções, dogmas idênticos aos que todas as nações com colónias sempre souberam fabricar. A missão providencial civilizadora, a barbárie indígena que de si mesma apela por ela, o desinteresse da metrópole, a defesa de valores eminentes, outrora da civilização cristã, agora do Ocidente em geral, já aparecem com toda a clareza nos defensores da expansão espanhola e portuguesa dos séculos XV e XVI. Tratava-se então de cobrir uma inegável violência adstrita à conquista e à colonização. Mais tarde, tornadas facto consumado, conquista e colonização dispensaram justificações. O olhar do Mundo era europeu e a Europa não precisava já, em época mercantilista, de justificação mais evidente que a do seu comércio. As rivalidades deste mesmo comércio quebraram aqui e ali essa harmonia preestabelecida, ajudadas pelo progresso da consciência política da Europa. Mas o essencial manteve-se: a necessidade da presença europeia e o seu papel indiscutivelmente justo, natural e benéfico. Tudo isto o encontramos na mitologia colonialista portuguesa, mas com um condimento muito particular. A sua nota distintiva é a de se afirmar uma *colonização-outra* e ao fim e ao cabo de a conceber como uma "portugalização sem fim" dos territórios e povos que a História pôs no nosso caminho. Como exemplo concreto Portugal apresenta o Brasil e nele aquilo que uma sociologia delirante chama de "civilização mundial", e da qual Angola e Moçambique seriam também eles, actuais ou futuros.

Uma parte dos argumentos tendentes a provar essa "colonização-outra" é de ordem polémica intra-europeia ou internacional, o que é implicitamente colocar o problema colonial *fora do seu* âmbito. Assim, faz-se ver o *carácter brando das nossas relações com o indígena, o carácter não guerreiro da nossa empresa colonial, a capacidade* ímpar *de compreensão de raças, costumes e religiões diferentes da nossa, a facilidade de miscigenação*. Entre europeus ou brancos, participantes em experiências coloniais, esta argumentação é aceitável, e dispõe a um acordo como aquele que normalmente se verifica entre patrões quando falam dos operários ou entre as donas de casa dos países subdesenvolvidos ao falar da criadagem. A única coisa que aí não figura é a *opinião dos colonizados*. É aqui, porém, que a mitologia colonial portuguesa atinge a sua expressão sublime: essa opinião, assevera-se-nos, é a mesma dos portugueses, pois os africanos são tão portugueses como os oriundos da Metrópole. Os desmentidos da realidade nada significam ao lado do que não é da ordem dos factos, mas do mito. Tribalismo nunca reabsorvido, e até incentivado como factor de divisão, trabalho em condições nada europeias, não participação do que constitui a essência mesma do "ser português", língua e religião, ou ausência dela, tudo isso conta pouco ao lado de textos, *emendados sob pressão dos acontecimentos*, para que a mitologia se confirme. Aí sim, nos textos, recebe um começo de execução a celebrada "filosofia da colonização portuguesa", cuja essência seria a de *uma natural e cristã faculdade de tratar o colonizado segundo normas políticas e humanas não especificamente diversas daquelas que em Portugal foram ou são vigentes*. Se não houvesse um abismo entre eles – ou melhor, a sua oportunista versão recente – e a realidade, colonial, seria exacto afirmar que nós – e nós apenas – nos aproximámos do ideal de que a política ultramarina neles explícita se reclama, a saber, o *integracionismo* ou a *assimilação*, abolindo assim a essência mesma da colonização – *a diferença entre colonizador e colonizado*.

A vigência do Mito como Mito não é contestável. A primeira fase da expansão emprestou-lhe oficialmente uma certa realidade, pelo menos em relação ao Índio. Mas basta a trágica mancha, para sempre indelével, da escravatura para reduzir a quase nada no *passado* – passado bem longe que lambe a fímbria do presente – a mentira solene da nossa excepção colonizadora. Decerto, e mau grado esse atroz crime de lesa-humanidade que só em Vieira encontrou, em parte, um eco à sua altura, algumas das nossas pretensões mitológicas foram alcançadas pela colonização portuguesa num grau desconhecido por outras. Mas mesmo esta concessão aos argumentos colonialistas costumeiros não pode fazer-se sem a expressa reserva de fraquezas próprias da nossa colonização, que noutras, por provirem de nações cultural e economicamente mais evoluídas, são menos visíveis. O que há de mais profundo e verdadeiro na mitologia colonialista portuguesa deve-se ao facto, esse sim, ímpar, da *coerência histórico-cultural da nossa colonização*, a qual, bem examinada, se resume paradoxalmente à *inexistência de uma autêntica colonização*, se entendemos por isso uma empresa da totalidade da Nação, concertada e levada a cabo com método e continuidade. Em lugar dela houve um rosário de aventuras coloniais, uma série de peripécias avulsas, formalmente sempre ligadas à Metrópole, é certo, mas, salvo nas grandes ocasiões (Brasil, reconquista de Luanda, campanhas do século XIX), verdadeiras empresas de colonizadores sem projecto global de colonização. Assim, por mais estranho que pareça, uma Nação que em dada altura da sua História se confundira com o projecto colonizador, nos tempos de um Silva Porto, só o mantinha pela presença frágil de núcleos ou de indivíduos que se sentiam "abandonados" numa missão que eles retomavam por sua conta e risco sem que a Pátria se importasse muito com isso. É bem sabido como Lisboa, a Lisboa dos últimos anos de Eça, considerava os acontecimentos coloniais e a consciência amarga que disto resultava na raça dos Mouzinhos.

É a título *histórico* ou ao nível de interesses privados que o metropolitano de então *sente* (ou *se sente*) tudo o que toca a matéria colonial. Do que fazer nessas colónias nada saberá até que a República, pelas mãos de Norton de Matos, e em seguida o Estado Novo retomem, segundo uma perspectiva de conjunto, o projecto colonizador de outrora.

Como explicar então o contraste entre a vigência, nunca abolida, da mentalidade colonialista e este, tão frequentemente repetido, *desinteresse prático* pela realidade concreta das colónias? O carácter *passivo* da nossa acção colonizadora de sobra o explica. Comerciantes, é a riqueza de troca que nos interessa. Quando se esgota um filão busca-se outro. Durante séculos, não houve em Angola outro filão que o escravo. Isso bastava para nos tornar aí presentes e como presentes irradiar, manter a maneira de ser nacional sem necessidade de ser ou se sentir agente de qualquer *vontade colonizadora bem precisa*. Aqui radica o fenómeno de uma Nação que se assume enquanto Imagem como exemplo de colonização e cujos filhos afinal, salvo os que oficialmente representam a sua ideologia, se sentem tão pouco *colonizadores* e quase nada *colonialistas*. Só recentemente uma certa camada de portugueses – a que dá o tom a Luanda ou a Lourenço Marques – pôde adquirir uma autêntica mentalidade *colonialista*. Por um lado, a sua superioridade técnica, enquanto pertence à *raça branca*, é inegável; por outro, usufrui de maneira convincente não só de consciência dessa superioridade e do bem-estar que lhe assegura, como do *salto* que a sua condição significa em relação à que seria normalmente a sua na Metrópole. O colonialismo não tem outra base. Ora a África só com Salazar foi aparecendo como "terra de salvação", uma entre outras das muitas que o Português demanda desde que se conhece. Até há bem poucos anos – e hoje ainda... – África era "terra de desterro", como o Brasil o fora e ainda para o "brasileiro" de Camilo o era. Deste modo, a tão celebrada *vocação nossa* de colonizadores aparece como o que de facto sempre foi, salvo em raros momentos de empresa estatal: um subproduto de uma realidade mais original e potente que é a do *português emigrante*.

Já não estranho verificar o carácter de *Colonialismo Inocente e Orgânico* da colonização portuguesa. Orgânica o é ela pela ligação visceral que sustenta com *a pobreza* metropolitana, a que serve de exutório. E inocente também, pois o português médio nela envolvido não tem consciência bem definida de qualquer projecto colonizador. Acusarem-nos, pois, de "colonialistas" aparece menos como um insulto, o qual até há pouco nem o era, de que como uma espécie de "sem-sentido". No fundo, o Português pensa que está em Angola como podia estar na China ou na Austrália (onde também está...) e é este perfeito "à-vontade" que empresta ao nosso melhor espelho da aventura exótica portuguesa (*As Peregrinações*) o seu brilho exemplar. Como nele "o exotismo" é negado por esse natural convivente, também na colonização vivida como necessidade orgânica o não-natural dela acaba por desaparecer. Contudo, tal atitude subjectiva não é de molde a apagar a realidade *objectiva* da colonização. O pobre emigrante torna-se, e mesmo independentemente da sua qualificação ou valor próprio, apenas como elemento da Mãe-Pátria, *um eleito*, um representante da Civilização por excelência que em parte alguma se sabe e sente mais *civilizado* que nas colónias em contacto com homens de costumes diferentes dos seus, catalogados por longa tradição como *inferiores*. Pouco importa o seu desinteresse ideológico, que no português emigrante é grande, até pela prodigiosa incultura que adorna a maioria, ou até a sua incompreensão da *vontade geral colonizadora* manifestada pela nossa Presença. Na sua qualidade de português, o mais pobre camponês das Beiras ou do Algarve acabará por se converter num "colonizador autêntico", e, na medida em que se não dá conta da ideologia oficial mas a serve objectivamente, *num colonialista*.

A situação do Português como colonizador "orgânico" explica o mistério aberrante da sua recusa interessada em se ver na pele colonialista habitual, neste momento pouco cómoda. Atenção, porém: foi ele quem se instituiu, quem se escolheu historicamente como colonizador desse tipo e até quem durante séculos tirou disso o seu maior título de glória. Classificar de "orgânico" o colonialismo português não é de modo algum "justificá-lo" e muito menos ver nele a expressão sublime, segundo a mitologia do ultracolonialismo, de não se sabe que *essência lusa*, destinada de toda a eternidade a manifestar-se como colonizadora, o que é apenas uma forma grosseira de endereçar a Deus um comportamento histórico de que se não ousa reivindicar a dura responsabilidade. O fenómeno português de "colonização" aparece mais do que outros com um carácter de "organicidade", que o torna resistente à análise comum pelo simples facto de ser *uma colonização levada a cabo por uma Nação cuja estrutura económica arcaica e a profunda passividade tecnológica que a exprime são, por sua vez, de natureza quase colonial*. É, pois, com lógica perspicácia que podemos tranquilamente asseverar à face do mundo que *nós não somos* colonizadores. O que torna o nosso caso único nos anais humanos é a harmonia inegável entre a nossa situação histórica e económica, *enquanto metropolitanos*, e a nossa situação enquanto colonizadores. Assim como não há mais que diferença de lugar e cor entre o homem que sobe o rio Mondego na sua barca servindo-se de um sistema neolítico e o homem dos rios da Guiné ou de Angola, também não a há entre o proprietário feudal do Alentejo ou do Ribatejo e o concessionário algodoeiro de Angola e Moçambique. Como ainda ninguém se lembrou de chamar aos nossos alentejanos ricos de "colonialistas", também parece insensato apelidar assim os seus homónimos de Angola ou Moçambique. Leibniz em pessoa não poderia encontrar melhor exemplo de harmonia preestabelecida que o que formam em conjunto Portugal e as suas colónias. É aliás este sentimento de uma visceral unidade de destino, abusivamente confundida com o destino da Pátria, quando o é apenas de uma classe privilegiada incapaz de encontrar uma saída positiva para as contradições que a estrangulam, que serve de alma à actual ideologia portuguesa.

Examinemos mais em detalhe essa pré-harmonia trágica, alicerce ainda sólido do nosso colonialismo. A maioria das chamadas *virtudes* da colonização portuguesa radicam nesse fenómeno, mau grado a inumerável coorte de gregos e troianos, desde um Jaime Cortesão a um Gilberto Freyre, que nelas veem a manifestação de uma sem-par *essência lusa*. O seu exame é a melhor ocasião de verificar como foi quase fatal que a acção colonialista portuguesa se tenha tornado invisível a nossos olhos. As ideologias justificativas da excelência colonizadora lusa – sejam do tipo "liberal"-romântico de Cortesão, sejam do tipo "racista", à Gilberto Freyre – seriam bem irrisória fantasmagoria sem esse pano de fundo de "organicidade" característico do fenómeno luso da colonização. A quem podem convencer como fundamento de *virtudes* colonizadoras *sui generis* a distinção entre o *português*, "homem do campo", e o *espanhol*, "cavaleiro", na qual Cortesão via a grande explicação? Que português passou ao Brasil para *cultivar a terra*, ele mesmo? Que textos pode alegar alguém que permitam distinguir fundamentalmente "o senhor de engenho" e o *"encomendero"*? Quanto à apologia *racial* (e racista) de Freyre nem é bom falar. Ter tido necessidade de *apelar* para uma sociologia tão elementar e tão arbitrária como a de Gilberto é só por si uma prova e uma confissão de fraqueza da parte dos nossos ideólogos oficiais. Cortesão e Gilberto – sem querer estabelecer um paralelo entre a muito diversa nobreza espiritual de um e outro – implicitamente assimilam *diferença a valor*. Colonização *diferente*, a portuguesa seria a mais "valiosa". Mas nem sequer fundamentam aos olhos do leitor avisado a convicção séria da existência histórica de uma tal diferença. Nessas como em outras apologias da nossa colonização – e os portugueses, com excepção de Oliveira Martins, só escreveram apologias – o comparativismo é superficial, a escala de valores proposta, arbitrária ou gravemente tendenciosa, e a todos escapa essa "organicidade" exemplar a que nos referimos e fora da qual é impossível não só julgar, como até "compreender" o fenómeno da colonização portuguesa.

A organicidade estrutural da colonização portuguesa – e do colonialismo, sua sombra – apresenta duas faces, e é na harmonia delas que o fenómeno consiste. Uma é a da relação colonizador-Metrópole, outra a da relação colonizador-colonizado, real ou potencial. Tornou-se um lugar-comum historiográfico, pelo menos desde memorável ensaio de António Sérgio, considerar a crise portuguesa de 1385, e em seguida a expansão que dela procede, ou a segue, como um triunfo da *burguesia nacional.* A justeza deste ponto de vista merece uma discussão aqui descabida. Triunfo da *burguesia?* É possível. Mas conviria definir com mais rigor o que *então* era já *verdadeira* burguesia, ou o que só muito debilmente a era. Enquanto classe enraizada no *comércio* e acessoriamente na terra, merecem muitos "burgueses" nossos esse título, mas não plenamente como os homens de Milão, Florença ou Gante *criadores de riqueza,* ou exploradores activos dela, o que dá no mesmo. Assim, a nossa burguesia, então como sempre, em perpétuo atraso, verá a sua salvação numa como que sublimação da sua natureza de *intermediário.* Deste modo, a prodigiosa epopeia dos Descobrimentos e consecutiva expansão poderá muito bem aparecer, ao invés do que se escreve, *como uma das mais fantásticas fugas para diante* de que a História dá conta, a pôr ao lado da de Alexandre, por exemplo, levada a cabo de uma classe dirigente *em atraso sobre a História.* Que tenha sido um príncipe a alma dessa empresa e não *um burguês,* que a configuração anímica desse príncipe esteja toda voltada para a Idade Média, é menos misterioso e paradoxal do que parece. Literalmente falando, deitámo-nos ao mar, por não saber que fazer em terra. Mas a terra, no regresso, recuperava o que o nosso suor, sangue e violência arrancavam ao mar ou ao ultramar. Lisboa era vitrina do mundo, mas vitrina só. O coração do mundo burguês verdadeiro batia em Florença, em Paris, em Antuérpia, em Lubeque. Também não é surpresa, nem mistério, nem espanto, como nós o proclamamos, a chamada falência ibérica da revolução científica burguesa, que normalmente parecia dever coroar a operação de vanguarda que as Descobertas significariam. Elas o foram, com efeito, mas "por acréscimo", ou incidentalmente, pelas consequências, não pela intenção, que foi e permaneceu *comercial.* E aqui se prende a primeira das virtudes que é tradicional atribuir à nossa colonização: *a não violência.*

Que pensar dela? Em primeiro lugar, essa não violência é relativíssima e é discutível que distinga de facto a nossa colonização de todas as outras, se exceptuarmos, e com reservas, a norte-americana. Certas cartas de Vieira podem pôr-se ao lado dos requisitórios de Las Casas e os bandeirantes pedem meças aos pioneiros ianques. E isto sem falar na sucessão *ininterrupta* de conflitos que a ocupação de Angola suscitou até aos dias de hoje... O que é verdadeiramente original no comportamento português é *o silêncio*, uma outra versão, acaso, da tão famigerada política de "sigilo", esse espantoso silêncio que hoje mesmo nos "protege", entre outros motivos, pelo facto da nossa pouca relevância no cenário internacional. A Europa bramiu com os relatos de Las Casas, mas nunca soube nada de nós. Em verdade, a nossa violência foi sempre camuflada, sem o alarde espectacular da espanhola. Mas também essa menor violência se explica pelo que nós éramos, somos, e desejávamos então. Em princípio, *toda a moderna colonização é pacifista ou tende a sê-lo*, embora a contradição básica de toda ela obrigue fatalmente à violência. Mais do que toda a especificamente moderna, filha da Revolução Industrial, mau grado a aparência de maior cinismo. Contudo, colonização alguma estava obrigada, pela natureza das coisas, a ser menos violenta que a nossa. A diferença de concepção entre Almeida e Albuquerque liga-se a esta questão. Por mal dos nossos pecados, ou imperiosa necessidade, foi a política de Albuquerque que triunfou, quer dizer, a entrada em Goa a tiro de bombarda. Apesar disso é para a "não violência" que o mesmo Albuquerque tende, como Cortez, *depois* de conquistar o México. Como poderia ser de outra maneira? Uma pequena nação não poderia fundar uma política *comercial* na pura força, mas numa combinação flutuante de força, interesses, divisões, etc. *A conquista*, à maneira de Cortez, estava-nos vedada. Nós não podíamos, por debilidade, conquistar a Índia, nem sobrepor à sua civilização uma outra que, salvo sob o aspecto religioso e militar, nenhum português considerava inferior à sua. Também não podíamos, nem tinha sentido, conquistar as terras de Santa Cruz. A história, plausível, da *não violência* da nossa colonização não resulta pois de *uma essência* lusa, da famigerada brandura dos nossos costumes, mas da harmonia normal, que noutros também se exprimiu, entre as nossas forças e as nossas intenções, sem contar o laço mais profundo que religou *a situação sem saída de metropolitanos pobres* e a necessidade de se fixar em terras estranhas, pacificamente, sempre que foi possível, e só à força quando o não foi.

A relação colonizador-colonizado oferece, por seu lado, um outro género de harmonia. Um sociólogo das sociedades coloniais pôde escrever que, de uma maneira geral, a civilização colonizável representa objectivamente uma espécie de *vazio*, uma como que indefinida *espera* que o colonizador preenche pela sua chegada. A mais célebre expressão desta antecipada derrota e submissão ser-nos-ia dada pela lenda do regresso de Quetzalcoátl, o deus asteca morto e revivido com a chegada do homem branco. A verdade parece ser outra. Tecnologicamente inferior, a civilização colonizável é, enquanto tal, presa fácil e obrigatória de uma outra que lhe apareça no caminho representando um estádio mais complexo de civilização. Tal foi, em geral, o caso da civilização hispânica em relação com os novos povos descobertos. Não é, porém, dessa genérica conformidade que queremos falar, mas da muito particular afinidade que o colonizador português parece ter ressentido em face dos novos povos, segundo se diz. Também neste capítulo, e pese ao sem-número de afirmações abusivas sobre o assunto de sociólogos pouco escrupulosos, como Gilberto Freyre e seus imitadores, o caso português é bem menos excepcional e exemplar do que se diz. A maravilhada e humaníssima descrição da carta de Pêro Vaz de Caminha é quase, palavra a palavra, a de Cristóvão Colombo, e será repetida por muitos. Nos novos povos, os primeiros descobridores viram "semelhantes" e às vezes, até, seres por algum lado mais valiosos. Quanto à famosa e tão gabada promiscuidade sexual entre a Índia e o Branco (ou, mais tarde, entre a Negra e o Branco) – aliás com sentido de *domínio* bem claro –, ela foi comum a portugueses, a espanhóis, franceses e muitos outros, em situações idênticas, como era de esperar. De resto, esta tão cantada miscigenação – mas bem pouco apreciada dos Anchieta e dos Nóbrega – nada teve de sábio cálculo, como nos querem fazer crer. Ao contrário: foi a normal consequência de uma consideração das colónias como terra bárbara, indigna da mulher branca. De algum modo é exacto termos sido agentes de uma civilização multirracial – como os espanhóis e os franceses das Antilhas... –, mas é preciso acrescentar: na medida em que sem o trabalho escravo, e o amor escravo, a intenção colonizadora branca teria soçobrado. Que não venham inverter-nos infantilmente os termos da questão apregoando que essa civilização multirracial é nosso produto conscientemente concebido, quando é mais exacto dizer que é o colonizador o fruto dela. Aqui, como no resto, o nosso mérito supremo – se pode ser mérito o que não pressupõe escolha, mas fatalidade e se o "multirracialismo" é outra coisa que a expressão sublimada do colonialismo mais extremo – é o reverso da nossa fraqueza visceral. E é bem neste profundo acordo entre a nossa imperial impotência e a fraqueza técnico-cultural dos nossos índios e dos *nossos* negros que se alicerça o carácter "orgânico" da colonização portuguesa, quer dizer, daquela colonização que, à primeira vista, oferece o *mínimo de contradições históricas, económicas, sociais, antropológicas e culturais* de todas as nossas conhecidas.

O mistério não é difícil de aclarar. Por um lado, os povos com quem entrámos em contacto, no Brasil ou na África, não usufruíam de um nível civilizador comparável ao dos Astecas ou dos Índios do Peru, o que exclui *a priori* um choque cultural tão impressionante e violento como o da conquista espanhola. Por outro, não podia a colonização lusa sobrepor-se, como no México, com o relevo normal que a espanhola adquiriu, não só porque não havia necessidade de bater o Índio sobre o seu próprio terreno, mas porque não dispúnhamos nem de homens nem de meios para o fazer. Comparada com a espanhola, a nossa colonização é uma semicolonização. Não é por acaso que nem o Brasil, nem Angola, nem Moçambique receberam nome de baptismo lusitano. Isso não testemunha da nossa parte tanto de uma menor violência imperialista, ou de uma menor capacidade e possibilidade de moldar as realidades novas – nós baptizámos meio globo... – como do *papel* que, durante largo tempo, que vem até hoje, nós atribuímos a essas terras. Um dos *slogans* da mitologia colonialista – e o eco encontra-se reiterado em vários discursos do Presidente do Conselho – repete que o Português, e ele maximamente, ia *para ficar*. Ficou, de facto, mas não ia para ficar. É imensa a literatura dos séculos XVI e XVII – e posterior –, literatura crioula, denunciando, ao contrário, esse vezo do Português, de resto natural, de ir em busca de riqueza rápida e fácil para voltar de novo à sua terra. Já o dissemos, o "brasileiro" de Camilo é herdeiro desse tipo colonizador. Aos poucos, a natureza das coisas criou "novas pátrias" – aliás pouco desejadas da ciosa Metrópole, que só no passado, ou pela boca liberal dos António José de Almeida, "agradece" aos Brasis as independências que não pôde evitar, nem soube antever –, mas não foi para "criá-las" que o Português atravessou todos os Bojadores. Nem ele, nem ninguém. O Brasil ainda hoje paga – e com língua de palmo – a essência de *puro objecto* a que a nossa colonização o submeteu, objecto todo orientado em função da vontade e interesses metropolitanos. Como todos os europeus, o Português partiu para *explorar* as novas terras, mas, diferente de muitas outras colonizações, a nossa foi eminentemente exploradora e mesmo devastadora. A bem dizer, só com Salazar a nossa colonização, embora timidamente, passou à *fase construtora*, de que Norton de Matos, e mais longinquamente um Pereira Coutinho, foram intermitentes pioneiros. Mas passiva, ou construtiva, a colonização jamais mudou de sentido. *A sua essência é a da subalternização da realidade histórica, económica, social e cultural do colonizado*. Que, no nosso caso, esse colonizado apareça, sob certos aspectos, menos distante do colonizador do que é habitual, não é argumento de vulto em favor da colonização portuguesa. Bem examinada, essa menor soma de contradições – dando de barato que existam – não só não altera o carácter colonialista da nossa empresa, mas exprime-o em termos que por serem originais não são menos os de um colonialismo extremo. Basta, aliás, a pretensão de não o querer ser para o marcar desse signo absoluto. No fundo, essa famigerada *harmonia* entre colonizador e colonizado, que explicaria a nossa colonização sem problemas, só na óptica aberrante de um supercolonialismo – que é tecnologicamente "infra" – aparece como uma maravilha. Quando se compara a ficção dessa harmonia, ou, melhor, as formas reais dessa "harmonia" – bem relativa, pois se existisse *efectivamente* não haveria problema – com a realidade da relação colonizador-colonizado, é essa ausência apregoada de problemas, correlativa da não solução de nenhum problema vital e cultural do homem negro, a maior de todas as condenações.

O Regime poderá mil vezes apresentar a *tranquilidade* africana de Angola e Moçambique, em certa medida exacta, como a prova suprema do nosso sucesso. Ninguém se pode enganar quanto ao significado dessa *tranquilidade*. Não é ele positivo, consequência de promoção histórica e cultural realmente cumprida, mas quando muito – e pondo de lado o não desprezível argumento de uma presença que por relativamente desarmada sempre foi de ferro – testemunho de uma infantilização do colonizado, cultivada com um ardor igual ao que outras colonizações – aparentemente mais chocantes – empregaram para, apesar de tudo, o elevarem a um nível técnico, intelectual e político incomparavelmente superior àquele que nós nos propusemos. As formas e processos singulares da colonização portuguesa não significam *menor contradição* que outras, tidas como colonialistas até pelos nossos apologistas, que pensam assim exaltar-se por contraste, mas explicam bem que *haja na consciência dos portugueses um sentimento profundo de não contradição em matéria colonial*. Como poderá ser de outro modo quando, objectivamente, a condição servil da mão de obra alentejana, ou as relações sociais nela implicadas, não difere senão em grau mínimo da condição do trabalho e do trabalhador africano? Não se louva a nossa burguesia, protegida e inconsciente até ao delírio, do "bom povo português", tão "humilde", tão "tranquilo", exactamente como se louva da *tranquilidade* do "nosso" negro? A imagem idílica do "homem do povo" português é a prova da sua neutralização social e política, mas igualmente e sobretudo a prova de que nenhum dos seus problemas obteve o começo de uma solução profunda.

A mitologia colonialista cumpre o mesmo ofício em relação ao africano. Num caso e noutro, uma mesma ausência: a do interessado. Não admira, pois, que as atitudes da classe dirigente actual e da burguesia retrógrada que representa sejam de uma inultrapassável coerência. É vão querer mostrar do *interior*, quer dizer, do ponto de vista da classe que a forjou, a mistura de ficções, erros, contradições de toda a ordem dessa mitologia. Mas por isso mesmo mais necessário se torna *mostrar*, detalhar as absurdidades a que essa expressão sublimada de um colonialismo orgânico dá lugar quando se comparam as suas asserções líricas com a realidade efectiva da colonização.

O silêncio português e a crise colonialista: carta aberta à classe dirigente[15]

A cortina de silêncio que há trinta anos impede um mínimo de diálogo nacional atinge neste momento o máximo de aberração e de dramatismo. Embora a sua natureza tenha sido sempre a mesma, isto é, a forma triunfante da expressão política de uma burguesia apostada em confundir o seu anacronismo criminoso e cego com os interesses efectivos da Nação inteira, esse silêncio podia ser interpretado numa perspectiva de mera luta *política* interna. Mas este álibi não tem nas circunstâncias presentes justificação alguma. De calamidade política interna os acontecimentos promoveram-no a calamidade *nacional*. Salvo para os responsáveis e usufrutuários desse silêncio, é claro para toda a gente que reside nele *a causa* das dificuldades coloniais presentes. Não menos evidente e de mais catastróficas consequências é o facto de que a perpetuação desse irrespirável e criminoso silêncio que constitui a essência do Regime barra o caminho a uma solução justa e racional dessas dramáticas dificuldades, ou, se acaso é tarde, impede que possam ter lugar as medidas racionais urgentes, implacáveis e audaciosas capazes de salvar o que pode e merece ser salvo.

Mas não nos iludamos. Esse silêncio agravado agora sob pretexto de patriotismo e fidelidade aos supremos interesses da Nação não é filho das ervas. Os mesmos interesses que o criaram, cultivaram e impuseram para uso interno farão tudo – e já o fazem – para o transfigurar em dever supremo da Nação. Envenenados pelo próprio veneno que inocularam aos outros,

---

[15] Texto inédito. Espólio de Eduardo Lourenço, Biblioteca Nacional de Portugal.

não poderão deixar de aproveitar as circunstâncias extraordinárias em que nos debatemos para uma vez mais e agora, com aparências hipócritas de razão, se confundirem com os inalienáveis interesses do povo português. O círculo vicioso do silêncio tradicional será exasperado até aos limites do inconcebível por quem prefere conscientemente correr o risco de catástrofe racional previsível que abandonar em plena tempestade o barco que eles mesmos conduziram aos escolhos.

Um tão nefasto e incrível silêncio não é um fantasma. Ele tem uma figura e, no seu corpo, é fácil ler os nomes bem visíveis das entidades, instituições, personalidades, interesses, que no seu conjunto constituem *a sociedade burguesa e colonialista mais retrógrada do mundo actual*. A alienação histórica nacional é tão grave e, de algum modo, tão visceral e tão consubstancial a uma certa *imagem* de Portugal, cuidadosamente cultivada pelo Regime, mas anterior a ele, que a tentação suprema seria entregar-se à fatalidade da sua pura e simples aceitação. Só um desinteresse supremo, uma consciência exasperada e viva dos deveres duros e rigorosos que incumbem ao verdadeiro patriotismo permitem a crítica implacável e lúcida dessa fabulosa alienação, sem cair na armadilha da desesperança. O que houve e haverá sempre – no plano da História – de glorioso na nossa gesta das Descobertas constituiu a cobertura e o fundamento de uma imaculada boa consciência colonizadora, instituindo a Nação inteira e cada um de nós em particular num irrealismo histórico tal que perigo algum, lição alguma em contrário puderam abalar. Mas uma tal mitologia teria sido mil vezes menos maléfica, se nestes últimos trinta anos o Regime a não tivesse elevado a forma de delírio inconcebível. Celebrar à face de um mundo colonial em ruínas uma missa colonialista tão escandalosamente provocante como a das "Comemorações Henriquinas", sem que uma só voz, conservadora ou liberal, se desse conta do que aí havia de anacrónico e insensato, é a lógica mesma das tragédias perfeitas. Só o fantástico silêncio nacional pode explicar esta ausência de crítica que de tão prodigiosa já não espanta ninguém. Mas como é possível que a hierarquia eclesiástica, militar e universitária, intimamente solidária da consciência burguesa e colonialista se possa espantar de uma situação a que ela mesma fornece a alma e o corpo? Acomodada durante trinta anos à atmosfera de minoridade política e responsável em grande parte dessa atmosfera, só a intuição quase miraculosa das razões verdadeiras da actual situação portuguesa pode abrir os olhos a quem até ao presente tinha um profundo interesse em os conservar fechados.

Situació africana i consciència nacional

II
No labirinto dos epitáfios imperiais
(1974/1975 e depois)

Quantas políticas africanas temos nós?[16]

> *O ponto fulcral do nosso ideário repousa sobre o conceito de autodeterminação, que se impõe clarificar, em ordem a que à sua volta não possam continuar a tecer-se as especulações que tanta perturbação e dúvida têm lançado.*
> General António de Spínola, 11-6-74

> *Ou bem que todos sabemos que a autodeterminação dos povos de Angola, Moçambique e Guiné conduz totalmente à sua independência, ou bem que não. Se sim – e eu não vejo seriamente como sustentar a negativa – a montagem de um esquema autodeterminativo afigura-se-me redundante, logo, inútil.*
> Dr. Almeida Santos, 12-5-74

> *[...] o que hoje se entende por independência imediata seria a mais gritante negação dos ideais democráticos universalmente aceites e nos quais se inspirou o Movimento das Forças Armadas.*
> General António de Spínola, 11-6-74

Traumatizada por cinquenta anos de silêncio, sem experiência de diálogo e crítica construtivos, a imprensa portuguesa liberta – com uma

---

[16] Publicado em *O fascismo nunca existiu*, Lisboa: Publicações Dom Quixote, 1976, pp. 77-89. *O fascismo nunca existiu* foi depois publicado pela Gradiva em 2022. Este texto foi anteriormente publicado em *Diário de Lisboa*, 23 de Julho de 1974.

única excepção – tem-se remetido para o exercício de um jornalismo acumulativo, caótico, aparentemente "movimentado" mas no fundo passivo e reverencial. Nenhuma questão essencial é abordada de frente, discutida, estudada, como se o simples eco da violenta agitação verbal que atravessa o País suprisse o dever de as analisar, de tomar posição e partido. Sem as diversas palavras "oficiais", repetidas e glosadas mecanicamente, parece que não haveria matéria jornalística. É tempo de encerrar esta fase de informacionismo sem perspectiva e de começar a repensar questões e problemas vitais para o futuro da nossa Democracia. E, naturalmente e em prioridade, aquela que há treze anos envenena o horizonte do País: a questão africana.

Quer se queira, quer não, o centro da política portuguesa continua a ser "África". É notório que uma parte da nossa classe política e a opinião com ela solidária, absorvidas já pelas delícias do partidarismo interno, age como se o "pesadelo africano" tivesse terminado na manhã do 25 de Abril. Ao indiferentismo compreensível da opinião pública em relação à ex-política metropolitana em que não participava, sucedeu um "desinteresse" ostensivo que considera como resolvido um problema que já antes só existia para ela, negativamente. Mas é evidente para quem não se queira cegar, que a questão africana não foi abolida, nem o será tão cedo, como os utopistas profissionais no-lo prometeram. Foi apenas recolocada numa outra perspectiva, felizmente aberta, o que não era o caso da anterior. Para ser claro: a questão africana, que existia antes como fenómeno teratológico no conjunto da vida nacional, passou a existir como doença normal a partir do 25 de Abril. Doença que não pode ser escamoteada sem que se volte aos poucos à teratologia passada.

Não estranha que o grande público, a quem a questão africana na sua complexidade *não foi nunca exposta*, a considere como já "resolvida" e deponha a sua responsabilidade própria, segundo reflexo costumeiro, nos que, segundo ela, têm obrigação de resolvê-la. Infelizmente este optimismo ou esta demissão voluntária não são corroborados pela evolução dos acontecimentos. Já hoje não escapa a muita gente que, em tão magna matéria, não há nos chamados meios responsáveis pelas perspectivas abertas pelo 25 de Abril uma unanimidade evidente. As discordâncias nada têm de anormal, mas é anormal e nefasto não as explicitar em plena luz. Escasso mês e meio permitiu verificar com clareza ofuscante que o *complexo* problema colonial (assim bem designado por Álvaro Cunhal), em vez de ter suscitado uma perspectiva nacional coerente e firme, deu lugar a declarações e *démarches* difíceis de conciliar. Formulada, desenvolvida com energia, autorizada como nenhuma outra, existe desde a publicação de *Portugal e o Futuro* uma perspectiva de solução *portuguesa* para o problema africano: é a do actual Presidente da República. O menos que se pode dizer, após dois meses de novo regime, é que tudo se tem passado, a nível oficial e até na boca mesmo dos mais directos responsáveis pela nossa política colonial, como se o célebre esquema do general Spínola tivesse sido ultrapassado pela urgência política internacional, ou funcione como mera referência decorativa ou utópica. Não nos interessa, aqui, discutir se a perspectiva do general Spínola é *efectivamente* utópica ou utopicamente realista. O que nos interessa sublinhar é que foram necessários dois meses e a experiência concreta da tal "complexidade" em termos de dificuldades diplomáticas, políticas e ideológicas, para que a perspectiva "utópica" do general Spínola comece a ser tomada a sério. O famoso díptico *autodeterminação-independência*, no qual o primeiro termo aparecia como mera cláusula formal, revelou-se, na prática e mau grado a euforia com que foi apregoado aos quatro cantos da Terra, uma fonte de equívocos. Na óptica do general Spínola são momentos de um processo não ligados por uma necessidade fatal (embora da ordem do provável e do aceitável), momentos cronológica e idealmente autónomos. Embora a perspectiva "federalista", considerada como um óptimo, em *Portugal e o Futuro* tenha perdido muito em viabilidade aos olhos do seu autor, a *distinção* capital entre o momento autodeterminativo e o momento independentista continuam de pé. É claro que esta perspectiva não suscita nenhum entusiasmo da parte dos que se batem há treze anos pela *independência* pura e simples. É igualmente visível, mau grado as máscaras do complexo jogo político nacional, que no interior mesmo da actual equipa dirigente o esquema do general Spínola, sem ser criticado de frente, é objecto de reinterpretação mais ou menos coerente com ele. Trata-se de uma questão puramente táctica, mais da ordem dos meios que dos fins ou de divergência mais funda que toda a ordem desses fins? Formular a questão é responder-lhe. Ao nível mais alto – e nem se precisaria das declarações explícitas de Álvaro Cunhal ao diário *Le Monde* para o verificar – existe uma séria divergência entre os que querem jogar a fundo a hipótese da *autodeterminação*, não excluindo a termo (mesmo breve) a independência, e os que prefeririam economizar, por estarem convencidos do seu carácter ilusório, essa autodeterminação. Todavia, se uma tal divergência não degenerou em incompatibilidade governamental – à parte o interesse manifesto que existe em estar de "dentro" e não de "fora" para defender as respectivas posições –, isso deve-se à unanimidade acerca de um ponto capital: *o da presença branca em África*. Presença orgânica, política, e não marginal e acidental como a dos brancos no Zaire actual. E assim, paradoxalmente, a questão africana, *vista do lado português, que não é o único, nem, acaso, o essencial*, resume-se numa espécie de resposta em relação ao problema seguinte: para preservar a presença branca em África qual é o melhor caminho: encetar o processo da *autodeterminação* como primeiro passo imprescindível para tudo o mais, independência inclusa; ou conceder sem tardar *a independência* pura e simples?

A mais lógica e inequívoca das soluções é, naturalmente, a segunda. Tão lógica que mesmo a primeira solução não a exclui como seu termo provável ou natural. Mas a lógica do real pode ter outra lei ou outra complexidade. É sem dúvida o caso do mais orgânico colonialismo de todos os tempos, o nosso. Se o "entreguismo" fosse óbvio já tinha triunfado, e triunfará decerto quanto for óbvio. Não nos colocamos aqui num plano abstracto de moralidade ou de justiça histórica: nesse plano é impossível encontrar qualquer justificação para perpetuar, seja sob que forma for, o império do colonialismo. Mas os imperativos da moralidade política são uma coisa que raramente tem ocasião de se aplicar e incarnar na realidade histórica, reino das puras relações de força. Se para um certo sector e com eminentes responsabilidades políticas ultramarinas, a hipótese *independentista* não põe problemas (ou apenas de ordem secundária) é na medida em que tal hipótese vai de par, no seu espírito, *com a certeza da permanência branca em África*. Em suma, e para aqueles que acusam velada ou abertamente o "autodeterminismo" do general Spínola de ser uma forma de *neocolonialismo*, de mais não se trataria que de uma forma mais subtil ainda do mesmo *neocolonialismo*. Simplesmente nenhum "independentista" *branco* está em condições de afiançar e garantir de maneira absoluta a *presença branca* numa África independente. Ou só o está a título de *aposta* que até hoje não foi ganha em parte alguma. É o *colonialismo português* essa mítica excepção que permitirá pôr-lhe fim evitando a tragédia humana e política a que deu lugar noutras latitudes e noutros contextos? Tanto os "autodeterministas" como os "independentistas" partilham essa esperança de que nalguns é da ordem da fé. Mas o que os distingue é o grau de confiança nessa possibilidade. É porque o general Spínola e aqueles que pensam como ele *não estão seguros* dessa permanência no caso de concessão de independência sem processo estruturado de "autodeterminação", que recusam tal hipótese. E nenhum "independentista" pode asseverar que ele se engane. Ao fim e ao cabo, a hipótese do general Spínola (vista a questão sempre do "lado português"...) não é menos lógica que a do "entreguismo", concebido como "não-entreguismo". Trata-se de *duas apostas* que excluem a única questão-tabu, aquela que nenhum político responsável ousa formular abertamente e menos ainda fornecer-lhe uma resposta: *que atitude deve tomar o País diante da perspectiva de uma independência sem fatal presença branca?*

Houve um tempo, tempo de oposicionismo puro, com a natural boa consciência que dele dimana, em que formações hoje responsabilizadas pelo destino colectivo encaravam essa perspectiva com um sangue-frio absoluto. Era no tempo em que "perder a África" era, sem mais, uma derrota do fascismo e do colonialismo portugueses. Infelizmente, não foi o fascismo que inventou as nossas dificuldades coloniais. Elevou-as a um grau de incandescência e malefício raros e já não foi pouco. Quanto ao resto, Portugal é colonialista há quinhentos anos e não é fácil, como se está vendo, libertar-nos sem dor nem percalços, dessa túnica de Nessus. No momento presente só a extrema-esquerda ou, melhor, a ultraesquerda, perfilha sem problemas de consciência a ideia de uma independência sem vinculação necessária a uma presença branca. Este alinhamento pela exigência máxima e maximalista de parte (ou todos?) os que combatem o colonialismo português é-lhes tanto mais fácil quanto é certo constituírem uma facção sem responsabilidade governamental e, concretamente, em estado de franca oposição. Todavia, e independentemente desta atitude, que é minoritária (por enquanto), não é de excluir que chegue uma altura em que o problema da *independência* das nossas colónias, como continua a intitulá-las com coerência o nosso ministro dos Negócios Estrangeiros, se ponha em toda a sua nudez, quer dizer, desvinculado dessa fatal hipoteca que sobre ele faz pesar a presença branca, *tal como existe*, ou mesmo, em absoluto.

Não é um exercício de política-ficção encarar tal eventualidade. Nem supérfluo, sob pretexto de que, *literalmente*, nenhum dos grupos responsáveis que nos combatem *exigiu* o apagamento da presença branca, todos declarando, ao contrário, e não há razão para os suspeitar, que a perspectiva em que se colocam é antirracista e visa apenas destruir *a realidade colonialista*. É que a questão que se põe (e porá) aos chefes africanos, consiste justamente em saber como destruir esse colonialismo, que não é uma realidade abstracta mas, objectivamente, *um estatuto de privilégio histórico, económico, social, político e cultural, usufruído pela minoria branca*. Em suma, a questão de saber se é possível abolir esse estatuto privilegiado sem abolir o seu suporte humano. Idealmente muitos africanos continuam a supor a operação possível e desejável e quanto aos portugueses veriam nela o coroamento de uma mitologia nacional e um exemplo sem precedentes nos anais da humanidade. Simplesmente, *a conversão* a que, na melhor das hipóteses, essa minoria branca é convidada não representa um desafio menor nos anais do colonialismo, desafio a que os nossos "pés brancos", herdeiros e beneficiários de cinco séculos de colonialismo orgânico, terão dificuldade em responder. O que os caracteriza é a consciência superaguda de que a essência da *questão africana* os tem a eles como centro e circunferência, ou, na pior e mais cínica das perspectivas, como moeda de troca no grande jogo entre a Metrópole e as suas colónias. O caso é desesperado, como é desesperada toda a tomada de consciência do colonizador-colonialista, na hora em que o seu estatuto é discutido. Karl Marx escreveu que todos os povos colonizadores sofriam de uma dupla alienação. É exacto que a alienação das metrópoles é de dupla face, mas a dos colonos é, por sua vez, dupla da da metrópole e quase inexpugnável, como o caso argelino o demonstrou. O colono é um superpatriota que a mãe-pátria na hora alta do colonialismo exalta e explora ao mesmo tempo e que na hora crepuscular do mesmo colonialismo se sente duplamente traído, pois ao fim e ao cabo a metrópole é *colonialista nele e através dele*, mas só em parte solidária de um processo de que pode separar-se sem risco de morte. No único papel em que o colono não se vê sem morrer enquanto colono-colonialista é justamente nesse que lhe foi inculcado como exemplar e de que, a justo título (sentimentalmente falando), endossa a responsabilidade à mãe-pátria, de quem constitui a vanguarda "civilizadora", "dominadora" e "exploradora". Como pedir-lhe que se *converta* quando tudo na sua herança, situação, mentalidade, lhe confirma numa boa consciência total e até numa vanglória pioneira e épica sem restrições?

 O mais trágico vestígio da alienação colonialista na hora presente é para os "pés brancos" a ideia de que a questão dramática que Portugal-Metrópole tem com as suas "províncias" é uma questão que toca *essencialmente* as minorias brancas em África. E nenhum dever é mais cruel e urgente para os nossos responsáveis do que *desenganar* aqueles que com mais direito do que ninguém se creem legitimamente situados no coração das nossas dificuldades africanas. É evidente que aquilo que os "pés brancos" são e representam não pode ser posto entre parênteses (sem eles não haveria colonização, nem colonialismo, quer dizer, questão alguma), mas é não menos evidente que não são eles os nossos *interlocutores válidos*. A nossa questão, que os engloba fatalmente mas a eles se não reduz, é com a massa africana ou (e) as vanguardas combatentes e ideológicas que as representam, portadoras de uma exigência autonomista responsável por uma rebelião armada que pôs em causa o nosso estatuto ancestral de colonizadores e colonialistas. No seu último e grave discurso de 11 de Junho, o Presidente da República garantiu solenemente às nossas minorias brancas que a mãe-pátria os não abandonaria: "E poderão estar tranquilos os europeus que chamam à África sua terra e ali se sentem cidadãos como quaisquer outros; não os abandonaremos na cobarde procura do fácil e na demagógica busca da popularidade [...]". Nenhum dirigente português, na medida em que pense ter todos os dados na mão, poderá usar de outra linguagem. Mas esta promessa não alterará o facto decisivo: na óptica metropolitana (que engloba a colonial mas é separável dela), os interesses vitais e naturais a ter em conta dizem respeito à nossa relação com os territórios da Guiné, Angola, Moçambique, enquanto *africanos* e não enquanto luso ou branco-africanos. Seria trágico que as minorias brancas lessem nessa solene garantia do Presidente da República *uma confirmação da imaculada boa consciência colonial e colonialista que historicamente as definia e não é certo que as não defina ainda*. A perspectiva de coexistência, seja qual for a sua tradução institucional, proposta e defendida pelo Presidente da República, implica justamente o abandono do antigo estatuto privilegiado dessas minorias. O que significa que a promessa de as salvar implica que elas comecem por se salvar a si mesmas. É isso possível?

Se o processo de democratização em curso no ultramar se limitar apenas aos seus superficiais aspectos *políticos* ou, pior ainda, eleitoralistas, nada obstará a que o processo de luta pela independência se radicalize até ao ponto de tornar impossível essa coexistência que se quer salvaguardar. Dir-se-á que isso diz respeito aos brancos e a ninguém mais. A eles cabe escolher, reconverter-se, para que um dia a única saída não venha a ser, como a de Argel, entre a mala e o caixão. Mas a Metrópole está visceralmente implicada no caso e não pode deixar as minorias brancas entregues ao clássico jogo de báscula entre o delírio do ultrarresistencialismo e o abismo da depressão e do pânico. Não é a um democratismo formal de votos e palmadas nas costas que os "pés brancos" deverão a sua futura permanência em África, mas a uma conversão, em sentido próprio, *revolucionária*. A mais profunda contradição do nosso actual processo de descolonização reside neste facto simples: mesmo descontando a distância que separa as intenções da prática efectiva, as perspectivas daqueles que reclamam com as armas na mão o direito à independência, são de ordem *revolucionária*, em sentido próprio, e é bem difícil saber de que ordem são aquelas que nós mesmos lhes oferecemos. As rebeliões africanas não são revoluções *políticas*, mas *sociais*, ou para isso tendem. Quer dizer, o famoso processo da autodeterminação só terá um conteúdo aceitável para os revolucionários se for dessa ordem social, isto é, *se puser em causa, sem equívoco, o estatuto de privilégio económico da minoria branca*. Como é possível, sem a destruir, ou sem que ela tenha o sentimento de se suicidar? O simples funcionamento do jogo económico em termos democráticos liberais será suficiente para restabelecer uma justiça socioeconómica aceitável pelas massas africanas?

A maioria das reacções conhecidas em Moçambique e Angola por parte da população colonizadora não é encorajante.[17] E é natural que o não seja. Herdeira de uma situação anómala, consciente da sua fraqueza demográfica, essa população ex-eufórica encontra-se hoje em estado de crispação latente, partilhada entre o desafio mais demente e a tentação do abandono puro e simples. Só um milagre improvável a tornará *realista*. As minorias brancas, excepto uma pequena franja liberal, nem se convertem, nem é razoável esperar que se convertam sem ajuda. De quem? Da Metrópole, quer dizer, dos seus representantes qualificados e das Forças Armadas. Uns e outros têm o dever de não deixar pairar ilusão alguma sobre um ponto crucial: Portugal não definirá nunca a sua *política africana* em função do puro critério "pé branco". O tempo dessa vertigem passou. O maior serviço que a Metrópole pode prestar aos portugueses brancos das colónias (e a si mesma) é lembrar-lhes dia e noite que *não podem contar com as Forças Armadas de um país democrático e anticolonialista como o nosso se tornou e quer ser, para perpetuar o tipo de sociedade de que são incarnação*. Já não é pouco intolerável verificar que não desapareceu de todo a veleidade de contrariar o processo descolonizador, com riscos sérios de regressão global da nossa incipiente aventura democrática. Mas todas estas tentações só são possíveis na medida em que subsistem sérias perplexidades na definição mesma da política colonial da Nação. Dois meses para redefinir a fundo um tão intrincado quebra-cabeças como o da nossa descolonização, não é tempo excessivo. Mas já começa a ser suficiente para se perceber que se continuarmos com a actual política de um passo à frente e dois atrás, em breve poremos de novo em marcha a engrenagem fatal que nos paralisava antes do 25 de Abril.

Resumindo: é vital para o País ter *uma* política africana. Por exemplo, ter o sentimento de que conceitos tão capitais como *autodeterminação* e *independência* têm exactamente o mesmo sentido para os responsáveis da nossa

---

[17] Hoje, 17 de Julho (rebelião branca de Lourenço Marques), diria lamentável e intolerável.

descolonização. Não menos necessário é estar certo de que não há desfasagem entre o programa, claro nas suas linhas, do general Spínola e as aberturas verbais, logo retrácteis, que têm sido anunciadas aqui e ali, gerando ilusões sem conteúdo no campo dos que, até nova ordem, são adversários da solução apresentada como oficial. Chega sempre um dia em que se torna incompreensível ou absurdo ler com alegria que os soldados portugueses confraternizam com os combatentes do PAIGC e que os pontos de vista comuns acerca do destino da Guiné não são tão fraternais como se esperava. Com este sistema permanente de duche escocês pode pôr-se mesmo a questão se ao fim e ao cabo há realmente alguma coisa a negociar.

Falsas hesitações no plano das declarações e das iniciativas espectaculares, desmobilização ideológica, moral (e até militar) no terreno, constituem um *puzzle* diplomático-militar de duvidosa coerência. Para negociar é preciso ser *dois* (pelo menos) e ter alguma coisa que negociar. Era bom que o povo português soubesse o quê. Ou que se tirassem as consequências todas se nada há para defender ou perpetuar. Prefere-se jogar em todos os tabuleiros ao mesmo tempo e curto-circuitar num só lance negros e brancos? Espera-se a opinião do País, devidamente consultado e representado, como se prometera? Mas então como se explica a intensa desmobilização verbal, a panóplia de gestos espectaculares até agora sem consequências, através dos quais se *antecipa* o veredicto da representação nacional? Como foi possível falar em *independência* como solução à vista e induzir assim a opinião pública nacional e internacional em miragens, quando na Constituição *ainda vigente* a Guiné, Angola e Moçambique são declarados parte *integrante* do território nacional? Um jurista de espírito inovador considera estes óbices como formalistas e não deixaria de ter razão se o exemplo que ele evoca, o 25 de Abril, fosse *uma revolução*. Mas não é, nem parece poder sê-lo. Aqui reside o equívoco sem fim. O general Spínola e a sua proposta de descolonização fazem parte de um sistema coerente, o sistema de quem está bem situado para saber que *não estamos numa revolução*. O jurista mencionado age segundo a convicção contrária. A História se encarregará de dirimir o equívoco. Mas como esse jurista é o nosso ministro da Descolonização o equívoco não é sem consequências. Entre elas a do destino mesmo da nossa descolonização e com ele e através dele o futuro da nossa tão frágil Democracia.[18]

---

[18] "Este parágrafo foi por mim suprimido na altura da publicação deste artigo" no jornal referido na nota [16]. *(N. do A.)*

Uma tal hipótese justifica que o conteúdo da nossa política colonial e em particular a opção (ou opções?) oficial seja objecto de um esclarecimento lato e autorizado. Mas seja qual for a perspectiva escolhida, ela não exclui, antes pelo contrário, que a Nação inteira se demita em cada cidadão da sua responsabilidade própria e intransferível. Seria francamente inquietante para os destinos democráticos do País que cidadãos a quem foi outorgada a plenitude da palavra cívica continuem a comportar-se em relação ao problema número um da nossa vida política como no tempo em que debater acerca de África era *inoportuno*, mesmo para um ex-Presidente da República.

Vence, 20 de Junho de 1974.

A africanização[19]

> *Há pessoas que dizem que optaram pelo socialismo, mas não fazem bem ideia do que estão a dizer nesse momento.*
> Vasco Gonçalves, 27-7-75

Tomar a África como modelo de regeneração histórica, ideológica, política, de carácter revolucionário, não lembrava ao diabo. Mas lembrou a alguns filhos da primeira e última nação colonizadora da Europa que por conta dela resolveram pagar de uma assentada, e com juros, o pecado original de toda a civilização moderna. À primeira vista, este espantoso efeito de *"boomerang"* é tão insólito, ou tão aberrante, que parece escapar a todos os esquemas conhecidos de hermenêutica histórica. Talvez uma adequada mistura de marxismo e de freudismo nos ajude a ver claro neste processo obscuro. A Marx se deve a observação pertinente – de hegeliana referência – de que os povos que escravizam outros se tornam escravos dos escravos.

Mas o caso que nos ocupa – o nosso – ultrapassa a universalidade genérica desta constatação. A psicanálise histórica – e até a outra – permitem descer mais concretamente no labirinto da aventura portuguesa, aventura sem precedentes, de fascinação total por um inimigo da véspera convertido em mediador para a nossa própria salvação.

---

[19] Publicado em *Os militares e o poder,* Lisboa: Gradiva, 2013, pp. 107-115 (primeira edição publicada pela Arcádia em 1975). Publicado também em *Expresso*, 2 de Agosto de 1975.

Não deve ser em vão que se fala em magia africana. Até anticolonialistas militantes como Castro Soromenho sofreram em dada fase do seu itinerário o império dessa famosa magia negra. Um dos seus caracteres essenciais consiste na apropriação da força simbólica do inimigo, devorando-o, integrando-o em si. Tudo se passa como se o nosso Exército com missão colonialista e imperialista, colocado diante de um obstáculo insuperável – talvez menos em termos militares do que políticos – tivesse decidido, para o contornar, assimilar a "magia" do adversário. Simplesmente, no caso das rebeliões africanas a favor das diversas independências nacionais, essa "magia" tinha um conteúdo visível, concreto, dinâmico, insubornável: chamava-se *povo*. Os sucessos do PAIGC ou da Frelimo assentam nessa consubstanciação entre a vontade de uma vanguarda e a vontade popular. A descoberta desta evidência foi para as nossas Forças Armadas, bloqueadas estratégica e moralmente, uma revelação, *a revelação*. A partir daí, tudo foi consequência. Na impossibilidade manifesta de devorar o inimigo, assimilou-se a ele, *africanizou-se*: nos métodos de combate, primeiro, na estratégia *ideológica* em seguida. Esta conversão teve duas consequências simétricas, mas de modo nenhum complementares.

A primeira foi a renúncia espectacular, originalíssima, e pouco conhecida na História, de pôr fim a uma cruzada colonialista arcaica e inoperante. A segunda, *transpor* para o interior da própria nação colonizadora, subitamente anticolonialista, um *projecto* que fora justamente pensado numa perspectiva de colonialismo extremo, mas que ao falhar muda de conteúdo sem mudar de forma.

Tal é a ideologia da *dinamização cultural,* com as suas "operações-nordeste" ou qualquer outro ponto cardeal, as quais, independentemente dos méritos ou deméritos próprios, supõem que Portugal é uma nova África a "civilizar" segundo um código inverso do da antiga cruzada africana, mas em moldes similares. Na medida em que Portugal é África (e na comum humanidade de ambos alguma similitude tem de existir), a *africanização* do projecto revolucionário português pode justificar-se, mas é claro, para os cegos dos dois olhos, que a História acumulou entre ambas estruturas maior soma de *diferenças* do que parecenças. A *dinamização cultural* não é, pois, e apenas, um esquema neutro de consciencialização, e reapetrechamento sociocultural da população portuguesa mais desprotegida, mas uma *cruzada ideológica* que tem as suas raízes na experiência africana gorada. Quer dizer, tudo se passa como se, inconscientemente, as Forças Armadas quisessem compensar em Portugal o insucesso africano. Outros, que não nós, diriam mesmo, maldosamente, que tudo se passa como se as Forças Armadas se *esquecessem,* num Portugal convertido em África, da África que não podem esquecer.

A lógica interna desta africanização ideológica traduziu-se na recente promoção do MFA a "Movimento de Libertação Nacional". Esta autoconsagração parece-nos menos infeliz do que inadequada. Para os portugueses conscientes do que devem aos libertadores do 25 de Abril, o novo título é pleonástico em sentido próprio. Se alguma coisa foi, o MFA foi desde o início "movimento de libertação nacional", mas não no sentido absolutamente injustificado que agora se lhe pretende dar. Antes de mais, e acima de tudo, as Forças Armadas *autolibertaram-se,* recusando, enfim, o seu papel semicentenário de pilar do Antigo Regime e ferro de lança da luta colonialista, e nessa libertação libertaram um Povo que desses dois estigmas sofria sem ser totalmente responsável por eles. A esse título, pois, as Forças Armadas foram, são e merecem ser *movimento de libertação* e, sobretudo, *de autolibertação.* Mas sempre que o novo cognome as entroniza, como visivelmente com ele se pretende, na galeria revolucionária dos *autênticos movimentos de libertação nacional,* como foram o FLN argelino, o FNL vietnamita, o PAIGC, a Frelimo ou mesmo o movimento castrista, é um abuso de confiança e uma opção de nefastas consequências. O MFA foi, é, deve ser outra coisa, acaso mais *original* até que esses movimentos de *clássica libertação nacional e natural.* De movimentos de libertação nacional, mais ou menos militares ou militarizados, está a História cheia. Está-o menos de forças armadas que ultrapassam a não menos clássica tendência "putschista" (existente igualmente no "golpe" do 25 de Abril) para se converterem em instrumento revolucionário em sentido próprio. Esta é a originalidade do MFA, originalidade tão incomum que nada espanta vê-la convertida em fonte de perplexidade histórica de nova feição e de dificuldades histórico-políticas ainda não superadas (se é que poderão ser superáveis), como é do domínio público.

Não é impunemente que as Forças Armadas operam *conversões* do género da nossa. Passar do estatuto fictício, mas subjectivamente vivido como efectivo, do *apolitismo* anterior ao 25 de Abril ao *revolucionarismo* posterior, é uma operação fácil para indivíduos ou grupos políticos tradicionais, mas uma aventura traumatizante, sem limites definidos, para uma instituição tão complexa e tão intrinsecamente *nacional* como as Forças Armadas. Só uma certa indefinição – o que a custo se tenta salvaguardar com o conceito de *apartidarismo* – é consentânea com um Exército não só revolucionário, mas que se outorga a definição da forma e do conteúdo da Revolução. Houve um momento – o inicial – em que o Exército se viu como um elemento, embora capital, dessa definição, em princípio devolvida à Nação inteira libertada. Mas não durou muito, embora a exigência que nesse *neutralismo revolucionário* do início se continha, continue actuando, obscurecendo o processo ou acaso impedindo-o da catástrofe sem regresso de um *Exército-vanguarda revolucionária* no sentido em que este ou aquele partido político, historicamente constituído, o pretendem ser. Ora, é exactamente no intervalo entre o mítico *apartidarismo* (e cultivada e assumida indefinição revolucionária) e o *vanguardismo revolucionário* que se insere e actua o esquema *africanista*, o único que introduz alguma coerência ao nível ideológico mítico que condiciona e serve de guia ao programa instável do MFA. Desse "africanismo" fazem parte intrínseca uma identificação quase orgânica da vanguarda libertadora e das massas africanas (põe-se de lado a realidade para só referir uma ficção que acaba por se tornar real, como Samora Machel está mostrando) e uma consubstanciação com a vontade nacional enquanto *exigência radical de independência histórica.*

Infelizmente (ou antes, felizmente), este esquema "africanista" não se adequa de maneira nenhuma à nossa própria realidade nacional, a não ser em termos de *metáfora política* de desastrosas e incalculáveis consequências. Só em termos metafóricos, a nação velha de oito séculos e quase organicamente dominadora (na medida das nossas fracas forças...) que fomos se pode colocar imaginariamente no lugar impossível das Guinés, dos Moçambiques ou das Angolas que contra nós se levantaram para existir ou de uma Cuba com um passivo colonial (espanhol e norte-americano) indelével. Da nossa parte, um tal assimilacionismo só pode ter leitura psicanalítica, só pode querer significar tentativa de *branqueamento simbólico,* por identificação com as nossas vítimas. Decerto, o povo português foi colectivamente vítima (em segundo grau) do passado longínquo ou recente do sistema colonialista-capitalista, mas isso não é suficiente para fornecer ao subconsciente nacional um *adversário histórico concreto* que justifique a luta pela nossa autolibertação, como luta pela *independência nacional* em sentido próprio. A coacção ou a dependência intolerável da nossa realidade económica dos centros de decisão do capitalismo mundial é um facto que necessita ser diluído ou superado, mas há uma distorção gritante entre esse facto e o tipo de consciencialização adequado à vivência e à existência da luta pela *existência nacional.* Os portugueses não se sentem, nesse sentido, *física ou psicologicamente em perigo,* nem sequer podem visualizar com algum fundamento o peso abusivo, brutal, de qualquer potência estrangeira possível. Só instituindo adversários míticos é possível conceber e traduzir a nossa actual luta ideológico-económica em termos capazes de mobilizar o nosso instinto patriótico. Talvez a existência de um separatismo dos Açores fomentado pelos Estados Unidos pudesse fornecer motivo válido para mobilizar esse instinto. Mas era preciso que existisse, com a dimensão fantasiosa que uma certa imprensa pouco informada ou pouco inocente lhe desejaria atribuir. Por enquanto, a generalidade dos portugueses não apercebe nem os Estados Unidos nem a Europa Ocidental como esse *adversário tangível* capaz de justificar a sério a temática da *independência nacional* e, por consequência, a conversão do MFA em "movimento de libertação nacional". Fomos nós os Estados Unidos dos povos da Guiné, de Angola e de Moçambique e não é possível, nem a brincar, inventarmo-nos agora Cubas em que ninguém (no Ocidente, pelo menos) parece estar particularmente interessado em nos converter. Mas tão poderosa é a lógica interna da "africanização", tão obscuros são os imperativos que a puseram em marcha, que preferimos essa hipótese que nos *vitimiza a baixo preço* àquele que corresponde à nossa autêntica situação de nação europeia subitamente obrigada a encarar-se com o que realmente vale e é.

A "africanização" ideológico-política em curso (cujas cartas de nobreza se encontram no Boletim das Forças Armadas e em especial no número extático consagrado à independência de Moçambique), mau grado o seu carácter ofensivo, berrante e folclórico, nada tem de positivo. É uma expressão insofismável de *derrotismo,* uma forma do pessimismo nacional, por mais paradoxal que a afirmação pareça. Como o célebre Barão de Münchhausen, nós metemos a cabeça debaixo de água para não nos molharmos, quer dizer, para não encarar *de frente* a situação, na verdade difícil mas não insuperável, de nação exploradora que se vê forçada a reconverter o seu projecto histórico. Oferecermo-nos imaginariamente um *destino africano* de vítimas promovidas ao papel de regeneradores do universo, deslocarmo-nos para esse espaço histórico e ideológico mítico referenciado pelas figuras de Amílcar Cabral ou Samora Machel é a maneira de fugir ao *nosso destino europeu,* de o transfigurar, de o adaptar ao pânico íntimo que nos causam *os problemas concretos e urgentes* que em termos europeus ou herdados da tradição europeia, onde estamos imersos e submersos, devemos resolver. É inútil fingir que somos ou estamos em África. Tudo seria mais fácil – num certo sentido – se assim fosse. Então, o verbo encantatório de um Samora Machel poderia pôr em marcha, sem esforço, as máquinas que lá não há, ou unificar, num gesto de planificação automática, milhões de hectares que nunca pertenceram ao povo que agora os descobre como seus e colectivamente. Não é desta simplicidade o tecido complexo e ulcerado do velho Portugal, nem sobretudo relevam desta inocência de sonho africano os homens e as mulheres do nosso país, inseridos numa trama de conceitos, gestos, cultura, ideologia, opções políticas e religiosas, experiência científica, de antiga e delicadíssima textura. Só uma instituição por excelência *simplificadora* como a instituição militar (e pouco importam aqui as excepções individuais) poderia ser tentada a inspirar-se em exemplos de tal simplicidade histórico-cultural. Como tudo seria óbvio, como o ideal da democracia directa de braço erguido seria plausível se fôssemos essa mágica África que não somos!

Já é tempo de pormos termo ao psicodrama de raiz africanista em que todos participámos ou participamos para exorcizar os demónios de uma aventura histórica mal terminada com a aparência de bem terminada ou vice-versa. O *socialismo africano* a que as nossas folhas, inconscientemente colonialistas e ainda paternalistas, tecem louvores, senão absurdos, pelo menos inadequados, não pode nem poderá nunca ser o nosso. Nós temos de construir o *socialismo adulto e crítico,* o socialismo nascido da superação efectiva (e não da simples liquidação por grosso) do capitalismo europeu em que estivemos (e em parte continuamos) integrados, com a sua estrutura social diversificada, as suas necessidades e imperativos multiformes, as suas exigências refinadas. Em suma, já é tempo de perder de vista a África mítica, antes que ela nos perca. Até porque, se não arrepiarmos caminho, acabaremos por ser realmente a África que não somos.

A congoangolização: Adeus a um império que nunca existiu[20]

> *Entretanto, os nossos esforços centrar-se-ão no restabelecimento da paz no ultramar; mas o destino do ultramar português terá de ser democraticamente decidido por todos os que àquela terra chamam sua.*
> General António de Spínola, *Discurso de investidura*, 15-5-1974

> *Por outro lado, a política de descolonização em curso não permite que os libertem rapidamente, os homens e os meios hipotecados, que deixemos de ter encargos nesse domínio, os quais ainda hão-de pesar fortemente no nosso orçamento, durante um ou dois anos.*
> Coronel Vasco Gonçalves, 18-8-1974

> *Diria que somos todos nós (os culpados). Por um lado o MFA que conduziu o processo de descolonização. Por outro lado, as forças civis, que se divorciaram sempre da descolonização, na medida em que terão receado que o ónus político viesse a ser demasiado pesado como se está a verificar actualmente.*
> Major Victor Alves, 20-9-1975

---

[20] Texto datado pelo autor de 15 de Outubro de 1975, publicado: Eduardo Lourenço, "A congoangolização – Adeus a um império que nunca existiu", *Jornal Novo,* 12 de Novembro, 1975, p. 3 e continuação p. 10.

No silêncio daqueles que perderam merecidamente a voz, na indiferença cínica ou obtusa dos que se colam ao presente por ausência de imaginação, no júbilo indecente e masoquista de liquidadores daquilo que não nos pertencia nem lhes pertencia a eles, morrem ao sol da História os famosos "girassóis do império" lusitanos. Que deviam e tinham de secar sob a violência dos conhecidos ventos da mesma História, era uma evidência e uma necessidade. Decerto, podia supor-se que esses girassóis do império secassem de maneira muito diversa daquela porque estão secando. Mas vendo bem, esta morte fulgurante e sem exemplo é, afinal, conforme com a lei não escrita de toda a nossa história metropolitana e da consciência que dela é inseparável. Para esta consciência e a sério, *o nosso império nunca existiu.* Do nosso, em verdade ímpar colonialismo, o actual processo de descolonização é o coroamento natural. Como nunca houve em Portugal autêntica consciência imperial – à maneira romana ou inglesa – ou se houve foi apenas como mito literário, incapaz de subsistir após o século XVI, que lhe assegurou um começo de realidade –, a actual e alegre renúncia aos deveres que imporia, se existisse, é rigorosamente conforme ao que sempre fomos enquanto Metrópole que tinha colónias sem as poder assumir como tais. E com razão, pois essas colónias *não eram do País real,* mas de algumas centenas de pessoas dele que as não conheciam, delegando nos raros colonos, os únicos para quem o projecto imperial acabava por existir, o encargo de as submeter, inventar, desbravar e explorar até ao sangue (negro, com algumas gotas brancas). Saltando por cima de um século e meio há, pois, um nexo interno rigoroso, entre a apóstrofe célebre do deputado vintista ("que se vá o Brasil que não nos faz falta") e a corrida contra-relógio através da qual nos desfizemos de uma herança colonial que nem os dedos queima porque nem a sentimos.

É verdade que Cortezes ou Pizarros modelos, os nossos desbravadores de império acabaram por se talhar nos sertões de África, autênticas pátrias deles, que pareciam prolongar o reino ou a república de onde haviam partido. Não é menos verdade que reino ou república, com intermitências e espasmos recuperadores, vagamente as controlavam e concretamente as sugavam. Assim nasceram e se desenharam esses espaços compensadores da pequenez metropolitana, espaços realíssimos para os colonos, mas puramente *imaginários* não só para o cidadão comum do Porto ou de Lisboa, como para muito dirigente que do Terreiro do Paço os governava por telepatia. Em tempos de irrealismo histórico interno, como foram os do último regime, esta estranha relação entre Metrópole e pseudo-Império deu origem a uma das mais grotescas mitologias colonialistas de que há memória, equiparando Angola e Moçambique ao Minho ou Trás-os-Montes. Nos muros de Lisboa, cartazes apagados pelo tempo, oferecem ainda ao nosso delírio colonialista o paraíso encantado das "caseiras" praias multirraciais de Moçambique... Mitologia grotesca, sem dúvida, mas de fundo sentido e cujos ecos se podem detectar através de todo o processo descolonizador, sobretudo na sua fase inicial sob roupagem, não só democrática em sentido largo, como sob cobertura socialista. Quando um dia se fizer a história trágico-pedestre da nossa descolonização, ver-se-á que ela só pôde ser feita e levada a cabo em nome dos mesmos mitos (mas tomados agora a sério, e invertidos) que há séculos estruturam a nossa ideologia colonizadora e inocentemente colonialista. Como o metropolitano não podia (e continua a não poder) conceber *a realidade africana,* de que era hipotético suserano, em termos adequados, era-lhe mais cómodo traduzir a África para termos portugueses. Os malabarismos luso-tropicalistas do senhor de muito engenho Gilberto Freyre, embora de sentido oposto – nós seríamos "africanos" e "pré-tropicais" por definição – só vieram consagrar, com aplauso público do anterior regime, a nossa secular litania do colonialismo inocente, ou melhor ainda do *não-colonialismo*. País tal é, tal foi, tal deseja ser sob outras máscaras, a pretensão única dos portugueses: a de não ser, excepção absoluta da História humana, um povo *colonialista*. Alguma verdade haverá em tão insólita pretensão para que nós, povo não excessivamente imaginativo, como toda a nossa literatura o prova (incluindo *A Peregrinação...*), tenhamos inventado um tão fascinante mito. Responsável pelo fabuloso sonambulismo colonial de que só acordámos à pressa e às avessas num certo dia de 1961, esse mito, coroa de glória do picarismo anímico social, encontrou na descolonização a sua apoteose ao mesmo tempo que a sua última e trágica metamorfose. Em seu nome, um Portugal liberto desejou prosar ao Mundo inteiro, que não pedia tanto, que efectivamente *não somos colonialistas* e mesmo que *nunca* o fomos, salvo sob a fécula de ocasionais e sinistros pastores. Assim levámos a cabo, com o aplauso de variada gente, incrédula e indiferente, no fundo, à tragédia que isso representava, a mais vasta descolonização – relâmpago *sem problemas* que os anais do Ocidente colonizador registam. Em todo o caso, sem problemas para a Metrópole e em particular para um bom número daqueles que em seu nome levaram a cabo uma descolonização que se quis *exemplar,* exacta e inversamente como a colonização o fora.

Depois do 25 de Abril o conteúdo da nossa típica Metrópole-Colónias alterou-se, ou antes, sofreu uma inversão total. Foi mesmo para que, ao menos com parte, isso acontecesse, que a Revolução teve lugar. Mas a *forma*, o estilo do nosso comportamento enquanto comportamento colonizador metropolitano, continuou a relevar de uma estrutura mental análoga. Para o Antigo Regime, o império, enquanto realidade colonialista e imperialista, *não existia*. Por isso não havia motivos para "descolonizar". A questão africana não tinha nem podia ter dimensão interna, era *posta-de-fora*, arbitrária ou perfidamente. Na realidade portuguesa, um pluricontinental e multirracial, não havia lugar para admitir como hipótese séria, um fenómeno tão marginal com as diversas rebeliões africanas. Isso era bom para belgas, franceses, ingleses, colonialistas medíocres e viscerais diante do Eterno. Quem não se lembra de uma música durante tantos anos por tão desvairada gente (até da esquerda futura ...) entoada? Após o 25 de Abril, essa música enjoativa transfigurou-se até ao ponto de parecer inaudível, mas não desapareceu. Na verdade, para a mais actuante ideologia descolonizadora *também não existe Império* e, por conseguinte, o *sério colonialismo* que toda a realidade imperial supõe. Por isso mesmo pareceu tão natural, óbvio e mesmo fácil, liquidar um fantasma que perturbava os nossos claros sonhos revolucionários de metropolitanos. Salazar governou com mão de ferro, e em seguida de ferro e fogo, territórios onde durante mais de quarenta anos nunca sentiu a necessidade de lá pôr os pés, exactamente como Filipe II, muito metropolitanamente sentado no securia S. Bento. Um dos nossos mais activos descolonizadores, homem de outra mobilidade, resolveu grande parte do contencioso africano, sem necessidade de ir ver de perto a realidade física e humana de Angola e Moçambique. Foi com a mais perfeita coerência que o mesmo descolonizador declarou publicamente que a situação dos nossos colonos não lhe punha mais problemas nem era de maior gravidade que a dos nossos emigrantes de fresca data... Mas esta aparente desenvoltura, se ilustra como nada mais o descaso íntimo e profundo que o português metropolitano sempre manifestou pela sua, aventura colonizadora, não altera tanto como poderia parecer a mitologia colonialista nacional. O que constitui a essência mesma do colonialismo é a impossibilidade de pensar o colonizado como *sujeito*. Neste capítulo a nossa atitude em relação a Angola e Moçambique não se alterou após o 25 de Abril. *Todo o processo descolonizador foi, desde o início, subordinado aos interesses prementes da luta social e política que tem lugar entre Minho e Guadiana*. Conservar ou desfazer-se de Moçambique ou Angola são opções que só funcionaram ou funcionam na pura óptica da luta histórica e ideológica travada em Portugal. Até ao fim, Angola e Moçambique serão para nós *puros objectos* a que é legítimo prestar atenção dentro e nos limites das repercussões possíveis que os seus respectivos destinos, possam ter no âmbito da nossa política nacional. Mas, paradoxalmente, este descaso objectivo, esta subordinação do projecto descolonizador ao projecto revolucionário metropolitano não significou, como poderia crer-se, a instauração de uma *vida adulta* para nós, o aparecimento, enfim, de um Portugal *sem colónias ao mesmo tempo na realidade e na imaginação*. Todo o processo descolonizador teve lugar a coberto de uma espécie de hipertrofia da nossa maior clássica mitologia colonialista. Na fase anterior dessa mitologia Angola e Moçambique, embora realidades imaginárias para a consciência metropolitana, tinham por função compensar-nos da nossa estrutural pequenez e ligada a ela, da nossa não menos *estrutural fragilidade* histórica. Na fase pós-descolonizadora, os novos Moçambique e Angola são creditados de uma *lusitanidade* que os transforma em *novos e maiores Portugais*, em suma, em Brasis, criação suprema do génio colonizador lusitano. Tal é, em todo o caso, o mito, que permitiu ao general Spínola, no seu famoso "adeus ao Império" de Julho de 1974, transfigurar aquilo que aos seus próprios olhos era o cúmulo do abandono (e secretamente, da *traição*) em vitória sobre nós mesmos enquanto colonialistas. Mas tal é igualmente o mito, que durante toda a primeira metade do processo descolonizador (até Setembro de 1974) estrutura o projecto dos homens de esquerda responsáveis por ele. Nessa fase, Angola e Moçambique já não têm para a consciência metropolitana, tal como os actores de anticolonialismo exemplar, prova que é menos importante em si mesmo que pela caução dada através dela ao processo autolibertador da Metrópole. Todavia, este processo só é possível na medida em que sob uma última metamorfose do nosso colonialismo inocente, Angola e Moçambique são apresentados ao público metropolitano como uma espécie *sui generis* de *pátrias* lusas ou lusitanizadas, à maneira do Brasil. Assim se fecharia em glória e com um mínimo de melancolia, como no célebre discurso de Spínola a nossa missão de pátria criadora de pátrias. Assim se transformaria em vitória moral sobre nós mesmos um abandono ao mesmo tempo lógico e imposto. Sobretudo assim nós compensaríamos *em espírito,* do abandono objectivo de um projecto histórico desmedido para as nossas forças e por desmedido nunca assumido senão como se assumem os sonhos.

Não vale a pena detalhar em pormenor esta última fase da nossa aventura colonialista – colonialista-descolonialista. Podia designar-se como a fase do Quinto Império à esquerda, ou mais propriamente, a fase da ilusão brasileira. Com efeito, o Brasil é o pilar imaginário desta construção sobre areia. Anticolonialista por definição, o Brasil tinha todos os requisitos para suprir numa África onde desde sempre gostou de pensar no presente, o nosso imperialismo impotente e agonizante. O que os Champalimaud e Quinas já então fora do jogo não podiam levar a cabo, os democráticos Matarasso e Pignateri expoentes de não multirracialismo insuspeito o realizariam. Este sonho não resistiu à prova dos factos. Moçambique obteve quase à força (forçado por nós...) uma independência marcada ideologicamente por um sinal adverso a todos os Matarasso do Mundo. E Angola, prova real da nossa *descolonização exemplar,* foi mergulhado aos poucos numa caoticidade política, militar e ideológica que nada fica a dever àquela que originou as tragédias do Biafra e do Congo. Adoptando uma famosa expressão de Aragon, este acto final da nossa aventura imperial ou pseudo-imperial está-se convertendo para nós no Biafra da nossa aventura histórica, terminada como a primeira fase da nação portuguesa, por um Alcácer-Quibir sem restauração possível. Treze anos de cegueira imperialista, precedidos de centenas deles de incúria colonizadora e exploração avulsa, não podiam terminar de outra maneira. Todavia, o mais extraordinário neste desmentido brutal a toda a nossa mitologia colonial e colonialista não é o espectáculo de impotência política e de demissão militar diante do desmoronamento de uma "possessão" que formalmente ainda nos cumpria controlar, mas a *indiferença absoluta* da consciência metropolitana diante deste crepúsculo histórico. Ao espectro de congoangolização à vista, nada mais podemos opor que o projecto de intervenção dos "capacetes azuis" para evitar o que não soubemos nem quisemos evitar. Sob qualquer ângulo que se encare, a fase da descolonização é só o espelho hiperbolicamente justo de uma carência estrutural do nosso projecto nacional enquanto projecto colonizador, assumido, vivido e por fim, terminado, na mesma atmosfera de inconsciência, delírio, sonambulismo e irresponsabilidade que Oliveira Martins associou à visão mítica do nosso comportamento colectivo. Na indigência e num pânico sem sentido, a aventura portuguesa regressa às praias de Belém para justificar, com cinco séculos de atraso, os vaticínios inúteis do Velho do Restelo.

Quando a decaída Espanha dos fins do século XIX perdeu Cuba, a sua *"intelligentsia",* a braços com a Espanha enfim amputada do seu espaço imaginário, voltou para o país real uma atenção, durante séculos dedicada aos mares de Cortez e de Colombo. O fim da ilusão imperial obrigava a descobrir a Espanha real. Mas nós não podemos sofrer a amputação do nosso projecto imperial nos mesmos termos. Não nos faltará braço nenhum. O que será mais difícil será descobrir um substituto para a função que o nosso pouco existente império desempenhava. O que caracteriza a essência do viver nacional é a fuga consciente ou inconsciente ao que sabemos que somos: *um pequeno povo*. A nossa colectiva existência pícara é só a forma de defesa – *quasi* legitima esse dado original. Só podemos sobreviver inventando-nos *outros,* adiando sem cessar o encontro pavoroso com a nossa própria e insignificante realidade. Mergulhados até ao cerne num combate político pela nossa nova definição de revolucionários exemplares, ainda não tivemos tempo de medir, e de encarar, com a nossa realidade, enfim, *nua*. Na fase em que estamos, representando no palco mundial um papel que, acaso uma vez mais, é *maior do que nós,* não tivemos ainda tempo de "cair em nós", de nos vermos de corpo inteiro, em tamancos ou descalços, exactamente como no dia já não memorável para ninguém em que começámos a aventura fabulosa de pobres que chamámos colonização. Mas passada a miragem da "ilusão lírica" esse encontro adiado será "inevitável". Já a sua sombra se projecta na trama do próprio combate revolucionário que tem muito de psicodrama nacional. *A epopeia revolucionária em que estamos envolvidos esconde ainda a nossa nudez histórica total mas sob ela dorme, para acordar sob formas de todo imprevisíveis, um país amputado da dimensão imaginária que lhe permitia suportar sem dramas a pequenez real*. O que hoje vivemos na indiferença ou na pura e ostensiva ignorância talvez não seja mais que inconsciência estratégia anímica destinada a preservar um sonho terminado em pesadelo. Nenhum povo, como nenhum homem, vive sem projecto vital, sem horizonte ideal que lhes determine o percurso e dê sentido à sua marcha. De uma forma irreal, Portugal identificava-se à sua função "civilizadora" e "colonizadora" e nesse papel esquecia a sua realidade subalterna e intrinsecamente colonizada num mundo ocidental de que fora emblema passeiro, antes de ser seu parente pobre. Essa função extinguiu-se sob os nossos olhos e sob formas que não consentem ilusão alguma em matéria de *conversão útil* do nosso papel "civilizador". É inútil verter lágrimas póstumas sobre uma aventura que o país nunca integrou em si senão como mito compensador. Mas a aventura existiu, dela nasceram cidades, riquezas, países novos, meros filhos de Portugal que de portugueses nunca foram ou nunca deviam ter sido *nossos* como com tanta vã glória o proclamámos, mas nós fomos, nós *somos* deles. E não é certo que na fatal conversão a que a "perda" dos nossos espaços imaginários nos obrigará não precisemos de nos *lembrar* disso para ser capazes de transferir, para a estreita faixa lusitana que nos resta, o cabedal da ilusão capaz de nos restituir *em verdade* a falsa e desorbitada alma que o pseudo-império nos fabricou. Passámos quinhentos anos a inventar um Império em que só acreditavam os que lá estavam, não a pátria que os deixava ir para lá como para o planeta Marte. É possível que passemos agora o nosso futuro sem ele, à procura das pedras que o constituíram na esperança de que tocando-lhes, como Deucalião, se façam vivas e nos confiram, assim, postumamente, o destino grandioso nelas falhado e para sempre.

Vence, 15 de Outubro de 1975

O Labirinto da Saudade:
O Labirinto da Colonização[21]

Treze anos de guerra colonial, derrocada abrupta desse império, pareciam acontecimentos destinados não só a criar na nossa consciência *um traumatismo profundo* – análogo ao da perda da independência – mas a um repensamento em profundidade *da totalidade da nossa imagem perante nós mesmos e no espelho do mundo.* Contudo, todos nós assistimos a este espectáculo surpreendente: nem uma coisa nem outra tiveram lugar. É possível que a profundidades, hoje ainda não perceptíveis, supure uma ferida que à simples vista ninguém percebeu. Estamos perante um caso de inconsciência colectiva sem paralelo nos anais de outros países (basta lembrar o que foi o exame de consciência a que procedeu em Espanha a geração de 78 após o "desastre de Cuba" ou as consequências político-ideológicas da guerra da Argélia), resumo de um processo histórico caracterizado por um

---

[21] Este texto faz parte do capítulo "Psicanálise mítica do destino português ", publicado em *O labirinto da saudade,* 1978, pp. 45 a 60 com vários cortes e algumas alterações. Foi traduzido para francês e publicado na revista *Esprit,* em Janeiro de 1979, com a seguinte nota do autor: " Tradução do meu texto para a revista *Esprit,* mas fora do tempo, Janeiro 1979". O artigo foi publicado num *dossier* intitulado "Le Portugal – aspects d'une démocratisation" que contém dois textos de Eduardo Lourenço. O texto aqui publicado intitulava-se "Le Labyrinthe de la Saudade", mas pode-se ler por baixo da palavra Saudade a anotação do autor "Colonização". Seria, portanto, "Le Labyrinthe de la Colonisation", 1979. Nesta publicação respeitamos o texto em português publicado em *O labirinto da saudade,* fazendo os cortes que houve na publicação da revista francesa referida e que está na origem deste texto, em que, pelos cortes efectuados pelo autor para a publicação francesa, a questão colonial portuguesa e o seu final político se torna muito mais densa.

sonambulismo incurável, ou perante um exemplo de sageza exemplar, de adaptação realista e consciente aos imperativos mais fundos da consciência e interesses nacionais? Na verdade, o que nos interessa neste esforço para nos aproximar da *verdade* da nossa imagem – verdade que só a história do *nosso comportamento colectivo* permite desenhar – não é tanto *a solução* que acabou por ser aquela que conhecemos, mas a *maneira* como ela foi *traduzida para português*, quer dizer, integrada no nosso percurso histórico. Se a solução foi aquela que os determinismos e as soluções de forças nacionais e internacionais impunham – sem falar da equidade ou da fatal ascensão dos povos africanos à independência – a *maneira* como foi vivida e deglutida pela consciência nacional é simplesmente assombrosa. Ou sê-lo-ia, se a capacidade fantástica que em nós se tornou uma segunda natureza, de *integrar sem problemas de consciência* o que em geral provoca noutros povos dramas e tragédias implacáveis, não atingisse entre portugueses culminâncias ímpares.

Um acontecimento tão espectacular como a derrocada de um "império" de quinhentos anos, cuja "posse" parecia coessencial à nossa realidade histórica e mais ainda fazer parte da nossa *imagem corporal, ética e metafísica* de portugueses, acabou *sem drama*. Por um pouco não terminou em *apoteose*, o drama empírico do abandono em pânico das antigas colónias à parte, quer dizer, *em glorificação positiva* da mesma mitologia, mas lida às avessas, que servia a Salazar para decretar que Angola e Moçambique eram tão portugueses como o Minho e a Beira. É verdade que o drama existiu objectivamente como cegueira *nacional* durante quase treze anos partilhada pela maioria dos metropolitanos e a totalidade dos coloniais, mas a natureza do Antigo Regime não só o não deixou vir à superfície impedindo a questão africana de se tornar *objecto de pública e natural discussão* como o promoveu a página gloriosa (uma mais) a acrescentar ao nosso *curriculum* de fabricantes de pátrias lusas.

A rebelião africana, os seus sucessos, ou mesmo os seus insucessos, a própria consciencialização progressiva e progressista dos herdeiros de Mouzinho que descobrem por sua conta os limites ou a *mentira congenital* da versão colonialista que deviam ajudar a salvaguardar, acabaram por tornar *dramática* a política nacional, ao menos aos olhos dos mais lúcidos, mas jamais essa *consciencialização forçada* pôde atingir em profundidade e responsabilidade, um povo que se suporia jogar nessa aventura a forma mesma do seu destino. Tudo se passou em "família", entre militares sobretudo, cujo exame das realidades e consciência de situação pessoal e institucional bloqueada jogou num lance de dados em que, aparentemente, a *imagem imperial portuguesa* não tem papel algum (salvo negativo) toda essa mitologia que serviram durante treze anos, *invertendo-a* num só dia e fazendo dessa inversão o símbolo mesmo do *ajustamento realista de Portugal a si mesmo*. Nem a cegueira colonialista desvairada dos Kaúlza e companhia, nem a aposta neocolonialista de Spínola, nem a determinação firme do anticolonialismo coerente de Melo Antunes foram *vividas em termos de autoconsciência e responsabilização cívica pela maioria dos portugueses*. Num dos momentos de maior transcendência da história nacional, os Portugueses estiveram *ausentes* de si mesmos, como ausentes estiveram, mas na maioria "felizes" com essa ausência, durante as quatro décadas do que uma grande minoria chamava "fascismo" mas que era para um povo de longa tradição de passividade cívica apenas "o governo legal" da Nação.

É certo que no estreito círculo dos militares e políticos que intervieram na mais rápida descolonização de que há memória, houve discussões, problemas de consciência, "drama" até, mas em termos de confiscação abusiva da representatividade nacional, análoga, embora de sentido oposto, à do Antigo Regime. Houve, sobretudo, uma estranha mas coerente permanência da ilusão capital da clássica mitologia colonialista, tal como o regime de Salazar a promovera. *Exemplar* como revolução metropolitana que derruba quatro décadas de poder autoritário e semitotalitário com flores no cano das espingardas, a Revolução de Abril não eclode com o propósito consciente de pôr *um termo absoluto à imagem de Portugal colonizador exemplar* mas para dentro dela encontrar uma *solução à portuguesa,* igualmente exemplar, de Descolonização. [...]

O processo teve duas fases: a primeira promoveu a imagem de um *Portugal revolucionário,* exemplo iniciador e iniciático de uma subversão democrática da ordem capitalista europeia e fez confluir para um povo sem espaço para um tal sonho os fantasmas da esquerda europeia que triunfava no Alentejo e na Lisnave por procuração. Os avatares pouco gloriosos da descolonização eram cobertos por essa função *redentora* implícita na nossa Revolução. O que perdíamos em espaço e em riqueza potencial (e real) era compensado pela *exemplaridade revolucionária*, ou, sobretudo, por uma exemplaridade *democrática* que tinha o condão de nos subtrair ao lote das nações retrógradas politicamente e nos conciliar a benevolência e a estima do universo.

Esta dupla imagem foi representada no palco mundial pelas políticas estrangeiras de Melo Antunes e Mário Soares. No contexto da época revolucionária plena e na que se lhe seguiu estas "imagens" tinham um natural suporte na realidade, mas com elas e sob elas, *no plano* interno, mascaravam a *efectiva* situação portuguesa, modificada por essa *amputação*.

Paralelamente, a primeira fase da Revolução caracterizou-se também pela tentativa frenética de *deslocar* a imagem *fascista* da realidade nacional presente e passada, de destruir o que se supunha ser uma *mera pintura superficial* do País que lavado e expurgado dos seus demónios passageiros poria à mostra as suas virtualidades, a sua *verdade popular* submersa pela barrela ideológica de uma burguesia condenada pela História. A ideia era excelente, mas repousava sobre premissas falsas e sobre uma abstracta visão do que representou (do que num silêncio à espera de melhores dias continuava a representar) esse famoso "fascismo".

Nenhum povo e mais a mais um povo de tantos séculos de vida comum e tão prodigioso destino pode viver sem uma *imagem ideal* de si mesmo. Mas nós temos vivido sobretudo em função de uma imagem *irrealista*, o que não é a mesma coisa. Sempre no nosso horizonte de portugueses se perfilou como solução desesperada para obstáculos inexpugnáveis *a fuga* para céus mais propícios. Chegou a hora de fugir para dentro de casa, de nos barricarmos dentro dela, de construir com constância *o país habitável de todos*, sem esperar de um eterno *lá-fora* ou *lá-longe* a solução que como no apólogo célebre está enterrada no nosso exíguo quintal. Não estamos sós no mundo, nunca o estivemos. As nossas possibilidades económicas são modestas, como modesto é o nosso lugar no concerto dos povos. Mas ninguém pode viver por nós a dificuldade e o esforço de uma promoção colectiva do máximo daquilo que adentro dessa modéstia somos capazes. Essa promoção passa por uma conversão *cultural* de fundo susceptível de nos dotar de um *olhar crítico* sobre o que somos e fazemos, sem por isso destruir a confiança nas nossas naturais capacidades de criação autonomizada, dialogante como tem sido sempre, mas não sob a forma de uma adaptação mimética, oportunista, das criações alheias e da sua vigência de luxo entre nós enquanto os problemas de base do País não recebem um começo de solução. Nesse capítulo a carência da Revolução de Abril tem sido quase absoluta.

Foi a imagem ideológica do Povo português como idílico, passivo, amorfo, humilde, e respeitador da Ordem estabelecida, que o 25 de Abril impugnou, enfim, em plena luz do dia. A verdade que através dela irrompia era de molde a reajustar finalmente a nossa realidade autêntica de portugueses a si mesma, como reflexo e resposta a uma desfiguração tão sistemática como aquela que caracterizara o idealismo hipócrita e, sob a cor do realismo, o absurdo irrealismo da imagem salazarista de Portugal. Todavia, anos passados, não é possível asseverar que tal reajustamento se tenha produzido, que tenhamos posto uma espécie de ponto final naquilo que poderíamos designar de *visão maniqueísta da História e da realidade portuguesas*. A contra-imagem de Portugal e do seu destino que a Revolução de Abril e as suas sequelas "entronizaram" ainda não possui um grau de assentimento colectivo e um perfil que permitam considerá-los como "estáveis".

As suas notas características são quase só de tipo político superficial ou ideológico, sem estatuto mítico correspondente. Nem a actual vigência de um regime democrático de tipo ocidental, nem a vocação socialista que constitucionalmente é atribuída ao tipo de sociedade que desejamos construir, constituem elementos estáveis de uma reestruturação da nova imagem de Portugal com fundura mitológica digna desse nome. Neste momento e sob os mais variados aspectos, Portugal *está em discussão* após a fase em que de fora e de dentro os acontecimentos alteraram a realidade geográfica e sobretudo a *imagem ideal* que os portugueses tinham forjado de si mesmos e da sua Pátria ao longo de quinhentos anos. Se a Revolução de Abril sucumbir, reconduzindo o actual estatuto político, social e económico do País a fórmulas próximas das já experimentadas ou reactualizadas, isso dever-se-á unicamente ao facto de a Revolução não ter sabido ou podido *operar positivamente a conversão da sua antiga imagem mítica*, cuja complexidade, fundura e organicidade não podiam nem podem ser substituídas por uma *nova imagem* por mera determinação voluntarista das forças políticas responsáveis pela Revolução, mas exigiam (e exigem) uma readaptação colectiva bem-sucedida ao último e acaso mais brutal traumatismo da História portuguesa.

Infelizmente, a quase totalidade dos principais actores da Revolução de Abril não previu, não soube medir, nem muito menos criar as condições para remediar a esse espectacular traumatismo, pelo simples facto de que a maioria não o pressentiu como tal, nem o percebeu na insólita e aparente apatia com que os portugueses assistiram (se assistiram...) *ao fim do seu domínio colonial*. Não insistiremos em tema que, sabemo-lo, não perspectivamos como quase toda, senão toda, a esquerda portuguesa. A contra-imagem de Portugal de que necessitamos para nos vermos tais quais somos sofreu, desde as primeiras semanas eufóricas e naturais após a Revolução, uma distorção interna de que possivelmente nunca mais se curará. A essa primeira distorção irá juntar-se um elemento cujo peso e influxo, primeiro inaparentes, em seguida ramificando-se e encontrando eco no subconsciente de um povo que parecia ter aceitado a Descolonização como um facto consumado, acabou por se transformar num autêntico *cancro*, de difícil cura. A distorção consistiu em tentar impor uma *nova imagem* de Portugal, logo após o 25 de Abril na aparência oposta à do Antigo Regime, mas cuja estrutura e função eram exactamente as mesmas: *instalar o País no lisonjeiro papel de país revolucionário exemplar, dotado de Forças Armadas essencialmente democráticas, considerando os cinquenta anos precedentes como um parêntesis lamentável, uma conta errada que se apagava no quadro histórico para recomeçar uma gesta perpétua na qual o salazarismo tinha sido uma nódoa indelével.* O salazarismo desaparecia como um pesadelo, como uma mortalha imposta a um Povo intrinsecamente *democrático*, a umas Forças Armadas não menos democráticas, os quais, por uma destas harmonias preestabelecidas, caras a Leibniz, operavam ao mesmo tempo e de comum acordo uma similar e sublime conversão.

Para que esta versão mítica sumária pudesse ter futuro, teria sido necessário que na realidade todas as estruturas políticas, sociais, económicas e culturais do Antigo Regime tivessem sido submetidas a uma revisão implacável acompanhada de uma explicação sistemática, justa, equilibrada, em suma, a uma desmontagem do mecanismo político, ideológico, económico, jurídico, militar e policial do anterior sistema.

A luta feroz pelo Poder julgou possível dispensar esse esclarecimento de fundo, contentando-se com uma condenação ética de princípio sobre o regime defunto, acompanhada de exaltação ideológica pura do Movimento de Abril. É verdade que nos primeiros tempos um certo unanimismo nacional, a aparente naturalidade com que a Direita vencida recebeu o fim do seu reinado fascista, parecia dispensar esta pedagogia da Revolução. Sem transição, o povo português passou da boa consciência de um sistema semitotalitário, ou mesmo totalitário, para a boa consciência revolucionária, sem mesmo se interrogar sobre tão complexa e súbita conversão de Forças Armadas fiéis ao Antigo Regime em força democrática e vanguardista. Sobretudo, sem se interrogar acerca das consequências de toda a espécie que a Revolução fatalmente arrastaria consigo ou de que era já consequência.

"*Requiem*" por um Império que nunca existiu[22]

> *O destino do ultramar português terá de ser democraticamente decidido por todos os que àquela terra chamam sua. Haverá que deixar-lhes inteira liberdade de decisão, e em África, como aqui, evitaremos por todas as formas que a força das minorias, sejam elas quais forem, possa afectar o livre desenvolvimento do processo democrático em curso.*
> General António de Spínola,
> *Discurso de Investidura*, 15-5-74

> *Na realidade, se o MFA libertou o País dos que o regiam em seu nome mas sem mandato, não faria sentido que, ao ultrapassar o quadro traçado, voltássemos afinal ao mesmo sistema de decisões unilateralmente tomadas, embora sob outro rótulo e pela mão de outros poderes.*
> General António de Spínola,
> *Discurso de Investidura*, 15-5-74

> *Defendo há muito a opinião de que compete às populações africanas e europeia de África escolher livre e conscientemente o seu destino, e a via mais autêntica para essa autodeterminação será o amplo debate das viabilidades de opção, no clima de liberdade democrática instaurado.*
> Presidente da República, 15-5-74

---

[22] Publicado em *O fascismo nunca existiu*, Lisboa: Publicações Dom Quixote, 1976, pp. 97-115. Em nota o autor assinala: "Escrito em Setembro de 1974, não chegou a ser publicado por conselho amigo. Uma versão 'atenuada' deste texto saiu mais tarde no *Expresso* (Outubro de 1975?)". *O fascismo nunca existiu* foi depois publicado pela Gradiva em 2022.

> [...] *entre as várias fontes de financiamento consideradas, se veria com particular carinho que o capital brasileiro até nos ajudasse a construir, na metrópole, um grande país e nas províncias do ultramar, amanhã, grandes países.*
> Dr. Almeida Santos, entrevista a
> *O Estado de São Paulo*, 24-5-74, segundo M. Arrais

No silêncio daqueles que mereceram perder a voz única e prepotente, na indiferença ingénua ou obtusa dos que se colam ao presente por ausência de imaginação ou por oportunismo congénito, no júbilo natural masoquista dos leiloadores daquilo que não nos devia pertencer nem lhes pertence a eles, morrem ao sol da história os celebrados "girassóis do império" lusitano. Que deviam e tinham de secar sob os ventos consabidos da mesma história, era uma evidência e uma necessidade. Que tivessem de secar com a vertiginosa pressa com que estão secando é que pode espantar quem imagina que floresciam em boa terra há quinhentos anos. Mas é um espanto sem fundamento. Vendo bem, este eclipse fulgurante do velho sonho imperial lusíada é perfeitamente conforme à lei não escrita de toda a nossa história metropolitana e à da consciência que dela é inseparável. Para esta consciência, seriamente falando, *o nosso império nunca existiu*. Do nosso na verdade ímpar colonialismo, o actual processo de descolonização é o coroamento natural. Como nunca houve em Portugal autêntica consciência imperial – à maneira romana ou inglesa – ou só a houve como mito literário intermitente, forjada naquele século XVI que lhe assegurou um mínimo de crédito, a actual e mais ou menos alegre renúncia aos deveres que imporia, se existisse, está de acordo com o que sempre fomos enquanto Metrópole que tinha colónias sem as poder assumir. E não sem razão, pois essas colónias *não eram do País real*, mas de algumas centenas de pessoas dele que as não conheciam, delegando nos raros colonos, os únicos para quem o projecto imperial acabava por existir, o encargo de as inventar, desbravar, submeter, explorar até ao sangue (negro). Saltando por cima de século e meio há, pois, um laço interno rigoroso entre uma célebre apóstrofe de um deputado liberal vintista (que se vá o Brasil que não nos faz falta) e a actual corrida contra-relógio para nos desfazermos de uma herança colonial que nem os dedos nos queima porque nem a sentimos.

É verdade que, Cortezes e Pizarros modestos, os nossos desbravadores do império acabaram por se talhar nos sertões de África autênticas pátrias deles que pareciam prolongar o reino ou a república de onde partiam. Não é menos verdade que, reino ou república, de vez em quando, com atrasados espasmos recuperadores, chancelavam essa existência que controlavam de longe o bastante para lhe sugerem os frutos. Assim nasceram e se desenharam sobre o rosto de uma África mais vaga do que a Lua esses espaços compensatórios da pequenez metropolitana, espaços vividos e reais para os colonos, mas puramente *fictícios*, não só para o cidadão comum do Porto ou de Lisboa, como para muito dirigente, que do Terreiro do Paço os governava por telepatia. Em tempos de irrealismo histórico intenso como foram os do último regime, esta estranha relação entre Metrópole e pseudo-Império, deu origem a uma das mais grotescas mitologias colonialistas de que há memória, ao equiparar Angola e Moçambique ao Minho ou a Trás-os-Montes. Mitologia grotesca, mas de fundo sentido, e cujos ecos não estão de todo extintos, pois reaparecem sob outra cobertura na pluma dos mais imprevistos descolonizadores. Como o metropolitano não podia (não pode) conceber *a realidade africana*, de que é imaginário senhor, em termos apropriados, entretinha-se a imaginar a África em termos portugueses. Os malabarismos luso-tropicalistas do senhor de muito engenho Gilberto Freyre forneciam a necessária caução "científica" a esta operação de mágica. Com eles, e com os sólidos interesses da tal centena de metropolitanos, se celebrou durante anos a trágica missa do nosso colonialismo inocente. Que tenha acabado mal não é suficiente para destruir a essência mesma desse colonialismo – *quer dizer, a insólita pretensão, da parte dos portugueses, de não serem colonialistas* –, pois é em nome desse mito que estamos dispostos a oferecer ao mundo uma descolonização-relâmpago e *sem problemas*. Enquanto conquistadores a ferro e fogo, ou "pacificadores" pelas mesmas vias, isto é, enquanto Albuquerques, Mouzinhos e companhia, fomos *fiéis* a essa vocação pátria não colonialista, enquanto descolonizadores exemplares somos-lhe *fiéis*, igualmente. Num caso e noutro: *sem problemas*. A não problematização da História portuguesa (com a excepção de Oliveira Martins) é uma das características capitais da consciência nacional, e essa ausência de olhar crítico sobre nós está relacionada justamente com o facto de sermos os prodigiosos actores de uma gesta de colonização que nunca *nos pôs problemas*. Quando os houve, e graves, *foram os outros* que no-los puseram. Assim, como a Colonização nunca pôs problemas de consciência à Metrópole, partilhada entre o sonambulismo e a histeria históricos, também a Descolonização os não porá. Mas é possível que esta *ausência espantosa de problemas* venha, enfim, a questionar profundamente essa consciência nacional que nunca se quis pôr em questão.

Depois do 25 de Abril, o conteúdo da nossa relação típica Metrópole-Colónias alterou-se, e felizmente, no único sentido justo em que podia ser alterado. Mas *a forma,* o estilo do nosso comportamento enquanto comportamento colonizador metropolitano, continua a depender de uma estrutura mental análoga. Para o Antigo Regime, as Colónias, enquanto realidade colonialista imperialista, *não existiam.* Por isso, não havia razão alguma para descolonizar. A questão africana era-lhe posta *de fora,* por assim dizer "inventada", e de toda a evidência, incompatível com a realidade portuguesa, una e pluricontinental. Para a actual ideologia descolonizadora, tudo se passa igualmente como se não *tivesse havido* (não haja) Colónias, no sentido óbvio, pois tão natural, e fácil, parece suprimir um fantasma que perturba os nossos claros sonhos metropolitanos. Do fundo do seu escorial – S. Bento –, Salazar governou com longínqua mão de ferro e em seguida, de ferro e fogo, territórios que nunca sentiu a necessidade de ver e auscultar de perto. Homem de outra mobilidade, o nosso ministro dos Negócios Estrangeiros, liquidou ou está liquidando o contencioso africano, sem, aparentemente, experimentar o desejo de um contacto humano e político profundos com as mesmas Colónias, enquanto realidade colonialista que continuam sendo. Esta abstinência é tanto mais sintomática, quanto é certo tratar-se do mesmo ministro que teve a coragem rara de confessar a Maurice Niedergang, ao tomar conta da sua tremenda responsabilidade, *que não estava ao corrente dos "dossiers africanos".* Sintomática, mas coerente com uma visão meditada que dá prioridade ao processo de democratização metropolitano em curso, e considera as dificuldades postas pela presença colonial como matéria *irritante* e sobrevalorizada, como se depreende da sua declaração a respeito das situações respectivas dos nossos emigrantes e dos nossos "pés brancos" africanos. A primeira parece-lhe mais digna de atenção que a segunda – e numa certa óptica talvez o seja –, mas é impossível sublinhar com maior desenfado *a nula existência* que o nosso supremo descolonizador atribui à presença colonizadora e colonialista representadas por essas centenas de milhares de portugueses que durante centenas de anos nos representaram... Negociando os destinos de Angola e Moçambique à periferia do que foi território imperial ou nas capitais de outros impérios, o ministro da Descolonização acentua até à caricatura o esquema histórico das relações entre a Metrópole e as Colónias, e dá uma última demão à mais estranha aventura imperial e imperialista, a de um povo colonizador e colonialista *para quem o Império nunca existiu.*

Todavia, como o Ulisses inexistente a que se refere Fernando Pessoa, este Império, inexistente por não assumido, mesmo inexistente nos criou tal qual somos. E como se existisse nos pôs enigmas que não estão resolvidos, e talvez não seja possível resolver pelo método simplificador de Alexandre. Não os resolver bloqueia o imperativo processo de democracia autêntica em que estamos empenhados. Mas resolvê-los mal talvez faça pior que bloquear-nos. O estertor das coisas que foram maiores do que nós – independentemente do juízo ético de que relevem – acorda ecos e desperta reflexos que a simples perspectiva amesquinhante das necessidades *politiciennes* do dia não prevê nem controla. Durante alguns séculos, o Império ou a sua ficção funcionaram como elementos de um psicodrama destinado a compensar-nos ao mesmo tempo da nossa real miséria e da nossa fragilidade histórica. Pode parecer que o gesto actual de cortar o nó górdio imperial (quando de todo for cortado) suprime a ficção. As coisas são menos simples. Aparentemente, na hora actual, Moçambique ou Angola já não têm para a consciência metropolitana, tal como o gesto descolonizador a traduz, outro papel que o de servir de *prova* de um anticolonialismo exemplar. E, por sua vez, este objectivo é uma simples incidência ou consequência de outro processo para ela mais importante, o da autolibertação da mesma Metrópole. Em face disto, o destino da presença branca em África aparece como preocupação secundária. Todavia, quando se examina a questão a fundo, o processo da descolonização, tal como se vem desenrolando, só continua a ser possível em função de *uma* última *metamorfose do nosso colonialismo inocente*. É ele que permite apresentar à consciência metropolitana Angola e Moçambique como uma espécie de *novas pátrias* lusas ou lusitanizadas, à imagem do Brasil, referência abusiva e imprópria, mas peça capital, a vários títulos, neste processo de descolonização sem dor em que estamos empenhados. Assim transformamos em vitória moral sobre nós mesmos, compensando-nos em espírito, um abandono fatal de um projecto histórico desmedido para as nossas forças e, secundariamente, repugnante para a consciência nacional. Tal foi, aliás, o pano de fundo do histórico e admirável discurso de "adeus ao Império" do Presidente da República. Mas para honra nossa, e contrariamente ao que se ouve nas outras vozes menores, na sua perpassou, enfim, o eco consciente de um *drama* histórico, de ressonâncias abissais em nós, e não apenas a preocupação espectacular de se desembaraçar sem remorsos de um pesadelo inoportuno.

Nem o nosso colonialismo inocente, nem esta sua última metamorfose têm nada de particularmente criticável. A História e a necessidade bastariam para os justificar. Criticável é a incapacidade ou a recusa de os ver tais quais são. Quer queiram, quer não, todos os portugueses são colonialistas até ao fundo da alma e o melhor é sabê-lo e arcar com essa evidência. Regozijar-se ou, pelo menos, não ser insensível ao facto de que as futuras Guiné, Angola ou Moçambique *falem português*, basta e sobra para nos marcar com o selo colonialista. Só os indiferentes autênticos se podem considerar, de facto, não colonialistas. Não parece que haja muitos entre os portugueses. Isto basta, igualmente, para destruir a boa consciência anticolonialista de que se prevalecem, como de predicado original, os nossos descolonizadores mais ardentes, mas que nem por isso escapam à inconsequência. Pois, ao mesmo tempo que fingem não lhes importar particularmente o destino da comunidade branca através da qual essa presença linguística se realizou – forma básica de todo o colonialismo –, esses arautos da descolonização acelerada comprometem-se a oferecer às *novas pátrias* futuras, enfim, desvinculadas *politicamente* da Metrópole, ajuda económica, técnica, cultural, em termos superiores àqueles que Portugal fornecia quando as tinha por *suas*. Em suma, e dado que não é crível que Mário Soares ou Almeida Santos assumam essa cooperação em língua indígena, isso significará que uma *autêntica colonização* terá então lugar. O colonialismo morreu, viva o neocolonialismo? De modo algum: para socialistas coerentes seria o cúmulo. Tratar-se-ia simplesmente do estabelecimento de relações Metrópole-ex-colónias em termos inteiramente novos, os termos normais entre duas comunidades iguais e fraternas. Quem não aplaudirá tão generosa e dignificante perspectiva? Quem não será sensível a uma magnanimidade sem tradições nos anais das relações entre povos independentes? Moralmente, que melhor forma de reparar, enfim, as vítimas que durante anos explorámos friamente, se assim se pode dizer, para terras tão quentes? Do ponto de vista económico, pelo menos, seria uma acção anticolonialista memorável e digna da generosidade sem par que nos atribuímos. Mas é aqui que o nosso colonialismo inocente se insere uma vez mais – e de que forma – na nossa cruzada reparadora e anticolonialista. Vale a pena examinar o mecanismo dessa oferta ímpar. Ele só, basta para reconstituir a contradição interna do nosso colonialismo clássico e, por via de consequência, da descolonização em curso.

Com efeito, ocorre perguntar: quem é *o sujeito* dessa oferta? A mesma Metrópole subdesenvolvida e paupérrima que nós conhecemos, incapaz de dar trabalho em casa a dois milhões dos seus, sem tecnologia para disputar no seu espaço histórico reduzido o combate árduo que a espera? Mais gravemente ainda, uma Metrópole que até à data, tanto quanto se saiba, não se converteu ao *socialismo* e continua a ser a pátria *chica* dos grandes Champalimauds, Mellos e Cupertinos? Supúnhamos mesmo que se tivesse convertido e tornado numa espécie de Cuba europeia: estaria em condições de ser para as longínquas Angola e Moçambique (estas sim, mais próximas de Cuba) o que a União Soviética é para a Cuba verdadeira? Qual é então o *conteúdo concreto* dessas ofertas grandiosas que iluminam os parágrafos dos tratados com a Guiné e o acordo de Lusaca? Quem paga a conta, quem está em condições de a pagar e como se concilia essa promessa com a perspectiva e a urgência, evocadas recentemente pelo primeiro-ministro, que nos supõe livres de encargos ultramarinos dentro de dois anos? É o limite das famosas ofertas? A curto ou a longo prazo, a descolonização em curso, longe de considerar como um corte de cordão umbilical a separação próxima de Moçambique e de Angola, perspectiva-as segundo um ângulo oposto e vê, na aparência paradoxalmente, nessa separação o começo de uma nova vida comum. O que a França falhou estrondosamente ou só pratica em termos de neocolonialismo inegável, o que a Inglaterra supõe poder fazer com a sua Comunidade com resultados ambíguos, Portugal o deseja levar a cabo, exemplarmente, sem neocolonialismo fatal, nem desilusão futura. É uma aposta digna dos mais desvairados dos nossos antigos sonhos imperiais e que merece ser tentada, se é esse o apelo das novas pátrias lusitanizantes que através do sucesso de uma tal empresa ficariam enfim, e plenamente, luso-africanos ou africano-lusos, justificando *a posteriori* uma colonização de que neste momento só convém salientar o impacto colonialista intolerável. Estamos nós à altura de tal sonho e podemos exibi-lo à luz do Sol, com todas as *arrières-pensées* que lhe constituem a trama?

Um Portugal serenamente reformista, aceitando como normal o jogo da democracia burguesa e a estrutura capitalista, mais ou menos modificada, que ela supõe, poderá ser, só ou, sobretudo, acompanhado, o mestre de obra de tão imperial empresa. O extraordinário é que ela nos é proposta e negociada por homens de projecto, *revolucionário* (pelo menos no âmbito caseiro), para quem o capitalismo, sob todas as suas formas, a crer nos seus programas partidários, e concretamente, é o inimigo a liquidar, mas que não podem cumprir essa fabulosa promessa sem o dito capitalismo... Não inventámos nada: o último conselho de Ministros do Governo Provisório não acaba de conceder autorização à "Angol Energy", que pelo nome não peca, ou as outras sociedades de capital misto (nacional e estrangeiro), para se instalarem numa Angola em perspectiva de *independência*? Que sentido podem ter tais gestos, que no caso presente não foram negociados, que se saiba, com os futuros governantes libérrimos da nova Angola – senão o de mostrarem que se situam no horizonte de um assistencionismo que não é apenas de Estado a Estado mas inclui a acção do capitalismo privado? Num excelente artigo do *Expresso*, de 20 de Julho deste ano ("Quais as Perspectivas Económicas para a Guiné-Bissau?"), o seu autor, Virgílio de Lemos, lembra, e com razão, que de todos os povos do Terceiro Mundo só a China, pelo seu espaço e história particulares, conseguiu eximir-se à fatalidade do *neo-colonialismo*. Mas como muitos outros, o conceito está eivado duma carga pejorativa mistificadora e ninguém – sobretudo socialista – está disposto a aceitar o labéu e a encarar de frente a iniludível realidade que ele encobre. Ora ela só é *condenável* por um preconceito ideológico destinado a dar boa consciência imaculada a um processo que a não comporta e, por não a comportar, a dispensa. O que o Portugal de Mário Soares e, mais ainda, de Almeida Santos, com a anuência, essa sim, coerente, do próprio Presidente da República, se compromete a realizar em África releva do *neocolonialismo* e é inútil inventar de corpo inteiro um novo mito a acrescentar aos outros de que o nosso colonialismo inocente está repleto. Mas sob a nossa pluma, esta verificação nem é denúncia nem acusação, como o é para o revolucionarismo ideológico, alheio a toda a análise, que campeia hoje no mercado político português. Entre o *mecenatismo puro* (que também podia ser acusado de supremo paternalismo), mecenatismo a que não podemos aspirar mesmo que quiséssemos, como nação pobre que somos e *ainda* capitalista (o que o mesmo revolucionarismo esquece), e o *neocolonialismo,* não há meio termo. O que há é incoerência, ou falta de coragem política e tartufismo, ao querer apresentar como sendo outra coisa aquilo que está bem à vista e que assumido com coragem não envergonha ninguém.

Desta tentativa de criar a outro nível e noutro espírito o sonho ainda não enterrado de uma Comunidade lusíada – e que com esta evidência só nos discursos do Presidente da República ousa manifestar-se – é o Brasil peça mestra, e por sê-lo é que a coerência e a possibilidade de apresentar tal projecto como *revolucionário* (mesmo com intenção) claudicou seriamente. Com efeito, e como é do domínio público, a nova presença "lusa", fraternal e dinâmica em terras de África liberta, não será apenas (nem prevalentemente) a de uma Metrópole exangue, mesmo representada pelos menos exangues dos seus filhos, os ditos Champalimauds, Mellos ou Quinas. Não, a nova colonização sem colonialismo, ou anticolonialista, terá como motor e suprema caução uma outra Metrópole, maior, mais rica e mais empreendedora que a nossa e que há dezenas de anos não sonha com outra coisa: suplantar-nos em África. Referimo-nos ao Brasil, naturalmente, assunto tabu entre todos os assuntos de que seja lícito aos portugueses ocuparem-se. Na estratégia do colonialismo implacável e absurdo do Antigo Regime, o Brasil era já uma referência capital. Durante anos pudemos defender-nos, não sem um certo sucesso, da acusação de colonialistas, arrastando pelos cabelos nos corredores da ONU, esse gigante "nosso filho", exemplo de multirracialismo e anti-racismo. Pela mesma razão, todo o edifício diplomático-militar do nosso cruzadismo tremeu no breve período em que Jânio Quadros não esteve disposto a entrar no jogo de Lisboa. E não pouco contribuiu para a derrocada final do mesmo cruzadismo o pouco entusiasmo do novo governo brasileiro, farto da nossa companhia comprometedora que lhe enegrecia a imagem de marca aos olhos desse Terceiro Mundo de que, curiosamente, se deseja líder, e em particular, do mundo africano. Decerto esperava, e não sem motivos, que a África lusa descolonizada fosse mais propícia ao seu próprio sonho imperial do que a famosa miragem de comunidade luso-brasileira a que nenhum brasileiro adulto consegue (e com razão) conferir qualquer sentido, além do sentimental, quando existe. Aparentemente, o cálculo saiu-lhe exacto.

Em artigo perplexo, publicado no *Expresso,* artigo que parece não ter obtido nem eco nem resposta pública, o líder revolucionário Miguel Arrais manifesta ao nosso ministro Almeida Santos a sua surpresa ao vê-lo convidar o Brasil para a grande festa da nova cooperação do mundo de fala portuguesa. É claro que o que espanta, e veladamente indigna, Miguel Arrais, homem de oposição ao actual regime brasileiro, não é o apelo propriamente dito ao Brasil, cujos sonhos vastos conhece e acaso partilha. O que o espanta – e há de quê – é que o ministro não só passe um atestado de bom comportamento democrático a tal regime, como convide o dinâmico capitalismo brasileiro, a interessar-se *pela nossa ex-África e pela Metrópole dela...* Malhas que o Império (mesmo desfeito) tece: um dirigente socializante português descobre ao capitalismo brasileiro virtudes que o caseiro, tão vilipendiado (e não faltam razões para isso), pelos vistos não possui. Incoerência particular de um homem público, ou desajuste calculado de um cenário que se desenrola sempre em dois planos, um para a plateia lusíada, outro a sério para a plateia mundial ou internacional? Nem uma coisa nem outra, mas simples consequência da estrutura do colonialismo inocente que nos é particular (inocente por não ter podido nunca consciencializar-se em termos próprios na medida em que isso não era possível sem nos apercebermos que Portugal era, ao fim e ao cabo, colónia das suas colónias ou colónia que tinha colónias), colonialismo de que o Brasil é a peça mestra, pois é ele que supremamente *nos inocenta*. Se idealmente nenhum português aceita de bom grado a sua imagem de colonizador-colonialista, sujeito de inequívoca *opressão,* tal hipótese é absurda para um *brasileiro.* No mundo da fala portuguesa há um *ponto branco,* se assim se pode dizer, e esse ponto é o Brasil, cujo estatuto de antiga colónia lhe basta para se ver no papel de nação *anticolonialista tipo.* Que o Brasil exista por cima de um genocídio perpetrado alegremente através de gerações, ou do suor escravo de milhões de africanos, isso não perturbou nunca a boa consciência brasileira, herdeira da nossa, mas amazónica. E compreende-se: esse passado, de que aliás a historiografia brasileira burguesa se culpabiliza pouco, está todo inscrito na conta *portuguesa*, saldada há muito. Embora o Brasil seja obra de *colonos* e por conseguinte verdade intrinsecamente colonialista e imperialista como há poucas, o facto de poder rejeitar o seu lado Dr. Jekyll para Portugal dá à sua face de Mr. Hyde um resplendor anticolonialista sem rival. Revolucionários como Miguel Arrais, ou militares golpistas, admiradores de Pinochet, têm isso em comum: são anticolonialistas por definição e indicados como ninguém para se entender com essa África que até lhes está na massa de algum sangue. Não deixa de ter o seu fundamento esta pretensão que ilustra de singular maneira o célebre tema do Senhor e do Escravo de Hegel. O que o Brasil fez da África foi escravidão, o que ele conheceu dela foram escravos, mas isso mesmo, com o tempo, de elo negativo se foi convertendo em positivo. E em seu nome (e no do apetite imenso da sua máquina produtiva) a nossa "filial" Brasil está mais do que disposta a desempenhar esse papel providencial de elo multirracial e elemento motor do progresso africano a que o convidamos.

A questão surge, naturalmente, em que termos? Nos dele, nos que fatalmente têm de ser os da vontade de poderio do seu capitalismo, ou nos *nossos*, de nação com transes de exemplaridade democrática e até socialista, se puder ser? Serão os dele os nossos, ou os nossos os dele? Ou não há diferença entre ambos? Uma *démarche* como a do ministro Almeida Santos autorizaria a última conclusão, mas nós preferimos supor que o jornalista brasileiro não percebeu exactamente o que o ministro disse. Que o Brasil em geral e o seu governo actual, em particular, tenham desígnios planetários, à altura das suas sempre futuras possibilidades, é normal. É normal também que os outros pontos depois dele lusitanizados lhes pareçam os degraus mais acessíveis para iniciar a escalada. O que talvez seja excessivo, *neste momento*, é que sejamos nós, à hora do nosso imperialismo em estado de recessão total, a cultivar um pendor que, bem vistas as coisas, nada tem de progressista e muito menos de anticolonialista. Que seja só irritante ou divertido ver o "fraternal" governo Geisel reconhecer *antes de nós* a nova Guiné é só um índice revelador, como o é a celeridade de instalar uma embaixada consequente na mesma Guiné. Mas já dá mais que pensar, ver o mesmo Brasil dos Matarasso e dos Geisel, grande correia de transmissão do imperialismo americano no hemisfério sul, penetrar em força na nossa ex-África. Ironia das coisas: o nosso exemplar anticolonialismo, em nome do qual e a justo título *devemos descolonizar*, isto é, liquidar todos os traços de opressão política e exploração económica, oferece uma cama toda preparada a um dos mais repulsivos imperialismos da hora actual, cuja sombra se estende do Uruguai e da Bolívia até ao Chile. Para cúmulo, ainda lhe pedimos como um grande favor que se venha deitar na nossa ex-cama. Quem traçará um dia o roteiro "imperial" das contradições explosivas de uma descolonização *sem problemas*, à parte os da estratégia e táctica necessárias para nos libertar de um Império inexistente?

Será um roteiro, póstumo, sem dúvida. O último capítulo de uma longa história de *ocasiões perdidas*, vividas como se tivessem sido ganhas. Convirá escrevê-lo a simples título de glosa pura, e por descargo de consciência que não despertará mais interesse à massa metropolitana purificada do laço imperial do que à antiga, prisioneira fictícia dele. Mas mesmo póstumo e fictício, esse roteiro das ocasiões perdidas e das contradições gritantes e lamentáveis que elas geraram será como um insulto para os que perderam (e fomos nós todos) as primeiras, tanto como para aqueles que não tiveram consciência das segundas. Antes do 25 de Abril *não era possível* discutir os problemas africanos. Depois do 25 de Abril, tudo se passa *como se não fosse necessário*, ou melhor, como se já não fosse necessário. Pode o cidadão comum a quem se prometeu solenemente a discussão pública e urgente do caso (para ele ter lugar se impôs a triunfante revolução) descobrir contradições graves entre as promessas e o curso ofegante dos factos, pode descortinar fendas largas como abismos entre as declarações ou atitudes dos responsáveis oficiais ou oficiosos da descolonização, pouco importa; a lei tácita, a palavra de ordem é uma só: perigo de morte para quem tocar, *realmente*, no assunto. Pedir explicações, deixar perceber que não existem, ousar sair do círculo de chumbo do neoconformismo pseudodemocrático que não confere peso senão à palavra que traz a marca deste ou daquele grupo político com porta aberta para a rua, é hoje manifestação iludível da famosa "agressão ideológica", conceito de essência totalitarista que permite infamar a preço vil, de reaccionarismo, de provocação ou de delírio provado, a normal e democratíssima vontade de examinar e discutir problemas de um País que é de todos. *O mais grave problema que se pôs à Nação desde que existe, afora o da sua subsistência, é tratado contra o espírito democrático que estruturou, o movimento e as declarações impressas das Forças Armadas, à margem e na ausência da representação nacional, e o País é assim colocado sem cessar na situação de "interinar", em matéria de tal monta, numa política do "facto consumado".* Esta situação, em si pouco democrática, nada teria de criticável se o Governo Provisório se desse como poder revolucionário confesso, obrigado e justificado por uma certa urgência histórica pouco compatível com a morosidade e o carácter prudente dum jogo parlamentar. Digamos, se o Governo Provisório fosse, como poderia tê-lo sido, o que se chama uma "ditadura militar" em sentido próprio, transitória e revolucionária. Mas o nosso Governo Provisório não é isso, trata-se de um compromisso entre poder militar, representado na sua plenitude, e poder civil que se prevalece de uma representatividade não usurpada, sem dúvida, na ordem sociológica, mas sem verificação democrática autêntica, aquela que as urnas, livremente consultadas, conferem. Por isso mesmo, e com razão, se exarou num dos parágrafos do programa do Governo Provisório: "O carácter transitório do Governo Provisório determina que não poderá proceder a grandes reformas de fundo, nem a alterações que afectem o foro íntimo da consciência dos Portugueses, em particular das suas convicções morais e religiosas".

É difícil imaginar que decisões ou questões de vulto maiores do que as que concernem os destinos da Guiné, de Moçambique ou de Angola, o mesmo Governo Provisório podia atacar e resolver... E o mesmo se podia dizer de muitas outras. A intervalos regulares o País é colocado diante de rupturas de ritmo e de equilíbrio, em si mesmas justificáveis, mas sem que o processo e as modalidades sejam explicados *pedagogicamente* a um povo a quem essa explicação é devida, e capital, se se quer que ele venha a ser realmente sujeito e não comparsa sonâmbulo do destino democrático a que foi chamado. A *forma* é tanto ou mais importante que *o conteúdo* na criação efectiva da Democracia. Que a descolonização se passe e continue a passar de maneira *informe*, nos termos da mais tradicional diplomacia burguesa do mistério, do segredo e da informação póstuma e sucinta, não é somente pouco compatível com o estilo de uma *política de verdade*, segundo a expressão do actual primeiro-ministro, mas inquietante em relação ao ideal de transparência e de controlo popular legislado que deverá ser a respiração mesma da futura Democracia portuguesa.

A descolonização é irreversível. Ela impõe o dever de descolonizar sem *arrières-pensées,* quer dizer, em função dos interesses efectivos e inegáveis dos antigos colonizados e da complexa situação que lhes foi criada pelos agentes da colonização. O que o Ultramar era ou é constitui razão suficiente para o descolonizar, agora e antes. Não é lícito nem são operar a descolonização na óptica do nosso interesse específico de metropolitanos que precisam dela para poder construir a Democracia em casa. Em suma, não é legítimo subordinar o processo descolonizador a imperativos que são ainda, em prioridade, os da política metropolitana e, por conseguinte, do colonialismo voltado do avesso. Na realidade, os autênticos interesses da descolonização são só, e apenas, os dos antigos colonizados e por isso mesmo, nem é a nós que incumbe determinar *a priori* o seu perfil futuro. Mas queiramo-lo ou não, e paralelamente, estarmos implicados mais do que num processo sem dor de descolonização requereria, num contexto que comporta um segundo elemento, ou questão, aquela que a presença branca representa. Grande é a tentação de lhe fazer pagar as contas graves de uma colonização que, bem ou mal assumida, foi da Nação inteira. Não menor é a tentação, por parte dessa minoria ex-dominante e dominadora, de resistir (e até de armas na mão) a um processo que conduz fatalmente, ou ao fim de uma presença de séculos, ou à inversão de laços de hierarquia política, até há pouco ainda impensáveis. Nem uma, nem outra destas tentações são aceitáveis, nem fatais. Contudo, uma e outra estão por assim dizer implícitas numa descolonização *à la sauvette* como a que estamos levando a cabo, não tanto pelo facto de queimar as etapas, como se escreve, mas por não ter sido acompanhada de um esforço de esclarecimento e explicação sérios e abertos a nível nacional e ultramarino. Os últimos acontecimentos de Moçambique são lamentáveis e irrisórios e o governo metropolitano só podia reagir como reagiu. Mas é ainda perpetuar hábitos de simplismo ideológico e agravar com injustiça uma situação objectivamente dramática, como não pode deixar de ser a dos nossos "pés brancos" de Moçambique ou de Angola, atribuir essas revoltas sem amanhã a um reflexo de *reaccionarismo* sem desculpa. Que haja reaccionarismo manifesto entre os cabecilhas, entendendo por isso a vontade de defender laços colonialistas indefensáveis, é evidente. Mas é de uma injustiça atroz rotular assim o desespero dos "pés brancos" sem categoria social, infantaria do nosso colonialismo, a quem nada foi explicado, e que são tão responsáveis de ter sido colonos e colonialistas, como o foram do fascismo as multidões de metropolitanos que saíam à rua para aclamar o almirante Américo Tomás ou Marcello Caetano, ou como o foi o glorioso

Exército português que durante treze anos conduziu na mesma África uma guerra implacável, tida como justa por essas mistificadas populações brancas que não sabem agora a que santo se abraçar. Portugal não pode tolerar que o seu projecto descolonizador fracasse por causa da *reacção* banca, mas é francamente triste e lamentável que uma autêntica pedagogia da descolonização, uma campanha lúcida e profunda de esclarecimento, persuasão e garantias não tenha sido empreendida junto desses que *são*, por tê-lo sido, esse Império tão hiperbolicamente glorificado durante séculos e afinal tão pouco consistente ou existente que à hora da morte não merece sequer uma atenção digna do que se supôs ter sido.

Desse Império mais de sonho compensador do que de verdade, com o seu cortejo centenário de violências visíveis ou invisíveis (e toda a colonização é já originalmente violência), não devem os Portugueses guardar nenhuma nostalgia malsã. Do que, apesar dessa mesma violência que lhe foi e é (ainda) inerente, podia ter sido, é natural que guardem alguma melancolia. A que basta para tentar ainda *post mortem* inventar, enfim, em termos novos, uma aventura falida e sem ressurreição possível. Faz parte da piedade lusíada lavar os mortos de todos os pecados. Portugal, recebendo nos braços o seu império morto o lavará dos pecados que nele cometeu e morto e transfigurado lhe descobrirá no rosto uma existência imortal de que nunca seriamente se apercebeu. Nem é de excluir que um dia uma das suas ocupações mais profundas não venha a ser a de peregrinar em ex-terras imperiais em busca daqueles ossos fabulosos que como Deucalião atirará para trás das costas para repovoar a sua imaginação estreita e deserta. Não é a hora em que estamos hora de urgência, de estratégia, de política imediata, sem lugar para nostalgias nem melancolias imperiais. No grande espaço "português" a lâmpada imperial está já apagada. Um só português vela com grandeza e fervor dignos de tão imenso e irreal cadáver o catafalco das nossas esperanças. É verdade que é um ex-herói do Império e um herói do ex-Império.

Vence, 15 de Setembro de 1974.

Ressentimento e colonização ou o complexo de Caliban[23]

> *Não creio que as relações entre Portugal e as ex-colónias se modifiquem na sua essência, neste momento, devido à composição do Governo... Por uma razão muito simples...: a esses países convêm más relações com Portugal num primeiro período.*
> Dr. Medeiros Ferreira, transc. n'*A luta*, 10-4-76

> *Em todo o caso, de Bolivar a Carlos Fuentes, todo o latino-americano, se desce ao fundo das coisas e se é sincero, terá verificado, ao menos por momentos, o fracasso – até ao presente – da América Latina.*
> Carlos Rangel,
> *Du bon sauvage au bon révolutionnaire*, ed. Laffont

> *Não alteramos uma vírgula às nossas concepções anticolonialistas de sempre... Se, por isto, nos acusarem de romantismo, de bom grado aceitaremos a condenação.*
> Álvaro Guerra, *A luta*, 30-4-76

O ressentimento é um labirinto de que ninguém sai sem ajuda, pois é a fraqueza e a impotência íntimas que o constroem. É sempre um *outro* quem dele nos extrai, mas isso supõe o reconhecimento do *outro*, quer dizer, é já

---

[23] Publicado em *O fascismo nunca existiu,* Lisboa: Publicações Dom Quixote, 1976, pp. 241-248. *O fascismo nunca existiu* foi depois publicado pela Gradiva em 2022. Este texto foi anteriormente publicado em *Diário de Notícias,* 4 de Maio de 1976.

uma fenda na muralha. Há vidas cujo alimento único é o ressentimento. Há civilizações, culturas, religiões mesmo, se se aceitasse o discutível diagnóstico de Nietzsche para a cristã, que não repousam sobre outra base. Todavia, poucos fenómenos históricos suscitam uma estrutura tão ressentida como aqueles que podemos englobar sob o nome de "colonização". Ressentida e duradoira é a reacção de povos e culturas que algum dia foram objecto de colonização, mesmo naqueles casos em que se poderia crer superada por um futuro triunfal a antiga ferida de dependência. Podiam escrever-se volumes sobre um tema tão universal. Se os Portugueses conhecessem melhor o itinerário profundo da literatura brasileira (após a Independência) dar-se-iam conta do ininterrupto fio, de um certo antilusitanismo e, em seguida, de um visível antieuropeísmo, que a atravessa. Mesmo numa cultura tão dinâmica e autónoma como a norte-americana não era difícil, até há pouco, detectar reflexos de ressentimento. Toda a obra de Henry James se articula ainda entre a fascinação um pouco demoníaca da Europa e a vertigem da inocência resgatadora dos Estados Unidos. E não seria difícil descortinar na actual cruzada antimarxista de Soljenítsin o eco do tradicional ressentimento do eslavófilo, herdeiro de Solovióv e de Dostoiévski, ofuscados pela hegemonia do "colonialismo" cultural do Ocidente, racionalista e ateu. Mas trama alguma de estrutura "ressentida" se pode comparar àquela que conjuga numa só espessura os fios da colonização, em sentido estrito, com os da *cor* e da *raça*. Entra-se então num autêntico mundo esquizofrénico em que todos os sinais sofrem uma torção semântica irresistível e a comunicação humana se interrompe. Mesmo a pretensão de qualquer neutralidade teórica se evapora. Só a tragédia se estabelece nesse lugar sem diálogo e só o *sacrifício,* como os Gregos o souberam, restabelece a ponte entre o homem do ressentimento e aquele que é sua origem ou pretexto. Nesta situação têm vivido as comunidades negra e branca nos Estados Unidos, mau grado "a boa vontade" dos Luther King, nela vivem os negros e brancos da África do Sul sem "boa vontade" nenhuma e, embora diversamente, não é ela estranha ao fosso surpreendente que, na aparência ao menos, se criou *após a independência,* entre as comunidades africanas nossas antigas colonizadas e a comunidade portuguesa colonizadora. A "incompreensão" entre elas é tal que só do mútuo e convergente milagre de uma *conversão* de atitudes é lícito esperar que um dia possamos passar da *falsa comunicação* em que supúnhamos coexistir à *comunicação autêntica* de diferentes que se aceitam na diferença por se saberem iguais em humanidade.

Que a colonização *era* precisamente uma tragédia em acto e em potência os Portugueses cientemente o queriam ignorar. Do "colonialismo inocente" que nos caracterizou acordámos, ou fomos acordados, com a costumada e incomum violência histórica. Acordámos tarde, à pressa, e só para uma visão da tragédia que é, naturalmente, a *nossa*. Como era de prever, a nossa tardia e inoperante tomada de consciência, acompanhou-se das mesmas ficções, dos mesmos fantasmas que durante séculos estruturaram a existência sonâmbula do nosso colonialismo inocente. Nem os mais convictos anticolonialistas se deram conta do que *foi, do que é, para os nossos antigos colonizados, a incicatrizável ferida da negação absoluta de que foram objecto pelo mesmo facto da nossa colonização*. Para nos justificar, para vir em nosso socorro, acodem, como é natural, as listas de todos "os bens" ou "benefícios", objectivamente numeráveis, de que o colonizado usufruiu, graças à famosa acção civilizadora do colonizador. Simplesmente, é esta mesma consciência de "dívida" e a dependência e minoridade que nelas se implicam, que tornam *intolerável* a relação com o colonizador. O sentimento de se sentir *frustrado da sua própria existência* não tem compensação possível e é natural que o colonizado frustrado da plenitude do seu ser social, político e mesmo humano, se instale duradouramente no interior do mais inexpugnável ressentimento. Para se dar boa consciência (para nos darmos boa consciência) o ex-colonizador costuma registar, com sarcasmo e humor naturais, a série inevitável de actos *bárbaros* ou *absurdos* com que, efectivamente, um bom número de ex-colonizados celebra a rejeição brutal dos antigos senhores. A África tornou-se, de repente, a pátria eleita dos Amin Dada, cujos altos e ubuescos feitos são oferecidos ao gáudio do universo "civilizado", com a convicção de que esse "dadaísmo" africano é *por natureza* diferente do não menos "ubuesco" herói ocidental do Watergate... Mesmo uma certa imprensa portuguesa "progressista" glosa, com maldisfarçado complexo de superioridade, os gestos e feitos primários aterradores de um Samora Machel, sem ver a que ponto enraízam num *ressentimento com a fundura de séculos, ressentimento-resposta à negação absoluta do ser africano inscrita na realidade colonizadora*. Decerto, essa colonização tem uma história e há graus nessa negação do "outro" que a caracteriza. Mas nenhum perfume cristão, nenhum gesto de "compreensão superior", nenhuma particular "humanidade" no comportamento do colonizador podia rasurar esse autêntico *pecado original*. Só a ignorância dele o podia atenuar. Uma vez descoberto, tudo, e sobretudo até o melhor, só podia agravar a consciência da *diferença*, a alteridade negativa que é a produção específica do acto colonizador. Com o tempo (séculos?...) é possível que o ex-colonizado possa integrar, como *"felix culpa"*, aquilo mesmo que o traumatizou, mas é absurdo e contraproducente supor que a estrutura de ressentimento por ele criada se desfaça da noite colonial para o dia africano. Essa será a história própria e imprevisível do ex-colonizado. A nossa, de ex-colonizadores que não conseguem, no fundo, admitir que o tivessem sido nos termos em que os *colonizados* no-lo *propõem*, é a de compreender que o fabuloso ressentimento de que fomos causadores como povo, é uma ferida de longa supuração, para a qual e por longo tempo, *só nós, em particular, não temos bálsamo, pois é de nós que estão feridos.*

É por isso que uma espectacular declaração recente de um dos nossos responsáveis da diplomacia incidindo sobre *a difícil questão das nossas relações com as antigas colónias* merece um complemento reflexivo que permita situá-la no complexo contexto do contencioso de fundo entre nação colonizadora e ex-colonizados. Sublinhou, sem dúvida por imperativas razões, o secretário dos Negócios Estrangeiros, Dr. Medeiros Ferreira, a notória *má vontade* que neste momento parece orientar a política de certos dirigentes das antigas colónias em relação à "ex-mãe pátria"... Tratar-se-ia de uma má vontade concertada, estratégica, digamos, pleonasticamente *voluntária*. Do seu ponto de vista de responsável e homem de acção num horizonte preciso, sobrar-lhe-ão razões para justificar a sua análise. A pura constatação do facto bastará. Além do mais é lógico (e até normal dentro de uma atitude não neocolonialista) querer tratar e reagir em relação à Guiné, Angola ou Moçambique, nações independentes, segundo as normas habituais e as exigências impostas pelo respeito dos interesses mútuos. Infelizmente, a História não se apaga como uma conta errada. E ainda menos se a conta (ou contas) estiver, no fundo, certa. Para já, essas nações poderão estabelecer com todas as outras laços "normais" excepto com uma, Portugal. Privilegiados ou conflitivos, os nossos laços serão sempre (ou durante muito tempo) *especiais*. O contrário é também exacto, embora o conteúdo da reciprocidade não seja, nem possa ser, o mesmo. Quem ignora que, passados cento e cinquenta anos, as nossas relações com o Brasil não são "neutras" – da neutralidade normal das relações internacionais – mas específicas? Não é possível imaginar que teremos menos problemas com a África (e mormente no plano cultural em sentido lato), quando o simples facto de quase nenhuma das antigas colónias ser *crioula*, como o Brasil o era (ou é) basta para supor obstáculos de ordem e índole superior. Não é decerto nem desejável nem útil que Portugal se comporte em relação às suas antigas colónias como um penitente à espera de uma aleatória absolvição paga com abraços, sorrisos, auxílios ou dívidas jamais solvíveis. No que nos diz respeito, o contencioso colonizador e colonialista deve dar-se por idealmente encerrado e tem de ser assumido com o trágico indelével que comporta. Essa tragédia é nosso problema, a resolver connosco e com mais ninguém. Mas a porta que nós cerrámos ficará, por longos anos, escancarada do *outro lado*. Seria um milagre se assim não acontecesse e cumpre-nos a nós compreender porquê e extrair disso as consequências. Em suma, temos de ser lúcidos por dois, mesmo se, na aparência essa lucidez tem qualquer coisa de intolerável. A primeira consequência é a de ter de assumir sem nostalgia nem ressentimento *a independência do outro, não esquecendo que tem as suas raízes e o seu motivo nele mesmo, embora conquistada sobre a nossa anterior dominação*. A segunda é a de compreender e aceitar que a existência e a independência desse outro seja fatalmente e por longos anos uma *existência ressentida*. Se as novas nações não conseguem existir e tomar plena consciência delas mesmas senão através de um acidentado e por vezes brutal *processo de recusa* de relações "normais" com a antiga potência (ou impotência...) colonizadora, nós podemos lamentá-lo, sofrer com isso, tentar remediar o que é remediável, mas não podemos *ser juízes com total boa consciência numa dificuldade que nos implica tão abrupta e unilateralmente*. Se má vontade existe devemos determinar-lhe o *conteúdo*, não só no que é óbvio, de gesto instaurador que essas nações precisam para se afirmar no tablado do mundo e em relação a si mesmas, mas igualmente no que é menos óbvio e diz respeito à *nossa incapacidade real de lhes ser* útil *nos termos em que elas definem agora essa utilidade*. Quando os Estados Unidos se tornaram nação, após um curto período de antagonismo natural, estabeleceram em breve os famosos "laços privilegiados" com a Inglaterra, a que Churchill se referirá mais tarde em circunstâncias solenes. Objectivamente, os Estados Unidos *precisavam* da Inglaterra e vice-versa. É a isto e a isto só que a questão "subjectiva" da má vontade (de todas as "más vontades" com conteúdo político e diplomático) se resume. Trata-se, pois, de saber em que sentido e proporção as novas nações africanas *precisam de nós* e, subsidiária mas implicitamente, a de saber em que medida nós as podemos ajudar, se o quiserem. Questões, como se vê, que têm um conteúdo preciso. Questões, sobretudo, que são ou devem ser formuladas por *essas nações* e em termos tais que a formulação não avive nelas a ferida antiga e recente de ex-povos colonizados. É problema delas e não nosso. A amizade, as boas relações não se pedem e muito menos se impõem. Cultivam-se quando existem ou criam-se as condições para que existam. Nós temos apenas de esperar e confiar que cinco séculos de contacto histórico e fatal conhecimento uns dos outros, mau grado o irremível laço de subordinação, tenham deixado nas novas nações um espaço de latente e futuro desejo de o estruturar em termos absolutamente outros. Mas será longo o caminho a percorrer para que um dia existamos uns para os outros fora do envenenado círculo de um mútuo e oposto ressentimento: o das novas nações de terem sido colonizadas e o de Portugal de as "ter perdido" como imaginário (e real) prolongamento seu.

    Na aurora da aventura expansionista europeia um homem de génio pôde já imaginar a tragédia deste duplo ressentimento e oferecer à Europa conquistadora e mágica de Próspero a revolta brutal e futuramente justiceira do escravo Caliban. Próspero perdeu o seu império, Caliban recuperou a sua humanidade servindo-se da magia de Próspero. Próspero desejaria que Caliban se lembrasse da "educação", da "ciência" (e porque não da "moral" e da "arte"?) com que o mágico supremo o extraiu das "trevas coloniais". Mas Caliban é o sem-memória, ou de uma memória-outra, a da longa humilhação do reino de Próspero, da magia de Próspero, do fascínio de Próspero. Nós adivinhamos que rejeitará Próspero, que um dia mesmo o assassinará. Para descobrir por sua própria conta, liberto da opressiva tutela de Próspero, o preço doloroso mas vivificante da sua magia. Tal é a lição da *Tempestade:* da de Shakespeare e da História.

Lisboa, 1 de Maio de 1976.

Um regime sem nome[24]

Ainda não nasceu e já tem um nome: segunda República. Refiro-me à Itália berlusconiana. Nós, há vinte anos, assistimos ao fim de um regime que com o tempo se descoloria, mas se chamou e continuará a chamar nos manuais de História, Estado Novo. Mas não acordámos ou fomos acordados para viver com nome próprio estes vinte anos que por isso mesmo teremos de celebrar no equívoco de uma continuidade inconfessada, a da Primeira República, como se o estado antidemocrático que por colapso, só aparentemente interno, terminou há duas décadas, tivesse sido um interregno. Não quisemos ter pai, o que se entende, só um avô que há meio século estava fora da História. O resultado foi esta desertificação simbólica, esta república sem republicanos, sem mitologia própria, à procura de ter um nome futuro por não tê-lo presente, senão sob a forma universal, positiva, mas abstracta da Democracia. Estranho presente o nosso, filho de uma Revolução que ainda hoje é um mito e uma nostalgia para aqueles que, na Europa e no mundo, tinham então vinte anos e uma urgência utópica sem igual, talvez porque já pressentissem que o que era um começo era sobretudo um fim.

República sem nome é assim a nossa. Para colmatar essa ausência de identidade – fora a que formalmente está consignada na Constituição – fomos vivendo estes vinte anos, depois da euforia revolucionária, excessivamente onírica, que foi a nossa de 74 a 76 – em termos privados, sob forma de identificações personalizadas (eanismo, sá-carneirismo, soarismo, agora cavaquismo), nenhuma delas carismáticas que bastasse para dar uma cor à

---

[24] Texto inédito. Espólio de Eduardo Lourenço, Biblioteca Nacional de Portugal.

nova Democracia. Como excepção lembre-se o "sá-carneirismo" de que o fim trágico fez a título póstumo um sidonismo sem mais futuro que o pragmático e intrinsecamente anónimo presente onde, a sério, *o 25 de Abril* é incomemorável. Incomemorável, não como data oficial e origem da efectiva Democracia em que vivemos – e não é pequeno milagre – mas como acontecimento interiorizado, entranhado no imaginário do português comum de hoje, como o era, naturalmente, a Monarquia quando era o que parecia e a República como corte simbólico, irreversível, em relação a uma forma de poder sacralizado que encontrou no ícone feminino rústico e materno consabido, a sua representação. Quanto ao Estado Novo, escusado lembrar a que rosto identificou a sua mitologia e como ele foi, pese aos que com ela não se identificaram nem podiam identificar, um discurso obsessivo na sua intemporalidade, mas de inegável ressonância, como "voz da Nação", enquanto amalgamou em si todo o tradicionalismo pátrio e uma versão pobre do modernismo ou da modernização europeias dos anos 30 aos anos 60.

Talvez a razão última deste *anonimato* simbólico da República Democrática que o 25 de Abril nos trouxe (o Antigo Regime também era república...) se encontre no facto de que a Revolução se faz a partir não só do interior desse Regime, mas do interior desse interior, do seu santo dos santos, a instituição militar. É inexacto ver naquilo que foi empírica e tecnicamente um golpe militar, preparado por um *complot* da mesma natureza, uma mera quartelada com perfil análogo a tantos que no século XIX e, sobretudo, durante a Primeira República, exemplificavam a inorganicidade e a desorganização patentes da instituição militar. Por motivos ideológicos e por necessidades técnicas (Segunda Guerra Mundial), as Forças Armadas auto-integraram-se nas finalidades que o Estado Novo se assinalou e lhes assinalou. Isso significou que tomaram a sério não só o óbvio papel de garantes da defesa dos interesses superiores do País (como então se dizia e creio que ainda se diz) mas de guardiães de um Regime que, embora consciente dos perigos dessa tutela ou vigilância militar, devidamente vigiada por sua vez, passaram a referência incontornável dele. Sem a guerra de África talvez esta simbiose ou conivência tácitas, mas necessárias a um regime antidemocrático que a uma democracia de sólidas tradições, se tivesse mantido, embora num outro registo. Felizmente a instituição militar não é uma guarda pretoriana. É filha e está imersa na sociedade civil. A partir dos meados dos anos 80 Portugal começa a aceder, paulatinamente, ao que virá a chamar-se "sociedade de consumo". Podia imaginar-se que pouco a pouco a consciência da sociedade civil no seu conjunto, a mudança de sensibilidade, a ruptura sensível com as referências e valores que durante trinta anos haviam sustentado e alimentado o discurso salazarista, tais como a crise de 58 a exemplificou, se autonomizasse, que dentro dela o comum dos portugueses remediados encontrasse um "emprego", um novo estatuto social. A antiga saída militar – como a mais arcaica, do seminário – perde os seus actrativos e não será a rebelião africana e em seguida treze anos de guerra envergonhada, com a mobilização de milhares de milicianos que restaurarão o antigo estatuto material, mas sobretudo, simbólico, dos militares. Com a guerra de África o "isolamento" da instituição militar desaparece, e o seu discurso vai ser penetrado pelo da sociedade civil e não pelo da sua fracção conformada ou ineducada, mas pela juventude universitária muito pouco sintonizada com o Regime e, desde 1962, maciçamente divorciada dele. Com a morte de Salazar supõe-se que o seu herdeiro político ia conversar com a Nação, demais a mais habituado ao meio universitário. Mas era um produto típico (no seu aparente atipismo) do Regime, a sua paradoxal exasperação diante da *situação africana*, cada vez mais aflitiva. As suas "conversas em família" para o público metropolitano pesaram pouco ao lado da conversa inacabada que em África gerações sucessivas de milicianos entretinham com os seus camaradas militares. Nem todos estavam em Angola para lhes ensinar a História de Portugal aos quadradinhos como (ironicamente?) no-los mostra Manoel de Oliveira no *Non, ou a Vã Glória de Mandar*. Alguns dos nossos romances dos anos 80 restituem-nos com fidelidade esse convívio de soldados à força, pensando como sair e o País com eles, desse atoleiro militar, sem saída sem perspectivas éticas aceitáveis. E é desse convívio e dessa consciência cada vez mais intensa de bloqueamentos que da base sobe até aos responsáveis máximos, aos Costa Gomes e aos Spínola, que nasce e se impõe a ideia de pôr um termo a um Regime incapaz de dar a volta ao problema africano. O enraizamento "africano" da sublevação militar, como a das antigas legiões romanas que da Bitínia ou da Hispânia vinham por ordem aos negócios de Roma, condicionará não apenas *a eclosão* do 25 de Abril, mas o tipo de futuro e até *o estatuto* da situação política destinada a substituir o Estado Novo. O que houve de original na mítica Revolução de Abril, aquilo que o futuro realmente reterá, não foi o facto de ter derrubado uma Ditadura "à bout de *soufflé*" e nessa época a contracorrente dos regimes mais importantes da Europa, nem o de ter restaurado a Democracia, *mas o facto de alterar o estatuto secular de Portugal como nação colonizadora*. Pouco ou dificilmente pensável pelos futuros actores e até heróis da Revolução de Abril, a hipótese da "perda de África" teve de ser, simbolicamente, perspectivada, não só como *não-perda,* mas como aposta na sua salvação através de uma Comunidade Luso-Africana conforme com a mitologia camoniana que servia de caução à mesma defesa guerreira do Ultramar e à mais recente multiculturalista e multirracial que encontrara em Gilberto Freyre o seu teorizador mais conhecido, e depois entre nós, a sua versão sofisticada. É à beira do abismo que essa solução aparece ao famoso livro do General António de Spínola, *Portugal e o Futuro,* o detonador simbólico de uma Revolução que ele *não fez militarmente,* mas que terá no seu nome, a nível nacional e internacional, a sua legitimação.

Na realidade e desde a primeira hora houve *duas* Revoluções, a aparente, a que teve o General Spínola como caução e emblema e a outra a do MFA, a dos *capitães de Abril* que correram o risco de golpe militar e o levaram a cabo. Mas não se pense que o General Spínola e o spinolismo *confiscaram* a Revolução. Foram os conspiradores que muito hierarquicamente – pode dizer-se muito "portuguesmente" – escolheram e votaram como seus "patronos" os Generais Costa Gomes e o General António de Spínola que diante do facto consumado aceitaram dos seus subordinados que acabavam de fazer "uma revolução" mais revolucionária do que podiam então imaginar, *uma oferta* que não tinham aceitado – diz-se – das próprias mãos de Marcello Caetano, desesperado por não poder levar a cabo, em termos legais, a sua utopia gémea de Confederação Luso-Africana. E foi ainda para António de Spínola que já sem poder, mas num último reflexo de homem de Estado – o maior do seu dramático consulado – se voltou para que o Poder "não caísse na rua" onde nunca caiu. Mas os capitães eram a rua de que António de Spínola era a necessária ordem.

Aqui engrenou a antiga legitimidade na nova – em princípio antagónicas – e de tal maneira que o elo nunca mais foi quebrado entre as duas. Esta "continuidade" – uma vez arrumadas a um canto as expressões mais ostensivas da antiga ordem antidemocrática (PIDE, Legião, instituição da estrutura fascista) – era necessária para se poder continuar.

Simplesmente magistral[25]

> *Os Estados Unidos não aceitarão uma
> expansão soviética, qualquer que seja.*
> Henry Kissinger, 25-12-75
>
> *Durante a luta contra o colonialismo português,
> o senhor Kissinger não disse absolutamente nada.*
> Le Monde, 26-12-75
>
> *Mário Soares avistou-se ontem com
> importantes autoridades do Chase Manhattan Bank... terá discutido
> a situação económica de Portugal e eventuais investimentos dos
> Estados Unidos no nosso País.*
> A Luta, 21-1-76
>
> *Daqui a sete ou oito anos, Portugal tem possibilidades de dispor de
> bases económicas para a sua independência nacional.*
> M. Rocard, *Diário de Notícias*

A política não é para meninos de coro. A guerra, sua continuação por outros meios, como diz o inevitável Clausewitz, ainda menos. A União Soviética acaba de demonstrar esta dupla evidência com a sua ajuda capital ao

---

[25] Publicado em *O fascismo nunca existiu,* Lisboa: Publicações Dom Quixote, 1976, pp. 193-199. *O fascismo nunca existiu* foi depois publicado pela Gradiva em 2022. Este texto foi anteriormente publicado em *O Jornal,* 27 de Fevereiro de 1976.

MPLA. Encurralado em Luanda, com o adversário a uns trinta quilómetros das suas portas, num espaço de tempo *record* (embora com alguns precedentes em "guerras africanas"), o MPLA distende o cerco e ocupa as vastidões espectaculares de Angola. Seria errado ver nesta reviravolta apenas o triunfo puro de um material de guerra sofisticado (para a África) e bem utilizado por gente decidida e competente. A jogada é magistral como jogada *política* e bem compensa a União Soviética (e secundariamente Cuba) do impasse ou de hipotéticos desaires que tenha conhecido em outros pontos quentes do globo (Próximo Oriente, Portugal). A sua vitória completa a coerente e paciente estratégia global anti-imperialista (do anti-imperialismo definido em Moscovo), cujo arco sólido une Hanói a Luanda. De resto, um dos pontos explica o outro. Sem a absurda e criminosa aventura dos Estados Unidos no Vietname, a intervenção precisa e sem dor (política) da União Soviética num espaço considerado ainda não há muito como "vital" para os famosos "interesses ocidentais" seria impensável. Mais do que o fim catastrófico e moralmente salutar da guerra do Vietname, a intervenção aberta e sem resposta da União Soviética em Angola marca o fim do *leadership* mundial dos Estados Unidos. Um pouco o que sucedeu para a Europa com o desaire de Suez em 1954. A esse título, e na medida em que essa liderança significa hegemonia do capitalismo selvagem e ultramonopolista, ninguém o lamentará. Mas, na medida em que possa significar (e talvez signifique) a ruptura definitiva do equilíbrio mundial (que mesmo de terror nos deixava dormir), esta vitória sem réplica do poderio soviético projecta sobre a cena política deste fim de século uma interrogação de outra ordem.

Simples desfalecimento passageiro da máquina poderosa dos Estados Unidos, apanhada em estado objectivo de convalescença devido aos traumatismos do Vietname e do Watergate? Sem falar na clássica hipertrofia da auscultação política interna em ano eleitoral? É evidente que estes factores de neutralização política e moral do gigante americano facilitaram a colossal ponte aérea e marítima, ao mesmo tempo discreta e berrante, que permitiu ao MPLA o "seu" triunfo. Com Gulliver manietado, a operação constituiu um sucesso inegável e põe termo à "magia" discutível do Metternich da era nuclear que desejou ser o *"dear Henry"*. É possível que a História (musa ambígua por ele cultivada profissionalmente) não guarde de Kissinger e da sua política sob todos os azimutes, salvo o europeu, uma imagem mais positiva que do famoso Gribouille, cujo reflexo supremo consistia em se meter debaixo de água para não se molhar. A derrota de Kissinger é definitiva e sem remissão, mas pode não coincidir inteiramente com a derrota americana nas mesmas paragens. Até porque há o MPLA beneficiário político concreto da intervenção soviética, mas sujeito potencial de um futuro não forçosamente hipotecado ao imperialismo da mesma origem. Enquanto ramo do imperialismo americano – e na medida em que este se pode definir "em si", abstracção feita da relação complexa que sustenta com o do seu antagonismo –, a derrota de Kissinger não só é natural, como pode contribuir para um reexame salutar do mesmo imperialismo americano. Mas tudo isto deixa de lado não só a contabilidade trágica das dezenas de milhares de vítimas que custou esta intervenção magistral do poder soviético em Angola (junto do qual o horror e as atrocidades da nossa guerra colonial fazem fraca figura...), como as possíveis consequências de "desestabilização" profunda do equilíbrio africano, como elemento do equilíbrio mundial.

Kissinger, acusando o toque e fazendo da necessidade virtude, considerou a questão de Angola como liquidada em termos americanos. A mistura de impotência e desenvoltura que revela a sua também "magistral" conferência de imprensa (3-2-76), embora atinja um nível satisfatório em matéria de cinismo político (ou de *Real Politik*), é menos surpreendente do que possa parecer. Mas, sobretudo, ninguém está em condições menos propícias para lhe sublinhar o carácter *lamentável* que nós, portugueses, pois que da situação angolana e daquilo em que se transformou, não eram os americanos, nem os soviéticos, nem os cubanos, os directos ou indirectos responsáveis e fiadores, mas fundamentalmente nós. A descolonização de Angola ficará nos anais da diplomacia e da responsabilização políticas nacionais como o *fiasco mais estrondoso e medíocre dos nossos oitocentos anos de História,* porque foi um fiasco preparado e vivido colectivamente, com plena responsabilidade da comunidade portuguesa, o que não foi, nem podia ser o caso, dos tempos de Alcácer-Quibir. Mas deste fiasco objectivo e clamoroso antecipado e preparado, escusado será dizê-lo, pelo nosso comportamento histórico durante treze anos de guerra colonial – são menos responsáveis os directos actores da nossa gesta demissionária e incoerente, que a opinião pública metropolitana (em especial os meios de comunicação da época) encharcada de colonialismo orgânico até aos ossos embora na aparência virada do avesso depois do 25 de Abril. Para essa opinião, para os políticos de todas as cores que representam, a questão de Angola (como antes a de Moçambique) era uma "história de pretos" ou um problema de "pés brancos" (os futuros e célebres "retornados"), sem interesse nenhum para ela, sobretudo sem o interesse comparável ao que estava então suscitando o estabelecimento "exemplar" do socialismo não menos exemplar e "à portuguesa" entre Minho e Guadiana...

À construção de um socialismo que desemboca, ou está desembocando, em perspectivas deliciosamente próximas das da nossa Primeira República, se sacrificou uma solução humana e conforme a alguma tradição portuguesa. E o pior é que não está excluído que o plausível triunfo de um mal traduzido sociodemocratismo para uso entre as terras de Entre-Douro e Minho não tenha alguma coisa a ver com a falência sem nome da nossa política africana global. No fundo, é de uma injustiça evidente instalar o *"poor Henry"* no papel de Gribouille havendo tão respeitados próceres portugueses com direito de prioridade indiscutível. Sem ter, como ele, a responsabilidade de uma fantástica situação planetária, os nossos diversos *gribouilles* caseiros atingiram cumes dificilmente superáveis. A obra-prima da incoerência política e ideológica consistiu em levar a cabo, em Lisboa e em África, ao mesmo tempo e sob a mesma responsabilidade humana, *duas políticas diametralmente opostas:* exactamente *os mesmos* "responsáveis" que em Lisboa se opuseram, com o máximo de energia, à subalternização da política portuguesa à estratégia ideológico-política da União Soviética, contribuíram, ou foram incapazes de impedir, o triunfo da mesma União Soviética em *Luanda*. É impossível resumir melhor as contradições globais do nosso colonialismo visceral (mas inocente) e da nossa falhada descolonização.

    A História (talvez menos cega, mesmo no presente, do que é costume imaginar) se encarregará um dia de clarificar sem ilusões este Alcácer-Quibir sem restauração possível. Magistral, sem dúvida, o lance de *poker* aparente da União Soviética na antiga colónia portuguesa e agora, com lógica e justiça, República Popular de Angola. Mas mais inegavelmente magistral a nossa contribuição *ímpar* para substituir *objectivamente* a um subimperialismo condenado e condenável, a sombra omnipresente de um superimperialismo que a máscara "socialista" não torna menos suspeito e preocupante. Referimo-nos, naturalmente, e apenas, ao que podia ter sido, e não foi, a nossa política responsabilizada em Angola, antes de 11 de Novembro de 1975. A partir de então era lógico e legítimo que as diversas forças africanas buscassem a decisão e os apoios junto de quem melhor os pudessem fornecer. O MPLA fez o que qualquer movimento nas suas condições teria feito. E a fulgurante ajuda da União Soviética e de Cuba, além de natural, nesse contexto pós-11 de Novembro, nem implica fatalmente uma subordinação do tipo "imperialista" em relação a tão poderosos aliados. Nem é inverosímil que a acção dos estranguladores de Praga se revele *libertadora* (não só em sentido militar) em Luanda. Mas porque tiveram de o ser em nosso lugar, como todo um passado a resgatar, e um projecto socialista e libertador a cumprir *urbi et orbi* no-lo tornava imperativo? Quem poderá algum dia explicar que no contexto de uma paz seriamente concluída, ao fim de anos de luta sem autêntica *derrota militar,* como o sublinhou um dia o almirante Rosa Coutinho, a nossa impotência política, a nossa incapacidade de decisão num sentido ou noutro tenha convertido Angola num "caos" que se abandona em pânico, deixando milhões de homens decidir de um destino em que estávamos secularmente comprometidos, através de um "ajuste de contas" sem misericórdia? Simplesmente aberrante. Deste processo-*boomerang* que tem sido e continua sendo o que já ninguém ousa intitular "revolução portuguesa", a curva prevista e fatal aproxima-se do seu ponto de partida. Esta "revolução" foi-nos necessária para nos libertarmos em Portugal e em África de um regime fascista fundado na dependência *orgânica* do capitalismo e do imperialismo internacionais. As perspectivas não só democráticas como socialistas que ela nos entreabriu deviam restituir-nos à autêntica autonomia e independência, uma e outra, como se dizia e bem, hipotecadas aos ditos capitalismo e imperialismo, de que o nosso colonialismo representava a forma mais absurda e frágil. Muito bem: cumprimos à letra, e além de tudo quanto se podia esperar, a condição *sine qua non* da nossa libertação. Dois anos depois, onde estamos em matéria de autonomia e de independência nacionais, assim como em perspectivas democráticas e socialistas? Em teoria, somos o povo mais democrata e *independente* do universo. Na prática, desde o próprio 25 de Abril que vemos, caixeiros-viajantes de uma espécie nova, os nossos homens políticos percorrerem o planeta em busca de *atestados em boa e legível forma* de uma maioridade e realidade *políticas,* fazendo depender vergonhosamente da referência ou não referência a essas novas fontes pontificais do poder moderno, a *sua credibilidade interna.* Fenómeno inédito e inaudito, que nenhum dos nossos sociólogos distraídos houve por bem examinar "cientificamente". Mas isto é bem pouco ou quase nada, comparado com a "alegre inconsciência e a consciência disso" com que noite e dia estendemos a mão à caridade internacional (medida pelas nossas reservas de ouro...). Internacional é um eufemismo: *capitalismo* é o termo necessário e justo, porque é o verdadeiro. É esse maná do capitalismo internacional que financia *a experiência do socialismo em Portugal,* exactamente com a mesma convicção e lógica com que os administradores beneméritos do *Jornal Novo* financiavam enquanto não puderam fazer outra coisa à ideologia da esquerda que o estruturava. Mas como a história é só ilógica na aparência, a realidade do nosso "socialismo" caseiro (que aliás se intitula já oficialmente de "sociodemocrata de esquerda"...) é e será cada vez mais a "Têxtil Manuel Gonçalves" e os seus representantes no parlamento, os intemeratos cavaleiros andantes da boa, da eterna direita nacional D. Diogo e D. Francisco, retornados vivos e sãos da aventura africana onde perderam tudo (ou outros por eles) salvo a esperança capitalista. Na história da ex-revolução portuguesa, com os seus milhares de mortos sem significação para ela e os seus milhares de retornados voltados contra ela, a antiga África, agora em boas e sólidas mãos, terá sido um parêntesis apenas. Voltamos ao Restelo, pobres como Job e, por causa desta pobreza, imaginariamente livres. Simplesmente magistral.

Vence, 15 de Fevereiro de 1976.

Religião, ética e política ou os bispos retornados[26]

State et videte! Levantai-vos e cobrai ânimo, recordando o que fostes e o que sois graças à obra do homenageado.
D. Francisco Maria da Silva, na missa de acção de graças pelo Presidente do Conselho a 27 de Abril de 1959:

Sua Ex.a (D. Manuel Vieira Pinto, bispo de Nampula) com o discurso que fez, se fosse bispo de Konakry, estaria enfiado numa prisão pestilenta, "arbitrária", "indefinidamente", perpetuamente, sem julgamento e talvez sem cabeça.
Resistência, 1972

Houve um tempo – e não está muito distante – em que não só eminentes teólogos ou pastores estrangeiros como da nossa igreja lusitana, consideraram útil e mesmo urgente "dialogar" teórica e praticamente com o famigerado Marxismo. Muitos, por caridade santa levaram o diálogo dos Danielou, dos Kung ou dos Girardi, até ao "namoro" que os Garaudy ou outros ex-teólogos do "marxismo-ateu" lhe propunham. Os textos existem, o eco das homilias não está ainda extinto e não era até mau – por causa da moral – que se reeditassem agora, em tempos de palinódia geral para edificação de fiéis incautos ou inocentes. Nesses textos não se sabia bem onde começava Cristo e acabava Marx, ou vice-versa, tanta era a vontade de concordismo que os ventos da célebre História então inspiravam e a cautela política impunha.

---

[26] Publicado em *O Jornal*, 16 de Novembro de 1979, p. 9.

Claro está, os tempos mudaram, a prudência que a Escritura atribui à serpente já não se justifica e por isso textos pastorais e antífonas reencontraram a velha música de um *Syllabus* apropriado para vésperas de batalha campal política. Como se Vaticano II nunca tivesse existido, a "abstenção" foi elevada a tema de vida e morte, não apenas cívica, mas da alma, convocando-se a seu propósito o fantasma do *pecado* que o laxismo católico das últimas décadas nem já aos tradicionais ousava aplicar...

Ponhamos que se trate apenas de um exagero ibérico de expressão ou de metáfora um pouco grosseira de prelados de letra gorda para uso de ovelhas mal tosquiadas e louvemos os nossos bispos-cruzados por essa súbita paixão pelo dever democratíssimo do voto. Mais grave é descobrir sob plumas consagradas, nos dois sentidos do termo, a assimilação sem rebuços do socialismo e do papão do marxismo-ateu, numa sintonia perfeita com análoga amálgama efectuada por conhecidas forças do nosso tabuleiro político. Que os homens políticos usem e abusem de *slogans* primários, é regra conhecida e sem interesse de maior. Mas que homens da Igreja, voluntária ou involuntariamente, se tornem cúmplices dessas estratégias sem envergadura política, nem ética, é inadmissível. Nessa amálgama grotesca de socialismo e marxismo-ateu, que só entre nós era possível nos tempos que correm, é evidente que até a referência ao marxismo é de pura forma. Onde se quer chegar (e se chega, a esquerda não tenha ilusões...) é à salvação pavloviana, com meio século de preparação, que transfere sem problemas de consciência *o ateísmo* vinculado à concepção e prática do marxismo para o socialismo identificado, sem outra forma de processo, com ele. Num país católico, este pavlovismo conscientemente cultivado nada tem de inocente.

Uma "guerra civil das almas"

Procedendo assim, tomando-se porta-voz de condenações genéricas sem fundamento sério ou aludindo sem precisões a uma "doutrina social da Igreja" de que deixa entrever a incompatibilidade com uma sociedade de vocação socialista, como tal doutrina tivesse em toda a parte *o perfil e a interpretação* que cinquenta anos de referências a ela lhe deram em Portugal, esses prelados não ignoram que estão *tomando partido*. Como outros gritos famosos, provindos dos mesmos arraiais, a maioria dessas declarações que se intitulam de "pastorais" são gritos de pura paixão política, mascarados de dever religioso. O cruzadismo de larga tradição de que relevam não pode ter outros efeitos, num público que não precisa de ninguém para se excitar, que o de uma velada – nem sequer tão velada como isso – *guerra civil das almas*.

O procedimento é tanto mais gravoso quanto é certo que a Revolução de Abril, criticável em tantos domínios, sobretudo pelo que podia ter feito e ainda não fez, foi, nesse campo das relações entre a ordem política e a religiosa, verdadeiramente exemplar. E não o foi por mera estratégia ou conveniência momentâneas, como o poderá ter sido para um ou outro homem político, mas pela consciência profunda e grave de que a liberdade cívica é inseparável da liberdade religiosa. Num sentido mais radical ainda, não há liberdade cívica possível sem liberdade religiosa.

Contudo, mesmo num país como Portugal, de existência inseparável da acção da Igreja, essa liberdade religiosa ultrapassa o círculo da definição e do uso que a Hierarquia de uma determinada época pode fazer dela. O próprio *ateísmo* está compreendido no âmbito dessa liberdade, como seu mistério maior e mais crucificante. Não é a curas que se ensina o padre-nosso. Que significado poderia ter *O Secretariado para os Não-Crentes (ou Descrentes)* se a Igreja de Vaticano II se comportasse no seu conjunto, tendenciosa ou tendencialmente, como bom número de prelados portugueses, dignos êmulos de monsenhor Lefebvre, no que tem de mais discutível? Que sentido pode ter uma vasta empresa espiritual e cultural como aquela que se materializou nos quatro célebres volumes consagrados ao *Ateísmo na vida e na cultura contemporâneas,* se não se vê e lê nela o Cristianismo interpelado por uma descrença moderna tomada, enfim, a sério? Da complacência, por mero reflexo de pânico histórico-social, passámos de novo para o anátema?

As igrejas do silêncio

Não se pede aos bispos portugueses que tenham para com os "ateus", maternais ou particulares ternuras, embora o dever ou dom de caridade os pudesse privilegiar como objecto de desvelos supremos. Ainda menos se lhes pede que ignorem ou finjam ignorar o que os homens livres do mundo inteiro sabem a respeito de determinadas incarnações históricas e políticas de um socialismo, teórica ou praticamente vinculado a uma, entre muitas, concepções de "ateísmo". As diversas igrejas do silêncio não são fantasmas, mas tristes evidências que, aliás, estão longe de se reduzir apenas ao espaço histórico dominado pelo marxismo. Mas por isso mesmo é que aos homens da Igreja, mais do que a quaisquer outros, é lícito pedir ou exigir uma visão verosímil do fenómeno mundial e nacional do socialismo que não é *unívoco* mas profundamente diverso nos seus postulados teóricos e aplicações práticas. Só como acto de imperdoável má-fé, ou ignorância ou decidida opção política, é que se pode deixar crer aos fiéis cristãos que socialismo e ateísmo são sinónimos, como sinónimos serão também socialismo e colectivismo. Quem melhor do que um bispo sabe que o fenómeno complexo do "ateísmo" é uma realidade ao mesmo tempo trágica e hábil, uma espécie de "buraco negro" inscrito na fundura mesma da experiência da Fé, como certas notas de Teresa de Lisieux no-lo deixam perceber? Quem melhor do que os nossos pastores sabe que, noutra perspectiva, o chamado "ateísmo" está longe de se confinar ou ser próprio dos países oficialmente marxistas? Porque não se referem nas suas pastorais ao *capitalismo-ateu*, sabendo como ninguém que enquanto fenómeno especificamente moderno o "ateísmo" é a essência mesma da prática capitalista? Não insistia Paulo VI nas culpas particulares do capitalismo liberal do século XIX na eclosão da mentalidade anticristã característica da modernidade? Por que motivo, agora, os nossos prelados, com o álibi da denúncia do "marxismo-ateu" confortam *objectivamente* a opção político-económica que se reclama sem rebuços do Neoliberalismo? Há cento e cinquenta anos que um certo número dos nossos bispos se coloca sistematicamente ao lado dos que detêm ou retêm os privilégios de nascimento, riqueza, casta, cultura, acolhendo com aversão ou reticências tudo quanto tem representado desejo de transformação social profunda e triunfo de ideias generosas. O realismo que esse reflexo pode ter às vezes comportado não desculpa a falência global e a falta de generosidade e de audácia cristãs que noutras latitudes foram mais comuns. Cinquenta anos de envolvimento espectacular – ressalvados os casos bem conhecidos – num regime que sem ser, como raro se é, o mal absoluto, comportava *absolutos males* para qualquer consciência cristã (tortura, violação das consciências, censura, total ausência de liberdade cívica) parecem suficientes para pedirmos a bom número de Suas Excelências Reverendíssimas uma reflexão mais aprofundada das realidades nacionais na ordem social e política e mais de acordo com os seus deveres de pastores atentos e venerados. Ou então, uma descida sem nenhuma espécie de máscara (e em especial a que se reveste com a caridade cristã) à *arena política* para que todos nós os pudéssemos, sem equívoco algum, apoiar ou combater como cidadãos comuns. É que, num certo sentido, era menos nocivo para a comunidade que esses bispos-cruzados *escolhessem* abertamente o seu campo, como fizeram prelados de quem o antigo arcebispo de Braga é o arquétipo. A cortina de incenso e de alusões esquemáticas sob que os seus actuais émulos se abrigam para disfarçar (mal) os ataques cerrados contra *tudo* quanto a Revolução de Abril representou, é mais perniciosa que o cruzadismo puro e duro (afinal, honesto) de Dom Francisco Maria da Silva, admirador incondicional e entusiasta de Salazar.

O "pecado original" da perda do império

Igreja incarnada e da Incarnação, seria infantil e vão, como certa esquerda o imagina, sonhar para os seus pastores uma assepsia ideológica, política ou social que em tempo algum foi a sua. A Igreja está no tempo embora não se reduza ao temporal. O destino dos homens e da sociedade não pode deixá-la indiferente, sob pena de argelismo. Mas na ordem do temporal onde intervém não possui mais luzes que as naturais com seu risco de acerto e engano. É uma confusão de géneros apoiar-se nas exigências legítimas na esfera espiritual para "dogmatizar" no campo das opções contingentes como são as de ordem social, económica ou política. Mais lícita ou mesmo imperativa é a intervenção no domínio *ético* ou no aspecto ético de que se revestem todas as acções dos homens. A esse título os efeitos éticos da prática política caem na órbita dos deveres pastorais, como, com mais pertinência aqueles que implicam com os valores essenciais que estruturem a prática cristã.

Ninguém estranha que a Igreja tenha a sua palavra a dizer em assuntos tão capitais como os que implicam um juízo sobre o valor da vida enquanto realidade não apenas orgânica mas espiritual. Infelizmente as intervenções éticas dos nossos bispos ultrapassam largamente o domínio em que *a verdade cristã enquanto tal* (o tradicional "depósito da Fé") está em questão. Uma boa parte das intervenções flamejantes dos nossos prelados, nos últimos tempos, após um período de reserva digno de registo, nada tem que ver com a defesa de valores cristãos essenciais, mas apenas, muito português e classicamente com reacções subjectivas e reflexos de meros cidadãos diante da situação criada pela Revolução de Abril e julgada por eles como ameaçadora da nossa tradição católica, quer dizer, pela versão mais conservadora dela. Já não se trata de *ética*, trata-se de "ideologia" e de ideologia conservadora por ressentimento ou incapacidade de se adaptar a uma idade política que não trata a Hierarquia como um Estado dentro do Estado, dando-lhe a ilusão de um privilégio supremo para melhor se servir dela. Dessas intervenções agressivas e ressentidas na vida pública destacam-se com singular relevo as dos bispos que regressaram das nossas ex-colónias. Por mais que se compreenda o drama pastoral ou humano desses prelados, é intolerável assistir ao processo político permanente contra a Revolução de Abril, afectada no seu espírito pelo "pecado original" da perda do império. Tanto mais intolerável quanto eles mesmos – com as excepções bem conhecidas – participaram na *cegueira oficial* que tornou inevitável não só a sua perda, mas a forma sob que teve lugar. A seus olhos, é a esquerda, no seu conjunto, a responsável por tudo quanto aconteceu (*lhes* aconteceu) em África e chegou a altura de lhe apresentar a conta.

Colonialismo "póstumo"

Por mais absurdo e injusto que isto pareça, esta *culpabilização* tardia da esquerda é *hoje* possível não pelas responsabilidades factuais que lhe cabem no desfazer da feira imperial, mas por não ter sabido, em devido tempo, *reflectir e explicar ao povo português o drama africano que a História lhe entregou para resolver*. Esse drama, que é a expressão-resumo da cegueira secular e final da direita portuguesa, mal vencida a 25 de Abril, a obra-prima de uma mitologia colonial e colonialista em estado de desvairamento, foi vivido por esses ilustres bispos, primeiro como uma epopeia, depois como uma catástrofe incompreensível. De tudo isso se vingam agora, como quem encontra o bode expiatório na Revolução e recupera um paraíso para sempre perdido. É a melhor maneira de não prestar contas. Da mitologia delirante que presidiu ao nosso acto final de colonizadores, ninguém como esses senhores bispos, pela sua condição de *católicos* por um lado e por outro pelo exemplo que lhes podia vir de Roma, estava em condições de melhor se libertar, ajudando enquanto era tempo, os colonos portugueses, a ver claro. Raros o souberam fazer. Sem dúvida os mais cultos ou os mais sagazes tanto intelectual como espiritualmente. Bem caro pagaram a audácia. Os que, na melhor das hipóteses, um hiperpatriotismo cegou então e o dever de caridade não inspirou, instituem-se agora como juízes de um fracasso de que fazem parte. Recusamos tais juízes, negamos-lhe na matéria toda a autoridade cívica e pastoral. O seu colonialismo póstumo, ao serviço do revanchismo de uma classe privilegiada, autêntica coveira de um Império que tinha de morrer mas podia tê-lo feito com outra dignidade, é duplamente odioso. E só não o é mais pela sombra que nele se percebe da consciência obscura da sua própria *responsabilidade*. E para se branquear aos olhos das antigas ovelhas e aos seus próprios que descem agora à praça pública como meros agentes eleitorais da direita portuguesa mais retrógrada. Essa direita aplaude hoje o reforço que essas pastorais ou homilias-em-forma-de-votos representam para ela, embora o saiba escandaloso. Que a autêntica direita nacional nunca foi muito terna para a Santa Madre Igreja... No tempo em que era sozinho o Poder sem limites, tal direita era menos complacente para com as raras e tímidas intervenções *éticas* ou "políticas" daqueles Hierarcas que ousavam levantar a voz.

Salazar e a "Igreja" domesticada

Como o caso do bispo do Porto o mostrou de sobra, Salazar só tolerava a Igreja domesticada. É a tradição de Afonso Henriques... Quanto aos intelectuais da direita pura (aos autênticos fascistas que o Antigo Regime teve), é só folhear a excelente revista *Tempo Presente* onde se exprimiam, para ter uma ideia das soluções que reservavam para o caso de "padres que se metiam em política". Já mais próximo de nós, quase no fim da guerra colonial, o órgão integrista e hipernacionalista intitulado *Resistência* – onde não é difícil encontrar conhecidos "democratas" pós-25 de Abril – sugeria em pouco metafóricos termos os castigos exemplares a aplicar aos prelados (os D. Sebastião Resende ou os D. Manuel Vieira Pinto) que na hora e no lugar exactos se davam ao luxo de invocar as mais elementares exigências da ética cristã. Precisamente quando os que agora se fazem censores da Revolução estavam calados.

Nem a Democracia nem a Igreja têm interesse algum em reviver a arcaica e, sobretudo, perigosa querela da política e da religião. Mas quem é que utiliza a referência evangélica para duvidosos combates políticos? Quem é que instaura a dissensão no tecido histórico, cultural e espiritual da Nação: os que fingem agora apavorar-se com o espectro do socialismo, mesmo do mais democrático (que tão bem os cobriu em 1975 e 76...), mas colaboraram noite e dia, sem um reflexo de dúvida pública, num projecto político totalitário, cegamente imperialista; ou aqueles que preservaram, apesar de tudo e contra tudo, a mensagem unificante, antimaniqueísta, de inspiração evangélica? Já não estamos em 1972, a Revolução devolveu-nos a todos – até àqueles que a odeiam – o espaço de uma liberdade propício ao confronto de opiniões e ideias opostas.

Os católicos conscientes saberão distinguir nos apelos pouco equívocos que lhes são dirigidos para se *situar politicamente,* aquilo que os liberta ou arregimenta indevidamente. Quer dizer, o eco pastoral e cristão, do puro e simples proselitismo político. Quanto aos ilustres prelados de um país católico mas pouco *clerical,* não será pedir-lhes muito, além de um mínimo de pudor que o passado de vários deles exigiria, aquela humildade e respeito do próximo, naturais em quem não exerce a autoridade eminente que é a sua senão à imagem e exemplo do Príncipe da Paz.

Apelo ao(s) retornado(s)[27]

> *Fomos em caravelas e viemos em traineiras, mas fomos sempre os mesmos portugueses, fomos pobres e regressámos mais pobres [...] mal se percebe como os que nunca tiraram os pés da lareira nos acoimam ainda de exploradores [...].*
> Justino Miguel da Costa,
> *Diário de Notícias*, 18-2-76

> *Éramos colonos na boa acepção da palavra. Nós éramos os bons pastores, os bons condutores [...].*
> Eng. Pompílio da Cruz,
> *Diário de Notícias*, 18-2-76

> *A descolonização foi uma tarefa tão grandiosa como os descobrimentos [...].*
> Ministro Vítor Crespo,
> *A Luta*, 30-12-75

> *O erro cometido não foi o de não termos evitado o inevitável, mas de não o termos previsto [...].*
> Ministro Almeida Santos,
> *Diário de Notícias*, 10-2-76

---

[27] Publicado em *O fascismo nunca existiu*, Lisboa: Publicações Dom Quixote, 1976, pp. 185-191. *O fascismo nunca existiu* foi depois publicado pela Gradiva em 2022. Este texto foi anteriormente publicado em *Diário de Notícias*, 27 de Fevereiro de 1976.

O diálogo lúcido e cordial que um retornado, enfim com o uso pleno da palavra, pede nestas colunas, como forma de inserção natural no contexto da vida portuguesa onde ele e os seus pares se sentem marginalizados e incompreendidos, alguns de nós o travaram no silêncio e por conta própria. Mas o País não o levou a cabo em tempo útil, nem no anterior regime onde questões deste género não eram de circunstância, nem depois do 25 de Abril, em que *um só homem político,* que não é nenhum dos que hoje caçam o voto dos retornados, manifestou qualquer preocupação nesse sentido. Está ainda por esclarecer se a hipoteca neocolonialista acompanhava ou não essa preocupação. Quanto à restante classe política, o assunto geral da descolonização foi o único em que houve a tácita unanimidade de o escamotear. Que alguns não tenham levantado a voz por simples prudência política ou pelo receio pânico de serem acoimados de reaccionários e colonialistas – o que em geral até eram – não os autoriza agora a apresentar-se em público como *campeões dos retornados.* Se os retornados querem ter uma ideia exacta da preocupação que causou na metrópole a sua situação de *colonos* apanhados pela tormenta de uma descolonização que não previam, nem puderam compreender e controlar quando arrastou tudo na sua enxurrada, não têm mais do que consultar as declarações conspícuas desses eminentes defensores de retornados. As maiores surpresas os esperam. Aperceber-se-ão nessa altura que esses "responsáveis" não só não tiveram a coragem de pensar e enfrentar o que de todas as maneiras era, como todas as descolonizações, uma *tragédia histórica* de consequências previsíveis, como não se ocuparam de levar junto dos colonos aquele mínimo de *esclarecimento* que poderia tê-los posto ao abrigo das *ilusões colonialistas* de que eram, por fatalidade, as vítimas propiciatórias e lamentáveis. Em função de urgências históricas que não estão provadas, os colonos foram pura e simplesmente leiloados ou pouco menos, que a noite a que foram deixados, pagando por todos um colonialismo orgânico, a nada mais se parece que a um leilão histórico, a um atroz desfazer de feira imperial.

A pedagogia da descolonização não mobilizou seriamente ninguém e não o podia fazer quando os dados já estavam lançados no tapete de um auto-ilusionismo que é o último e o mais funesto reflexo da colonização e do colonialismo. Essa pedagogia de imperativa urgência após o 25 de Abril supunha uma consciência esclarecida do que fora e era a colonização e o colonialismo portugueses por parte de gente que não fosse apenas, e caricaturalmente, *anticolonialista.* Aqui residiu o drama. Embora organicamente colonizadores (mais que não fosse pela inconsciência de não saber que o eram, sendo-o superlativamente), a maioria dos portugueses só se sentia *colonialista* por conta alheia (os colonos), como se sentiu *anticolonialista* pela mesma razão, ao descobrir que esses "colonos" se haviam convertido num obstáculo à solução do nosso drama nacional. A partir daí só podiam ser vistos como uma *causa perdida,* o que sempre haviam sido sem que isso nos tivesse jamais posto qualquer problema. Numa perspectiva anticolonialista coerente não era possível dissociar da colonização como questão crucial posta ao País *colonos* que dela eram o centro, pois era precisamente o seu estatuto de *colonizadores* que se encontrava em discussão. A dificuldade era subtraí-los a *um colonialismo* inerente a esse estatuto sem os rejeitar da colonização como processo histórico irreversível, tal como até então o tinham praticado e vivido. Que era difícil e praticamente impossível (até porque não tínhamos mais que um fio da meada), pode defender-se. O que não é defensável é não ter *exibido, martelado aos ouvidos dos colonos essa mesma dificuldade, cujas dimensões e força não estavam em situação de compreender por serem parte dela*. Ao contrário, tudo se passou como se não houvesse dificuldade de maior, nesta brutal indolência ou incapacidade de prever o dia de amanhã, que parece uma das constantes do comportamento nacional. De reunião em reunião, de cúpula em cúpula, sempre perspectivadas dentro do optimismo beato mais salazarista possível, se teceu a engrenagem que converteu em poucos meses os ufanos e triunfalistas construtores de império em animais acossados, de mala aviada, sobre a qual a inocência e o remorso metropolitanos, a meias, iriam inscrever a famosa sigla, a triste sigla de *retornados*. Mas este drama não tem só uma responsabilização política *metropolitana* que já ninguém é capaz de escamotear; é antes de mais da própria *responsabilidade* dos colonos enquanto *colonialistas que se ignoravam* e, pelos vistos, continuam a ignorar-se. Para que o ignorem menos e não tenham a tentação – já em vias de existência – de instaurar agora em Portugal, e a Portugal, um processo duvidoso, em vez do verdadeiro que a descolonização falhada está merecendo, é que estas linhas (sem ilusões) são escritas.

Que seja bem claro: a *culpabilidade* dos colonos é, ao mesmo tempo, irrecusável e *inocente,* como o colonialismo de que eram os agentes e os actores objectivos, sem ter consciência de o ser. Isto basta, de um ponto de vista meramente subjectivo, "humano", para compreender o sentimento de injustiça absurda e a consequente revolta que experimentam hoje os retornados. Desta injustiça óbvia – sobretudo pelo processo que a gerou e a boa consciência com que foi elaborado –, a *culpabilidade política* dominante cabe actualmente à Metrópole, quer dizer, à classe política que se julgou capaz de resolver melhor do que ninguém, a tenebrosa questão. Um dos principais actores da descolonização, o actual ministro da Comunicação Social, confessou há pouco tempo, num texto destinado a encorajar os retornados, ao fim e ao cabo, excelente aquisição para a "mãe-pátria" (!), que o dito processo descolonizador comportou, no que lhe diz respeito, uma boa dose de ilusão política. Corajosamente, pronuncia mesmo a palavra "ingenuidade", embora a devolva por grosso "à Revolução" em geral. Nem toda a gente está disposta a tão salutares autocríticas, destinadas como quase sempre acontece a justificar o irremediável e a pô-lo na conta anónima do "destino". Infelizmente, tal texto não nos explica o *conteúdo concreto* dessa ilusão ou da "revolucionária" ingenuidade. Se o explicasse, isso traduzir-se-ia mais ou menos da seguinte maneira: *com maior ou menor inocência (depende dos casos) ou colonos foram entretidos na miragem improvável, se não utópica (subproduto da mais clássica versão do nosso colonialismo inveterado de que os nossos descolonizadores supunham estar imunes), de que lhes estava assegurada em África uma permanência de tipo brasileiro...* Em próxima antologia se recolherá este glorioso e derradeiro florão das nossas ilusões imperiais. Não admira, pois, que o colono puro, mal informado, herdeiro e expressão suprema da nossa celebrada vocação de construtores de pátrias lusas, enraizados numa terra que ninguém lhes disse nunca com clareza que não era precisamente *sua* (sendo-a já geográfica e fisiologicamente para muitos), estivesse predestinado para acolher uma miragem tão adaptada à sua condição e fatal ideologia. O que se compreenderia mal é que pudesse admitir outra, e só o maciço e nunca havido esclarecimento o poderia ter feito mudar de opinião. Tanto mais que, se em sentido absoluto e na perspectiva inconscientemente colonialista dos colonos (deixamos de lado as excepções) tal "miragem" não podia resistir à prova da realidade, em certas condições *poderia ter tido um princípio de verosimilhança*. Simplesmente, o que se compreende menos é que aprendizes de feiticeiro, cujo escopo único era forçar as portas da História (e forçaram...) *como heróis de uma colonização exemplar,* tenham proposto e cultivado tal miragem sem poder evitar nem prever a catástrofe e o previsível (pois alguns o previam...) fim dela. É por isso que certas lágrimas póstumas sobre a triste condição dos pobres retornados (dos *retornados pobres*, suponho, pois há outros que o não são) se parecem muito a lágrimas de pretório boas para cantiga de cego.

É evidente que os colonos e futuros retornados não podiam ter sido ludibriados como foram, se eles mesmos, por natural condição, não constituíssem o público de eleição do grande espectáculo de colectivo e universal ilusionismo que foi a descolonização. Impressionam os espontâneos relatos que muitos retornados têm escrito – última página de uma longa história que só agora sabemos a que ponto foi *trágico-marítima* –, mas o que mais comove neles é o próprio absurdo, a confissão ingénua e nua de não ter compreendido *o que realmente lhes aconteceu*. É que há um patético fundo de verdade nesta cegueira. O que aconteceu a cada retornado não lhe aconteceu a título de *indivíduo*, nem sequer a título de *explorador* com responsabilização *privada* numa colonização de súbito convertida pela tomada de consciência africana em *colonialismo odioso*, mas tão só a título de actor anónimo de um longo processo histórico posto em causa por essa mesma tomada de consciência. Desta engrenagem o retornado não se queixa porque, fazendo parte dela, não lhe enxerga o mecanismo nem descortina a dose de fatalidade (para ele) que encerrava. Quem lhe atirará a primeira pedra? Como, ao fim de cinquenta anos de apoteose colonizadora (se não quinhentos) e de treze de cruzada colonialista na qual – e os de boa-fé o admitirão – a grande maioria acreditou e participou, *era possível admitir que (em todos os domínios...) o preto era branco e o branco preto...?* Os mais abertos admitiram, sem dúvida, uma conversão paternalista, uma revisão dilacerante ou reafirmação em termos mais progressistas, das relações humanas e sociais entre "colonizados" e "colonos". Na verdade, nem isso, pois o fundo do drama, o que nele há simultaneamente de doloroso e sublime é que *essa distinção, embora vivida e inscrita nas relações de propriedade, de convívio e de cultura,* não era percebida como tal. Tal é a essência do famoso "colonialismo diferente" de lusa expressão, e alguma verdade haverá nele para que pudesse ter adquirido um tal estatuto mítico e que não é apenas português. Talvez não haja, realmente, exemplo de mais "inocente" colonialismo que o nosso, e com a verdade que há nesta mentira (ou vice-versa) os colonos se enganaram a si mesmos e uma pátria longínqua os ajudou nesse engano perpetuando, além de limites aceitáveis, uma ilusão que faz parte intrínseca da nossa aventura quixotesca e pícara pelos caminhos obscuros deste mundo.

O que parece só uma tragédia histórico-política é, em grau eminente, uma *tragédia cultural*. O fascismo proporcionou a esta tragédia um húmus fecundo. Ninguém ampliou como ele o espaço histórico durante o qual a questão suprema da nossa colonização e da sua fatal sombra colonialista só podia ser debate inoportuno, como um antigo e conhecido escriba do regime o decretou. Mas a questão vinha-nos de mais longe e nela (se se deixam de lado os avisos proféticos de Oliveira Martins) o chamado pensamento de "esquerda" também não se comprometeu a fundo e a sério, salvo em termos de mera e simplista condenação de um *colonialismo* que, ao fim e ao cabo, era, assim, de ninguém, por parecer pouco político comprometer nele *a nação inteira*. Tudo quanto agora se diga é *póstumo*. A chaga aberta no flanco da nossa aventura colonizadora não sarará tão cedo. A presença dolorida dos retornados a manterá viva, mas estamos ainda a tempo de evitar que essa ferida tenha uma leitura aberrante e tão pouco realista e de consequências tão funestas como a teve a da nossa presença africana geradora do seu próprio apagamento. Que os retornados não se enganem duas vezes e não peçam contas erradas a uma cegueira demasiado comum a metropolitanos e colonos, tripulantes todos, de um só barco fabuloso que naufragou, talvez à vista do porto, por obra e graça do "destino", muito ajudado por marinheiros enjoados de quinhentos anos de mar alto. Sobretudo, que não recriem em Portugal, para servir de lastro a novas tragédias, *o mito dos bons pastores, de pais dos pretos*, rebento intragável do infantilismo colonial mais cego. Já era tempo de saber que foi exactamente esse mito, que não foi só deles mas da Pátria que os exportou e assim os conservou em imagem junto dela, aquele que os converteu nos *retornados* que agora são. E nós com eles.

Vence, 20 de Fevereiro de 1976.

Da não-descolonização[28]

> *Os portugueses que tudo têm em nada.*
> Camões
>
> *Apesar de tudo, nas suas grandes linhas, a descolonização é um incontestável sucesso [...].*
> Mário Soares, 1976

A vinte anos de distância o que se convencionou chamar "descolonização" – e que pelos seus efeitos imediatos merece essa apelação histórica – foi ao mesmo tempo uma realidade e uma ficção. Em perfeita sintonia com a específica "Colonização" a que pôs termo, ela própria sem aquele perfil ou estatuto que caracterizou os autênticos impérios coloniais: o inglês, o francês e mesmo o espanhol. Apesar de quinhentos anos de presença em África – ou por causa disso – o chamado "império português", simbolicamente importante para a consciência metropolitana de um país tão pequeno como Portugal, era uma construção frágil, politicamente epidérmica, em terras de África. Excepto durante a rebelião de treze anos que obrigou o Portugal de Salazar a tomá-lo a sério e de algum modo a inventá-lo – esse "império" de grande extensão e pouco povoado pelo colonizador secular transformara-se desde os começos deste século num monopólio de algumas grandes empresas metropolitanas, dispondo de reserva de mão de obra africana sem fundo. Acessoriamente, era também num espaço de emigração portuguesa

---

[28] Texto inédito. Espólio de Eduardo Lourenço, Biblioteca Nacional de Portugal.

de escassos recursos, com um mínimo de presença administrativa e militar, nos melhores moldes do século XIX. Ao fim de treze anos de guerra colonial, nunca assumida como tal, essa construção miticamente secular, embora de presença recente em termos de colonização moderna, desmoronou-se como um castelo de cartas. Pode chamar-se a esta derrocada do último império colonial europeu, "descolonização", mas se esse conceito supõe a existência prévia de um projecto e de um *processus* de conversão do antigo estatuto colonial para um outro, de autonomia e independência, maduramente pensados e controlados na sua emergência, não houve entre nós, nenhuma "descolonização".

Na ideologia e no horizonte do Antigo Regime, não havia lugar para a hipótese de uma emancipação natural e negociada dos novos países africanos. Dessa ideologia, durante os treze anos de envergonhada mas mortífera guerra colonial, fazia parte a ideia de que Angola, Guiné ou Moçambique eram "tão portugueses como o Minho ou o Algarve". Há quinhentos anos que o nosso discurso nacional funcionava neste diapasão. Os *slogans* da era salazarista não eram sequer uma novidade. A novidade foi de os ter levado até às últimas consequências. De sonhos com esta espessura só se acorda à força: a verdadeira "descolonização" foi a que a rebelião africana, a partir de 1961, no contexto da descolonização universal da mesma década, impôs ao colonialismo português no momento exacto em que estava levando a cabo em Angola e Moçambique as transformações económicas e materiais que, *a posteriori,* justificam a boa consciência colonizadora moderna. A antiga, do século XVI, não precisava de justificações. Mas precisamente, os portugueses do século XX estavam em África, ainda em 1961, como no Brasil dos séculos XVI e XVII. Com a mesma tranquilidade de espírito, as mesmas convicções e o mesmo mito, não totalmente infundado, de não serem "colonizadores" como os outros e cientes de serem os protagonistas de um relacionamento específico, cultural e humano, entre colonizados e colonizadores. Em nome de uma "Colonização-outra" – de que o Brasil era o produto exemplar – mas sobretudo, de convicção mais realista, do que o destino do regime antidemocrático de Salazar, estava vinculado à perpetuação do nosso domínio em África, se levou a cabo o que pode ser considerado como a última "cruzada", absurda e contraditória com a nossa própria mitologia colonizadora, cujo fim não podia ser diferente do que foi.

A 25 de Abril de 1974, caía o regime de Salazar-Caetano e com ele quarenta anos de cegueira colonialista a que nenhuma tentativa – houve algumas – pôde pôr cobro. Nesse mesmo dia, não só simbólica, mas praticamente, com a confraternização dos nossos soldados e dos combatentes africanos, se iniciava e terminava a descolonização. O abandono imediato e sem concessões do que durante quinhentos anos fora considerado como "espaço imperial" pareceu necessário para assegurar na metrópole o triunfo da Revolução. Dos três imperativos do programa revolucionário, "democratizar, desenvolver, descolonizar", aquele que se impôs como prioritário foi o último. Não há exemplo, na história da colonização europeia, de uma descolonização-relâmpago como foi a nossa. Mas também não há exemplo de uma colonização como a portuguesa que nunca como tal se considerou nem assumiu. Neste sentido, paradoxalmente, a ideologia da descolonização – ou da sua ausência – é a mesma que a da Colonização. A perda do Império – para muitos o facto capital da História portuguesa desde o século XV – não provocou assim nenhum problema, nem traumatismo. Na ordem do símbolo era qualquer coisa que *não se podia perder*. E fora dessa ordem, como o escreveu Camões, os portugueses "tudo têm em nada". A verdadeira descolonização deixámo-la em herança aos colonizados. E como toda a gente sabe essa ainda mal começou.

Vence, 30 de Março de 1990.

Da ficção do império ao império da ficção[29]

Há qualquer coisa de propriamente absurdo na suposição de que um continente deva ser eternamente governado por uma ilha.
Thomas Paine, *O senso comum*, 1776

*A sensação que se retira do que fica escrito é que, tendo-se feito a descolonização – e pese embora os traumas que provocou – há uma realidade que persiste, que não se desfez e que provavelmente perdurará por muito tempo:
a realidade de um espaço luso-africano.*
Expresso, 23-3-84

A nossa capacidade de desdramatizar o destino colectivo – na medida em que o temos – só encontra paralelo na não menor aptidão para converter a vida corrente em drama imaginário. Essa singular virtude teve a sua versão própria no mais coerente e orgânico regime político que tivemos, o de Salazar. O famoso ditador alargou a desdramatização à mesma vida quotidiana. A sua lei, escrita e não escrita, foi, durante quarenta anos, uma só: "Não há problema". Por mais génio político que se conceda ao homem que nos governou com mão de ferro e de veludo durante tantas décadas, uma regra de ouro dessa natureza não pode ser de invenção pessoal. Salazar traduziu à sua maneira uma vocação realmente colectiva. Poucos acontecimentos históricos a podem ilustrar com tanta pertinência como aquele que há dez anos pôs

---

[29] Publicado em *Diário de Notícias*, 24 de Abril de 1984, pp. 26-27.

termo à realidade – miragem que nós chamávamos o Império Português. De 1949 a 1961, data da rebelião angolana, as antigas colónias ou protectorados ingleses, franceses ou holandeses emanciparam-se politicamente das respectivas metrópoles. Nesse processo de descolonização, que é um dos acontecimentos capitais do século, nós mesmos "perdemos" Goa, símbolo-mor da nossa aventura imperial. Que isso não obste. O facto serviu a Salazar para uma "dramatização" às avessas do sentimento nacional. A época não permitia reflectir sobre tão extraordinária *performance,* mas há poucos fenómenos tão políticos e aberrantes como o dessas manifestações colectivas orquestradas para lamentar e verberar a perda fatal do que se não quisera, de deliberado propósito, emancipar. O *requiem* espectacular por Goa – como se estivéssemos sempre na época do Ultimato – destinava-se, justamente, a lembrar-nos que tínhamos e *éramos* organicamente um Império e que a nossa identidade estava inscrita e implicada nele. Estávamos maduros para a tragédia próxima, se, efectivamente, nós, portugueses, pudéssemos ser sujeitos de tragédia. Na realidade, o lamentável e doloroso processo que veio desembocar ao mesmo tempo na libertadora revolução de Abril e na descolonização, a problemática que pôs termo aos nossos mal sonhados sonhos imperiais, só foi trágico no plano dos destinos individuais. Enquanto realidade nacional, assunto de reflexão séria com qualquer coisa que, de longe ou de perto, possa ter a ver com a "consciência nacional" e o sentido nela do nosso projecto histórico e vital, esse processo foi apenas uma inextricável mistura de imperialismo anacrónico de uns e de inconsciência voluntária de outros.

Descolonização e Alcácer-Quibir

Do nosso ponto de vista de portugueses, já se comparou, por vezes, a descolonização a Alcácer-Quibir. A analogia é duplamente fictícia. Em 1578 não havia propriamente "nação" ou a que havia não estava nem podia estar conscientemente implicada nas aventuras mais ou menos absurdas do seu rei-Estado. Por outro lado, de Alcácer-Quibir não resultou nenhuma amputação directa do que era então o "nosso espaço imperial".

O fim efectivo do nosso domínio colonial é um acontecimento sem par na nossa História e, aparentemente, o mais *trágico,* repetimos, se acaso não houvesse entre nós e a tragédia uma espécie de incompatibilidade "metafísica"... Mas há. Os dez anos que nos separam da revolução de Abril são a demonstração mais cabal dessa nossa assombrosa predisposição para preservar no particular ser *imortalmente imperial* que, no fundo, continuamos a ser.

Já veremos como. Se para qualquer cidadão do mundo, e em especial para nós, portugueses, alguma coisa de realmente *irreversível* aconteceu em – ou por causa do – 25 de Abril de 1974, foi *a independência das nossas antigas colónias*. Tudo o mais é controverso, aleatório e, embora o não desejemos, até reversível. Pouco importa: o carácter profundo destes capitais e estranhos dez anos que nos separam do 25 de Abril *não tem sido outra coisa do que o esforço ingente, por mais inconsciente que o pareça nas suas modalidades, para negarmos a nós próprios que já não somos o Império que, mal ou bem, fomos durante quinhentos anos*.

É uma maneira, bem nossa, com oito séculos de espessura, de negar *as evidências* ou de as contornar e ir à nossa vida. O nosso instinto de sobrevivência é prodigioso. Quem disse que éramos um povo de suicidas? O nosso comportamento colectivo ou político, em sentido restrito, no que diz respeito à descolonização, resume-se numa frase: *não aconteceu nada*. Mesmo Samora Machel no-lo confirma: tudo uma história de mal-entendidos. Cada vez mais as leituras do nosso destino e as leituras africanas do nosso e seus destinos parecem sobrepor-se. Que maior prova de que não há problema? Em suma, a descolonização aconteceu, foi assumida e é hoje percepcionada numa óptica análoga – na forma – àquela que desde 1961 a 1974 justificou a absurda e atroz guerra colonial: *não há também problema*. Ou, se há, é como se não houvesse. Quem nos sairá deste duplo labirinto, a não ser que seja o mesmo, através do qual e no qual se formou a nossa não menos dupla (ou una?) imagem de colonizadores e descolonizadores eméritos? Em todo o caso, sem problemas.

Possuir, administrar a título de colónias (é verdade que podiam ser províncias) a Guiné, Angola ou Moçambique, não constituía, nem constituiu para Salazar, *problema nacional*, nem sequer, perplexidade. Era um dom de Deus e da História que tem as costas quase tão largas como Deus. Se, ao menos como hipótese, o nosso estatuto colonial nos tivesse posto um *problema*: teria havido – sempre em hipótese – *solução*. Mas não punha, nem pôs: nós éramos colonizadores como éramos portugueses, Angola tanto ou mais minhota que o Minho, etc. Neste deliciado delírio, de incontáveis glosas e de gente sã de espírito, se viveu uma guerra nunca confessada, guerra onírica com uma ração suplementar de cadáveres reais ao amanhecer. E da mesma maneira, oniricamente terminou (sem na verdade ter existido como prática confessa da Nação), numa certa manhã quando, incrédula, a metrópole acordou outra. Passou-se logo, de sonho a sonho – de nação exemplarmente colonizadora a nação não menos exemplarmente descolonizadora – e na dupla mentira ou na dupla verdade de uma só mentira aparente nós continuámos (continuamos) sonhando.

Colonização diferente

Paradoxalmente, à medida que o tempo passa – e dez anos já bastam para o perceber – há uma das faces dessa gritante *contradição histórica* (vivida por nós sem contradição alguma) que avulta e de uma certa maneira dá sentido à outra. É a que faz aparecer o processo colonização-descolonização enquanto processo dramático (para nós) de fim pouco glorioso de Império, como fenómeno, em última análise, secundário, se integrado e compreendido na luz de *uma positividade irreversível,* digamos, global, do inteiro processo colonizador. Cada vez mais é a consistência e o dinamismo dessa "positividade" que transparece, embora não nos caiba a nós ser os imparciais sujeitos dela. Operado e justificado teoricamente (na medida em que houve espaço para teorização) num contexto anti-imperialista e anticolonialista, a nossa histórica descolonização-relâmpago fez-se igualmente a coberto e em nome da *colonização diferente* que era supostamente a nossa e à sombra da qual a mesma guerra colonial tinha lugar. Se era "diferente" (isto é, se comportava essa "positividade") não pertence ao colonizador dizê-lo mas ao ex-colonizado. É questão complexa e delicada, dele e não nossa, em sentido óbvio. Mas pelos vistos era, não só porque durante os combates pela independência, mas após, um a um, dos dirigentes das novas nações, sem ninguém lho pedir, o insinuam ou declaram. Alienação suma? Relentos de *neocolonialismo?* Não é questão nossa. Embora o masoquismo europeu nos esteja na massa do sangue, seria excessivo sermos mais papistas que o papa. Aceitemos, pois, este atestado de *colonização diferente* que o antigo colonizado, generosamente, nos outorga. E ele de natureza a desproblematizar, de raiz, a por nós nunca seriamente problematizada questão da colonização-descolonização?

Foi um regime anacrónico que impôs Abril

Talvez só agora, passados dez anos, se torne claro que nem a cegueira colonialista anterior ao 25 de Abril, nem a precipitação um tudo-nada frenética dos "descolonizadores" no imediato pós-25 de Abril, tiveram em conta *a realidade e a simples verdade dos laços forjados pela colonização.* Seria, todavia, injusto e ilógico colocar na mesma balança as responsabilidades assumidas no processo que pôs fim ao nosso Império, pelo Antigo Regime e pela revolução. Foi o impasse e a cegueira – pelos vistos, sem cura – de um regime anacronicamente imperialista que impôs a solução de Abril. Por seu turno o destino imediato da mesma revolução exigia para sua salvaguarda *a descolonização* inscrita já na ordem das coisas, embora não obrigatoriamente sob as formas que tomou, ou antes, o ritmo. A questão é complexa e sem dúvida será sempre discutida. Na própria luz do devir das novas nações pode de facto supor-se que esse ritmo e essas formas não foram os mais adequados aos interesses objectivos dos povos ex-colonizados. Esta "dedução" não justifica, de modo algum, *a posteriori,* aqueles que durante treze anos conduziram uma cruzada absurda destinada a guardar-nos para a eternidade a "nossa" Angola e o resto. Pelo contrário, sublinha-lhe a contradição suplementar em que se debateram preferindo sempre o risco de uma deslocação incontrolada e incontrolável do "espaço português" por eles tão contado, ao da conversão da sua óptica antidemocrática, e para acabar, historicamente antinacional. Por mais estranho que pareça, o regime de Salazar, tão hábil para se adaptar à sinuosa e mole realidade nacional metropolitana, nunca compreendeu nem perspectivou as relações com África senão nos termos obsoletos dos nossos tempos mais ou menos imperiais. Mas seria igualmente injusto não perceber uma certa analogia entre esse reflexo arcaico e o reflexo oposto de uma boa parte da esquerda, reflexo igualmente cego, mas, por outra ordem de razões, para a realidade dos laços que a colonização forjou e nos impunham uma atitude diversa da que foi a sua quando lhe tocou resolver a questão. Jogando também nesse plano a sua lógica do "tudo ou nada", natural à oposição ao fascismo caseiro, essa esquerda, em matéria de perspectiva e política coloniais, oscilou entre um cosmopolitismo diletante e um internacionalismo selectivo.

Também para ela *não havia* e, ao fim e ao cabo, *não houve* problema. A total ausência de sentimento nacional imposto ou exigido pelo destino particular da Nação que fomos, e então *éramos,* encontrou no imediato pós-25 de Abril, a sua encarnação espectacular (hoje quase esquecida) nalguns expoentes da nova classe política. Não se censura a alguns deles terem sido os actores descontraídos ou indiferentes de uma descolonização exigida até pelo espírito mais profundo da nossa colonização, mas de o terem feito com manifesta estreiteza de vistas, obnubilados, apenas e exclusivamente, pela *óptica* metropolitana dos nossos medíocres conflitos partidários. Em suma, de se terem desfeito de um Império, como de uma camisa, que não era deles, para nosso espanto, mas mais bizarramente, para assombro dos que durante treze anos tinham impugnado a forma colonialista da nossa presença em África.

A descolonização podia ter sido outra

Estes dez anos que nos separam de uma data, ao mesmo tempo redentora e fatídica, mostram, como ao *ralenti*, que a descolonização podia – e devia – ter sido outra. O que na antiga Rodésia (com um *handicap* bem superior ao nosso) teve lugar – sem prejuízo do futuro – não parecia estar fora do nosso alcance. Corremos agora – e às vezes os mesmos que com tanta desenvoltura se comportaram – atrás de "mitos" outrora apresentados, em parte a justo título, como alienantes ou irrealistas e hoje, de novo em circulação, transformados em "lugar-comum" e destinados, no fundo, a colmatar um "traumatismo" que feriu e fere o nosso imaginário mas não a nossa realidade, a tal ponto o Império, para a consciência metropolitana, foi quase só, mera ficção. Um recente editorial do *Expresso*, a quem pedimos a epígrafe destas breves reflexões, reescreve e perspectiva as nossas actuais e futuras relações com África, literalmente com os mesmos termos e dando nova vida ao mesmo mito do "espaço português" que alimentou o sonho imperial dos últimos ideólogos da nossa aventura perdida, o inolvidável Silva Cunha e o mais modernista Adriano Moreira. É uma versão caseira do eterno retorno. Afinal *não se passou nada em Novembro de 75*, o nosso velho ninho imperial está onde sempre esteve, quentinho, "à nossa espera". O idealismo mais desvairado e o pragmatismo mais rasteiro que nos caracterizam, dão aqui as mãos. Fabuloso país o nosso, fabuloso poder de encaixe, pasmo vocação a nossa para a autoilusão. Dez anos bastaram para reduzir a conto de fadas a cruzada de 1961-74 (sem falar das do fim do século XIX e começos do XX), a legítima rebelião africana contra a arcaica prepotência branca, como para esquecer o próprio drama futuro que nela se gerava em destino "retornado": não houve nada, não se passou nada, apenas um lamentável mal-entendido em vias de total resolução. Ou se se passou, o sujeito do drama de ontem não é o de agora. Somos o *Zelig* da História.

Uma nova e radical leitura

Claro que no mais fundo de nós desejaríamos que esta versão idílica da colonização e a não menos utópica da descolonização fraterna correspondessem à realidade. Que, sobretudo, não fossem mais uma demão (a última?) na imagem açucarada e sinistramente opressiva que os portugueses construíam de si mesmos e da sua História ao longo dos séculos. Acontece apenas que a mentira sobre nós mesmos nos corrompe a substância e nos rouba a verdadeira vida. Não temos depois do 25 de Abril desculpa alguma para nos mentirmos por conta de uma imagem idólatra, beata, de nós mesmos e menos a temos para continuar a alimentá-la à custa de mitos imperiais historicamente defuntos. E tanto menos a temos quanto a simples e crua verdade do nosso destino de nação – compreendendo nele a colonização – não exige de nós ocultações urgentes nem penitências eternas. Como também não as exige a descolonização e as suas mais que surpreendentes (embora previsíveis) consequências. O que tudo está pedindo é, com urgentíssima necessidade, uma *nova e radical leitura,* precisamente a que se tornou imperativa para que a Revolução de Abril não seja apenas uma perturbação acidental do nosso viver sonâmbulo mas a irrupção daquele espaço de liberdade mental e moral que nos permite olhar-nos sem complacência nem pânico espelho da nossa vera realidade.

Alguma coisa se modificou depois do 25 de Abril, mas, atentando bem, a essência da nossa antiga mitologia cultural continua intacta. A nova liberdade superficial do mero discurso político e ideológico vela-nos o mais importante, a vigência imperturbável do *silêncio,* da não-fala cultural sobre aquelas realidades-tabus que estruturavam a opacidade do Antigo Regime. Há uma nova arrumação dessas opacidades, uma aparente liberdade ou disponibilidade em relação a elas, mas sem eficácia nem poder de repensamento como o exigiria a dinâmica da ruptura se ela fosse o que poderia ter sido e não foi. Nem a opacidade-Igreja, nem a opacidade-PC, nem a opacidade-Forças Armadas, nem, a bem dizer, a pseudotransparência democrática oficial criada pelo 25 de Abril, foram deslocadas dos seus espaços míticos para a luz de uma consideração frontal não necessariamente iconoclasta, do seu estatuto, da sua função, do seu projecto no seio de uma sociedade que se diz democrática e livre. Terminou sem dúvida o silêncio maiúsculo da nossa antiga cultura, mas para dar lugar a um *pluralismo* de silêncios de algum modo tão perniciosos como o anterior. Escusado será dizer que o silêncio relativo às últimas peripécias da nossa aventura imperial e do seu fim resume e coroa todos os outros. Nesse campo é o vazio integral, a sufocação íntima por ausência.

A ficção do Império

Na aparência, a ficção do Império – só real para os diversos *lobbies* metropolitanos ou internacionais que ao longo dos séculos dele viveram ou para a nossa minoria branca –, que foi tão inconsistente, mesmo na sua qualidade de ficção, que o fenómeno da descolonização e o último destino das novas nações não suscitou, entre nós, traumatismo similar ao provocado por outros fins de Império. Alude-se às vezes ao traumatismo da descolonização mas o que se visa e pensa nele é apenas o "drama retornado", autêntico drama deles, retornados, mas não da mãe-pátria e, ainda menos, da sua classe dirigente, em princípio, implicada nele. Não comparou um dos principais actores da descolonização o drama dos retornados ao dos emigrantes em França?... Assim, durante largo tempo, tudo se passou como se nada do que *nos* aconteceu em África, quer durante a guerra quer depois, nos *interessasse* realmente. À aproblematização voluntária do Antigo Regime sucedeu uma espécie de *insólita ocultação* acerca dos avatares da última fase da nossa velha – e pensar-se-ia, capital – aventura colonial. Nem documentários, nem filmes, nem "livros brancos" sobre a nossa história recente *em África* contribuíram com qualquer explicação – ou simples informação – sobre o que, para já, conduziu em casa europeia à liquidação de um regime antidemocrático e, fora dela, ao fim de um império. Como se, também, o novo regime de liberdade tivesse nascido com a sua específica *mancha original,* durante alguns meses lida como *felix culpa* e, em seguida, silenciada. Pouco de sério se escreveu sobre o nosso "drama africano" e desse pouco, o mais informado como o quase-clandestino "livro negro de descolonização" vem inquinado do ideário colonialista do Antigo Regime e envolto no anonimato. Apesar disso, o facto mesmo de ser unanimemente silenciado – salvo pelos nostálgicos do império – significa que ninguém está interessado, mesmo em termos de ficção cultural, na História da nação portuguesa enquanto nação colonizadora, em suma, naquilo que *dizíamos* ser e que pelos vistos, afinal, tão pouco éramos.

Esta é a aparência. Na verdade, embora processando pela recusa ou denegação, o seu "luto" por uma aventura mal terminada, o nosso devaneio imperial foi encontrando ao longo destes dez anos subterrâneas e imprevistas compensações. O que se nos desfez à crua luz do dia, e não desejamos ver, refaz-se na nossa noite viúva de impérios reais, mesmo ficticiamente vividos, como foram sempre os nossos. Nenhum sinal nos é mais transparente que a promoção de Fernão Mendes Pinto a referência *ecuménica* da nossa aventura, agora evocada como mais marginal, descodificada, não-colonialista, que a consignada nos *Lusíadas.* Com ele temos aberto o livro e o império da ficção que a nossa antiga respiração de filhos de império desmedido para os nossos braços se habituou a exigir. É ainda uma fuga, mas mais realista que a da epopeia irreversível. O "peregrinante" é um bom mediador para a viagem no mar sem fim que continuamos a percorrer, meios piratas, meios missionários. Ele aproxima-nos da autêntica verdade da nossa aventura terminada. Esta conversão do nosso imaginário mítico começa a ter a sua tradução presente numa atenção, numa memória, igualmente desmistificadoras do nosso próximo passado, no qual o antigo espaço português, como palco de dramas que foram e *são* nossos, é lugar da nossa obrigatória definição.

De *Lucialima* a *Fado Alexandrino,* passando pelo *Cavaleiro Andante,* um dos últimos viajantes do intramundo que a colonização nos fabricou, a antiga teia imperial e nós nela, reenvia-nos de novo reflexos *realistas,* que nem por tardios são menos preciosos para a reestruturação da nossa imagem fracturada e idealmente intacta.

Sempre habitámos um espaço maior que nós

Outrora tratámos em excesso o império da realidade como ficção. A tentação oposta é a de tratar agora o império da ficção como o substituto da realidade historicamente perdida. A Revolução de Abril não foi apenas a amputação do nosso espaço imperial e com ela a pura perda da imagem grandiosa e fictícia que nele se apoiava. Essa amputação existe, deve ser encarada de frente, positivamente assumida, sem má consciência, nem nostalgia vãs. Se o espaço imaginante criado pela Revolução nos serve para alguma coisa é para reformular e reviver de outra maneira o laço afectivo que o nosso abolido destino imperial estabeleceu entre nós e a África. Nalguma realidade e muito na ficção nós fizemos África, e África, na realidade e nalguma ficção, se terá feito também portuguesa. É nessa inter-realidade e nessa interficção – com o máximo de realismo – que nos podemos encontrar. Que já estamos encontrados. Antes e depois da descolonização. O que poderia parecer há dez anos relento da nossa incurável ficção imperial é hoje sentimento natural e partilhado. Talvez resida nisso a razão da misteriosa ausência de traumatismo por ocasião do fim do nosso domínio colonial. Perderíamos ao mesmo tempo o que merecíamos e era justo que fosse perdido – o laço de dominação – e não perdíamos o que nem para nós nem para os outros podia ser perdido: o nosso próprio encontro com o futuro inafagável que levava dentro. Mas era necessário que perdêssemos efectivamente o que devia ser perdido para conhecer a força e o peso do que resistiria às nossas próprias ou alheias ficções. Temos de nos habituar a pensar que sempre habitámos um espaço maior que nós e por isso mesmo sem sujeito. E a parte de verdade da nossa imperial ficção. Contentemo-nos hoje com a ficção dessa verdade. E adaptemo-nos em casa e fora dela a essa ficção.

III
Heranças vivas

Crise de identidade ou ressaca imperial?[30]

*Nada de pânico: a crise está no tempo e
ninguém sabe a direcção.*
Manuel Alegre, *Babilónia*

É bem raro que as questões de "identidade" – dos indivíduos ou dos povos – digam respeito à sua *existência* ou mesmo *consistência.* A esse nível não haveria questão. A própria denegação de "existência" supõe um mínimo de realidade do que se nega e pressupõe até uma singular ou excepcional afirmação de si. Na verdade, o que se denega é um *estatuto,* uma afirmação plena, de direito, e em última análise, uma forma de ser, *valiosa.* Esse tipo de denegação não só não rasura a *identidade* como a pode reforçar, estabelecendo-se num nível de pureza e de intensidade únicas. É o caso do povo judaico através dos séculos ou, hoje, dos povos palestiniano e arménio. Os dramas históricos de que são sujeito e objecto ao mesmo tempo nada têm que ver com a questão da sua "identidade". Nenhum deles duvida do seu "ser próprio" nem da valia histórica e humana que lhes é inerente. A autêntica questão de "identidade" é a que nasce "desde dentro", como diria o autor de "A Espanha invertebrada" mas também essa não diz respeito à "existência" propriamente dita – singular e colectiva – mas ao *sentido* que o sujeito dela lhe atribui. Embora seja corrente desde Spengler (ou Herder) compreender *povos,* nações ou comunidades segundo a lógica "orgânica" válida para os *indivíduos* e sua curva fatal e irreversível, a analogia não é

[30] Publicado em *Prelo,* 1, Outubro/Dezembro de 1983, pp. 15-22.

pertinente se não em termos metafóricos. Nos indivíduos o sentido da "identidade" e a sua existência formam, por assim dizer, uma só realidade. Pouco importa que o indivíduo ressinta a sua "existência" como frágil ou pletórica, o seu sentimento de "identidade" coexiste com essa fragilidade ou plenitude. Ele é sujeito e objecto ao mesmo tempo. A existência de um *povo* não é do mesmo tipo. Em princípio, é mais "consistente" ou menos frágil que a do simples "indivíduo" pois lhe preexiste e persiste para além dele. Mas o que ela não é nunca é *orgânica* como a do indivíduo, para quem só em termos "patológicos" a questão da *identidade* realmente se põe. A existência de um *povo é* intrinsecamente *histórica* e não importa nada ou pouco à questão da sua *identidade* verificar que tem atrás de si cem ou dois mil anos. (Ou só importa na medida em que essa "duração" é pleonasticamente prova de "identidade" como será, por exemplo, o caso da China.)

A realidade "França" ou "Espanha" ou "Itália" só tem compreensão enquanto *história*. E a história dessa compreensão em termos de "identidade" significará que só como *ilusão retrospectiva* o sujeito actual "França" ou "Espanha" ou "Itália" recobre uma relação consigo ou com outros povos de parecida configuração. Para cada nação, aliás, a História (como discurso sobre o seu percurso) é, antes de mais, a necessária e voluntária *ficção* de uma identidade *a posteriori,* processo de sublimação do seu caótico, imprevisível, precário ou aleatório viver real. Sob Charles VII a França existia menos que sob Filipe Augusto e estava a pontos de não existir de todo sob a forma de "acção hexagonal", requerida menos por imperativos fictícios da "geografia" que pelo imaginário político de Luís XI, Richelieu e Luís XIV. A Espanha de Carlos V não é a de sua avó Isabel, nem nenhuma delas a de Carlos II. Quanto à Itália foi durante séculos sonho de poetas ou caudilhos (Cola di Rienzo), sem "vivência" histórica unitária concreta, salvo sob o modo de vida admirável das suas "repúblicas" rivais e igualmente subalternas. Para nenhuma destas nações (mesmo para aquela que passa, a justo título como o modelo da comunidade mais orgânica, tanto do ponto de vista político como social, administrativo e cultural), *a identidade* foi um "dado em si", um mero atributo da sua existência histórica. Para todas a "identidade" foi esforço e luta por uma estruturação, sem cessar posta em causa, "afirmação de si" com tonalidades as mais diversas, desde as eufóricas às suicidárias, tanto por causas ou motivos intrínsecos, como extrínsecos. Não há uma "essência" das nações fora desta luta equívoca para perenizar um "projecto" de existência autónoma, ou maximamente autónomo, sempre ameaçado, do interior ou do exterior, pelas contradições, antagonismos ou fraquezas dos elementos que a compõem. Neste sentido, uma nação está sempre em "crise de identidade", como se pode dizer que uma vida individual é ela mesma "crítica" em permanência. O *conatus* espinozano é válido se o traduzirmos como "projecto", como impulso que ideal (e realmente) se apoia no *futuro* para orientar ou modelar o presente e não como passiva repercussão do passado. Por isso a autêntica *crise de identidade* só surge, realmente, quando esse *futuro* sobre o qual, inconsciente ou conscientemente, apoiamos o nosso projecto vital, se torna nevoento, impreciso ou, mais raro, *soçobra*. Ficamos, então, literalmente *sem futuro*, de algum modo, sem *forma*, e o próprio passado, por mais glorioso, se volve *outro*. É então que povos, através dos indivíduos – suportes do projecto colectivo – ou da existência nacional enquanto projecto colectivo – se põem a questão: *quem somos nós?*

Enquanto comunidade definida por uma relação consistente com um solo exíguo, uma língua comum, um passado político longamente partilhado, Portugal é um povo e uma nação *sem problemas de identidade*. Ou sem outros que aqueles que "ser história" põe a todos os povos. Nunca fomos ocupados duradouramente, nunca sofremos uma contestação do nosso ser moral ou político de carácter sério, não temos em nós próprios elementos antagónicos ou disparidades que de nós mesmos nos dividam. Em suma, não somos, para só lembrar povos europeus, nem uma Bélgica, nem uma Checoslováquia, nem uma Jugoslávia, nações intimamente fraccionadas e complexas, nem uma Áustria, amputada no seu espaço histórico e no seu imaginário. O nosso caso é talvez mesmo *único* e a consciência desta unicidade não é alheia ao sentimento intenso da nossa coesão nacional, ou melhor, da nossa *identidade*. Não é, na relação que sustentamos com nós mesmos, que a questão da "identidade" se põe. A esse título não há, nem nunca houve questão. Nem mesmo algum esporádico "iberismo" contradiz esse sentimento de coesão histórica e anímica profunda, pois nunca foi proposto como "fusão" ou "diluição" num outro, mas "junção" com salvaguarda do que somos como realidade histórica e cultural. O nosso problema nunca foi o da *identidade*, mas o do próprio excesso com que nos vivemos, em suma, o da *hiperidentidade* que historicamente nos adveio não só desse facto da nossa intensa singularidade, como do suplemento que lhe foi agregado quando nos tornámos "senhores da conquista da Guiné, Etiópia, etc.". Sem saber, e de certo modo artificialmente, introduzíamos então o factor capaz de provocar pela sua dificuldade íntima qualquer coisa como uma *crise de identidade*. Mas, pela natureza das coisas, essa crise não será vivida, efectivamente, como *crise de identidade* de Portugal. Nunca português algum acreditou a sério que *Angola* e *Moçambique* eram Portugal. Exactamente pela força e pela coerência com que assumiu sempre a sua óbvia e intensa identidade *portuguesa*. Mas acreditou-o na ficção, o que foi talvez pior.

O facto de termos sido os primeiros e últimos colonizadores europeus, o facto mesmo de nos termos "prolongado" no Brasil de maneira "orgânica" e não apenas "epidérmica" (relativamente), como em Angola e Moçambique, não alterou, no fundo, a nossa original condição *insular* a que se refere, com pertinência, António José Saraiva no seu último livro. Os títulos "camonianos" da nossa vocação planetária de Quinhentos ficaram-nos sempre largos de mais para o nosso corpo próprio. Só quando fomos afectados *nesse corpo,* em casa, sofremos um desses traumatismos que é tentador assimilar a uma *crise de identidade.* Não me refiro à consabida crise de 1385, nem sequer à chamada "perda da independência", que foram situações de conflito político ou político-social sem dimensão *cultural* própria, a única que se exprime em termos de *crise de identidade.* É a título póstumo e por motivos óbvia e naturalmente políticos que a literatura da Restauração *nos* descobre "cativos da Babilónia".

Em pleno "cativeiro" Faria e Sousa celebra em *espanhol* (e em Espanha) *as lusas excelências,* sem ofuscar ninguém. A primeira e efectiva *crise de identidade* digna de consideração (precedida da "revolução cultural" pombalina que foi, a seu modo, inconsciente antecipação dela) é a que coincide e se exprime, entre nós, como Romantismo. *O nosso romantismo nem é mesmo outra coisa que a consciência cultural dessa crise.* De 1808 à perda do Brasil, *a existência e a imagem de Portugal* (sob os planos histórico e mítico) sofreram o primeiro processo de *ruptura* realmente sério e espectacular. Mas nem então a consciência dela esteve à altura da "catástrofe" que só adquirirá essa dimensão nas páginas de Oliveira Martins. A fuga para o Brasil, paradoxalmente, não deixou que a "fractura" se constituísse como crise da "imagem" nacional. A nossa *identidade* está então vinculada à realeza. Transportando-se para o Brasil, a corte reduz a *fait--divers* o traumatismo das invasões, a presença pesada do inglês, a própria revolução liberal feita sob a égide da fidelidade ao Rei ausente. Com ele de volta, podia "perder-se o Brasil" sem problemas nem traumatismos de maior. Apesar de tudo, o "traumatismo" existiu já, não apenas como interrogação política da eterna classe dirigente minoritária, mas como interrogação generalizada da sua classe cultivada acerca não só do "estado" da Nação, mas do seu papel na História e da sua realidade profunda. Será preciso um século para estruturar uma resposta e para colmatar esse primeiro "traumatismo", a que só a queda da Monarquia (em realidade *o salazarismo)* porá termo.

Com efeito, durante esse período convulso, Portugal foi *ocupado* ou *tutelado* por poderes estranhos a toda a sua história e como conclusão, *amputado* da sua continuação além-Atlântico (que outra coisa não era então o Brasil). As gerações de Garrett e Herculano são as primeiras que experimentam a duplo título, o de portugueses e de liberais, uma certa *fragilidade* de Portugal, não apenas episódica, mas por assim dizer, *ontológica,* ocultada durante séculos pelo seu exorbitado mas realíssimo papel de velha nação colonizadora. Portugal podia ser *riscado do mapa* e eles mesmos riscados de Portugal. Não admira que a títulos diferentes eles tenham sido os primeiros e, até certo ponto, os decisivos *mitólogos* de Portugal, função mais alta que a de seus poetas ou historiógrafos eminentes. Nas suas obras Portugal vive-se como *em crise de identidade superada* mas também latente (Frei Luís de Sousa). Era preciso mostrar que esta pátria frágil, ou jogada aos dados, tinha *raízes* indestrutíveis (Herculano) e uma *alma* (um livro) imortal. Assim, ao mesmo tempo que a exprime ou revela, o nosso original e fecundo Romantismo *rasura* a ferida em que Portugal se convertera, descobrindo-se "frágil" e dilacerado não só no presente mas até num passado vivido até então como "inorgânico" e "aproblemático". Mas só Oliveira Martins instituirá um discurso sobre nós mesmos, *crítico,* em sentido original, por ser fundado numa percepção global da nossa *identidade* como simultaneamente "orgânica" e "problemática". Nenhum discurso cultural do século XIX é mais importante que o de Oliveira Martins, embora só hoje nos apercebamos disso com clareza. O autor da *História de Portugal* foi o primeiro que concebeu o nosso destino colectivo como *enigma* e que tentou resolvê-lo integrando os discursos antagónicos que a fractura do liberalismo suscitara como leitura apressada desse enigma. O seu exemplo não foi seguido. Apesar dele – e, em geral, da Geração de 70 –, os dois discursos culturais paralelos, o conservador e o progressista, perpetuaram a *visão* da imagem romântica de nós mesmos, cada um deles apostado em *sonhar um Portugal outro* – no passado ou no futuro – sem dúvida para não se encontrar com o único que há.

Ou *havia.* Durante quarenta anos o destino português foi assumido como destino imune – quase por direito divino – a qualquer coisa que de longe ou de perto sugerisse fragilização da *imagem* de Portugal e, a esse título, pudesse provocar uma *crise de identidade.* A pretensão do Portugal salazarista que fomos existiu, todavia, como reflexo *realista* de adaptação e regresso ao que sempre fôramos, embora o tivéssemos esquecido. Não houve nenhum futurismo na ideologia salazarista. A nossa "crise de identidade" latente do século XIX, princípios do XX, devera-se à infidelidade para com o nosso passado. Era necessário reatar o fio perdido ou distendido. Exposições, centenários, actividade cultural oficiosa se encarregariam ao longo dos anos de nos *restaurar* nesse eterno presente de nós mesmos cujo modelo é um século XVI convenientemente idealizado. Em conformidade com esse modelo se gera o presente e se prepara o futuro. *Da nossa identidade e como momento forte dela faz parte o sermos nação colonizadora por excelência.* Desde a sua origem, com o célebre mapa da Europa coberto pelas nossas "províncias ultramarinas", que o Regime se identificou e identificou o país com este bilhete de identidade. Parecíamos *inexistentes* sem esta *grandeza* ultramarina e por ela merecíamos a consideração dos outros e a nossa mesma. O Regime que era o país durante esses anos não pôde acordar nunca dessa ficção, nem mesmo quando o destino previsível bateu à porta. É que a ficção tinha uma espessura de vários séculos e, nela incluída, alguma realidade. Em todo o caso, o que bastou para que nem mesmo a falência empírica objectiva dessa imagem de um *Portugal planetário* tenha arrastado com ela aquela *crise de identidade* que, à primeira vista, parecia não apenas natural, mas *inevitável.* Após breve hesitação, de *povo colonizador por excelência, multiespacial e racial,* passámos a *nação criadora de nações.* Assim a mitologia salazarista de nós mesmos, desmentida na prática, triunfou no plano simbólico. Pudemos continuar *os mesmos* sendo já *outros.* Mais uma vez, a simples manipulação do *discurso* nos economizou um exame de consciência devastador como são, em geral, aqueles que se traduzem em *crise de identidade.*

Seria um exagero, apesar de tudo, que um tal desmentido a uma mitologia de longa, embora não profunda, vigência, como a instaurada ou hipertrofiada pelo Antigo Regime e a Descolonização (o conceito é já em si falacioso) não produziram efeitos na ideia e imagem que continuamos a fazer de nós. Escreveu-se recentemente que a XVII Exposição não obteve junto do público aquele *sucesso* que *normalmente* análogos acontecimentos dessa ordem *antes* provocavam. É bem possível que isso tenha a ver com a *crise de identidade que não houve,* ligada ao fim do Império, mas que, bem à portuguesa, de viés, escolhe o seu próprio percurso subterrâneo para se exprimir. E também para melhor a suportarmos. A *visão do nosso esplendor,* apenas há uma dúzia de anos, com função de *presente,* recolhe, agora, ao seu *próprio tempo.* Nós que coabitávamos com o passado como presente ainda não nos habituámos a esta nova coabitação de *museu*. Inconscientemente, o actual público português apreende menos o "esplendor" e a "glória" que a *irrealidade* deles e do Portugal a que estão ligados, o qual, reconhecendo-o ou não, *está, enfim, irremediavelmente sepultado*. De nada valeram as várias estratégias de que após o 25 de Abril nos temos servido para persistir no sentimento hipertrofiado de nós mesmos que até então nos servia de identidade. É em vão que substituímos à grandeza épica de Camões a grandiosidade irónica de Mendes Pinto. Estas alterações de signo para afirmar a mesma *identidade gloriosa* provam, contudo, que alguma coisa se *passou*.

Na verdade, após um período de silêncio que não ousamos inculcar como a expressão suprema do *traumatismo histórico* da descolonização, pois seria levar longe o gosto do paradoxo, multiplicam-se os sinais dessa *ausência – presente de uma crise de identidade* que em nada se percebe melhor que nas várias expressões do que se poderia chamar a *ressaca imperial*. Afinal, o drama africano, em si e enquanto *drama português* e elemento do nosso destino colectivo, sempre acabou por existir. Talvez tenha sido apenas aos indigentes planos político e ideológico que o fim do Império, com a sua singular e inextricável mistura de verdade e ficção, não teve mais importância que um abandono de camisa usada. No do nosso imaginário profundo começamos a ver que se passou alguma coisa de decisivo e que continua interferindo connosco e até a impor-nos um *novo olhar*. É esse novo olhar, de resto, que transparece nalgumas das mais explícitas amostras dessa ressaca imperial, como com *Lucialima* de Maria Velho da Costa ou no *Cavaleiro Andante* de Almeida Faria. Da dolorosa aventura imperial *regressámos outros* como o ilustra com uma virtuosidade e uma fundura raras, a autora de *Maina Mendes*. E o espaço africano continua a ser para o "cavaleiro andante" de Almeida Faria, em busca da sua e nossa identidade míticas, o ponto de fuga onde se cruzam a nossa realidade amarga e a nossa utopia. Era bem estranho que nas malhas da poesia não se filtrasse o rumor da nossa aventura terminada. Dele está cheio o memorial de regresso e errância de Manuel Alegre, "Atlântico", peregrinação cruzada nos tempos e nos espaços que nos definiram e agora pedem redefinição, a mesma sobre outro modo, a de não poder estar em casa senão sonhando o mundo inteiro e não bastando. Agora sabemos todos como. Poeta que somos

> *da geração que foi à guerra*
> *sem índias para achar mas não desempregada.*
> *E zarpámos, zarpámos canções guerrilha amor louco.*
> *Espírito de Quinhentos promessa não cumprida*
> *de dentro para fora*

> *de fora para dentro*
> *estrela do mar estrela do norte*
> *a memória partida a memória partida.*[31]

Ressaca transfigurada, sem dúvida, como a tão português poeta se impunha e por isso mesmo magicamente iludida. Nem era de esperar outra coisa de um poeta em que se perpetua como em nenhum outro a pulsão épica genuína diante da vida que a maioria dos portugueses só vive por procuração. O eco da ressaca nua só o podemos encontrar naqueles que foram "portugueses de Império" e a esse título se perderam nele e o perderam, um Eugénio Lisboa ou um Rui Knopfli. É nalgum dos mais belos poemas de Knopfli que *a crise de identidade* escamoteada de portas adentro atinge a sua mais alta, secreta e dolorosa expressão. Aí ardemos por conta de um sonho maior que nós. Só no dia em que de portas adentro descobrimos o sentido do que nos aconteceu deveras e medirmos a nossa agora exacta dimensão, a já visível ressaca será crise de identidade e reformulação de destino. Começará então o que Sofia apelida de *inversa navegação,* o decifrar sem fim daquele Portugal que a Navegação e o resto, hoje terminados, nos encobriram.

---

[31] Manuel Alegre, "Atlântico", in *Trinta anos de poesia,* Prefácio de Eduardo Lourenço, Dom Quixote, 1995, pp. 469-470.

Trinta anos de
política portuguesa 1969-1999
(do pesadelo azul à orgia identitária)[32]

Os acontecimentos não têm nunca aquela coerência que nós lhe emprestamos *a posteriori*. Nós é que precisamos de uma qualquer lógica para dar sentido ao que estamos vivendo. Isso nos obriga a reler sempre de outra maneira o que chamamos o nosso passado, próximo ou distante. Nos últimos trinta anos de vida portuguesa, vistos de hoje (um entre milhares), poderíamos, como é costume, distinguir períodos ou fases. Isso suporia que vivemos uma experiência sem hiatos, um processo com o seu quê de necessário. Será melhor falar em *tempos* que não têm compreensão nem leitura se não em função dos sonhos, dos cálculos, das ilusões que, do interior, com uma mistura de fatalidade e surpresa, os condicionaram. Essa pluralidade de tempos – hoje colados uns aos outros como se fossem um só tempo – é aquela que cada um de nós viveu e agora evoca segundo a esperança, a paixão, a euforia ou a desilusão com que os viveu ou foi vivido por eles. Em suma, mais como mitos, pessoais ou colectivos, do que como História. Esta, mais do que póstuma, serão os historiadores que a escreverão. Quando tudo o que foi e nos foi vida, lhes parecerá claro como um conto de fadas, ou como um pesadelo de ficção.

Para fins retóricos e numa perspectiva meramente política, considerarei nessa já longa marcha – para quem a acompanhou como adulto – os vários tempos que, sem fazer dela uma sinfonia, lhe conferem uma aparência de continuidade, quando não de unidade. Como se fossem capítulos de um romance virtual, intitulá-los-ei de tempo de advento, tempo de ruptura, tempo de conflito, tempo de normalidade, tempo europeu, tempo de euforia, tempo revivalista.

---

[32] Publicado em *Finisterra. Revista de Reflexão e Crítica*, 35, Setembro de 2000, pp. 7-16.

De 1969 a 1974 vivemos, com maior ou menor consciência disso, com a impressão de estar no fim de um longo ciclo – o do Antigo Regime agonizante com o seu chefe e mentor – em que já nada podia ser como fora durante quarenta anos e que algo de novo ia acontecer. Alguns, pensaram, então, que já estava acontecendo. Os primeiros tempos do que viria a chamar-se o consulado de Marcello Caetano, foram saudados, mormente à esquerda, como de expectativa e até de esperança. Houve alguns indícios disso, em particular, nos domínios da liberdade de expressão, mas foram sol de pouca dura. Apesar disso, a atmosfera do país não era a mesma. Salazar – depois de uma morte adiada digna de uma peça de Pirandello – morrera se não numa indiferença da nação, numa espécie de abandono que pressagiava o ainda hoje misterioso (talvez falsamente) apagamento da sua memória. Marcello Caetano desfizera-se da sua sombra remetendo-o para a excepção e reservando-se a normalidade. Se possível, *mais democrática*. Nesse ano organizou eleições destinadas a legitimar um poder que ele sentia precário e a criar condições para solucionar o único problema capital que então se nos punha: o de uma guerra em África, só posteriormente chamada "Guerra Colonial". Em verdade, uma das muitas guerras sem nome que o nosso século tem cultivado com delícia.

Essas eleições que deviam normalizar a vida nacional não foram tão isentas como fora prometido. Aparentemente tudo ficou na mesma, mas hoje, e já então, se podia observar que o *pós-salazarismo*, fosse qual fosse, não seria o triunfo óbvio de uma qualquer *oposição unida,* de cariz revolucionário. Em 1969, com as candidaturas oposicionistas da CDE e da CEUD – de inspiração comunista a primeira, de inspiração socialista ou pré-socialista a segunda – aparecia a oposição que cinco anos mais tarde marcará um outro tempo da nossa vida política. Curioso é que um grande número daqueles que então militavam na CDE virão a ser figuras conhecidas do futuro Partido Socialista. Só isto basta para ver que essa época, de 69 a 74, se movia numa perspectiva e num contexto que o 25 de Abril fechou sem remissão. Chamou-se a esse tempo *Primavera Marcelista,* primeiro, tempo das ocasiões perdidas mais tarde, quando já não havia nada a esperar nem, a bem dizer, a perder. Os historiadores desse período – acabado e nessa medida historiável – já descreveram o tecido de contradições, de impasses, antigos ou modernos, que foram para o antigo Presidente do Conselho – que chegou a gozar de uma autêntica popularidade – a sua túnica de Nessus. Mas também para o país. Todas se cifram numa palavra: África. O impasse político e geopolítico dos conflitos africanos não podia ser resolvido sem perspectiva democrática na Metrópole, e esta perspectiva estava bloqueada pela dificuldade de encontrar uma saída aceitável na mesma África.

Quem cortaria o nó górdio? Quem fazia parte dele ou era, em nome de uma antiga história colonial, a expressão armada do país como nação colonizadora no momento mesmo da descolonização europeia. O que em casa, e em termos de tradição democrática, era inviável, foi resolvido, se não em África, *por causa de África,* em pleno processo de reformulação dos laços coloniais. O nó foi cortado em Lisboa pelos famosos *capitães marxistas,* de baptismo marcelista, errado na fórmula mas com alguns visos de verdade, no fundo. Na realidade, a grande maioria dos homens de Abril eram, como se costuma dizer, militares – militares, apolíticos (basta, entre todos, o exemplo de Otelo Saraiva de Carvalho), mas os que mais tarde darão o tom ao Movimento, sem serem todos marxistas, haviam recebido da luta em África com adversários que se inspiravam no marxismo, e da atmosfera geral da época (nasseriana e terceiro-mundista) uma inegável influência revolucionária. A que está nas linhas e, sobretudo, nas entrelinhas, do primeiro programa do MFA.

Isto se saberá depois. No dia, não sei se ainda hoje memorável, do 25 de Abril, o que aconteceu foi mais simples. Entrámos, pode dizer-se colectivamente – mesmo aqueles que nele entraram à força – num *tempo novo.* Muito portuguesmente, como se fosse não o antigo, mas o *mesmo,* o que nos tinha sido sonegado durante quatro décadas. Pelo menos era o que parecia para quem, no 1.o de Maio de 1974, via desfilar num *unanimismo,* ao mesmo tempo real e suspeito, um povo inteiro, admirado de ter recuperado, como então se dizia e sentia, "a Liberdade". No fundo, toda a gente tinha razão. Aquele tempo foi (e é ainda) mais novo do que cada um, pessoalmente (salvo os que haviam vivido o antigo como uma sufocação) podia imaginar. Novo, subjectivamente, por se ter o sentimento de recuperar o que muitos não sabiam que tinham perdido, a liberdade de dizer alto até de cantar o que em surdina se pensava. E a maior ainda, de ter ascendido ao estatuto de cidadão digno desse nome, responsável, daí em diante, pelo destino colectivo. Não era só uma mudança de tempo formalmente *política,* era uma mudança mais profunda, complexa, a da imersão nessa misteriosa aventura de uma Liberdade que nos caía do céu militar e que seria necessário devolver à sua essência de respiração natural de uma sociedade civil. Tudo isso foi, vivido, mais que pensado, a essência do *novo tempo,* candidamente recebido (outorgado, como outrora a Carta de D. Pedro IV) por um país como o nosso, de fraca interiorização da memória democrática e da longa luta onde ela enraíza. E nesse momento, tempo de *ruptura,* mas como se fosse o despertar de um pseudopesadelo. Entraremos nele sem pedirmos contas ao passado, e ao nosso passado. Há algo de bom neste reflexo, mas também de insólito. De um momento para o outro, ninguém tinha, ou se lembrava de ter sido, se não *fascista,* nome pouco comum na época salazarista, mas pelo menos *salazarista*. O que, vendo bem, era uma espécie de triunfo póstumo do mesmo salazarismo e, possivelmente, algo mais.

O verdadeiro *tempo de ruptura* e de *rupturas* virá em seguida. Será breve, mas intenso. Todos o temos na memória. Pelo menos, os que o viveram. Durante quase dois anos, Portugal viveu, em acelerado, a vertigem que a Europa do pós-guerra (a partir de 48) vivera sob a forma de "guerra fria". Como somos originais e a resumimos no seu ponto alto – o do Verão de 75 – chamámos-lhe *Verão quente.* Já esquecemos quase tudo desses anos decisivos para o futuro político português, mas esse *Verão quente* continua a dividir, por dentro, a tantos anos de distância, não só o panorama político nacional, como o cultural e as leituras que dele fazemos. Recentemente, Álvaro Cunhal, actor capital desse momento, evocou-o menos como época em que o Partido Comunista teria tentado, segundo os seus adversários, converter Portugal numa Cuba europeia, que como uma tentativa concertada do que então se chamavam as forças reaccionárias, nacionais e internacionais, de lhe fazer endossar esse papel de mau da fita, na aurora da nova era democrática. Não sejamos hipócritas: tudo se passou como se o Partido Comunista, apoiado em muitos elementos do Conselho da Revolução, e nos seus militantes e admiradores, julgasse possível levar a cabo, entre nós, uma revolução tanto social, como política, em que não era difícil descortinar os esquemas históricos, não apenas de S. Petersburgo, mas de Praga. Falsa ou adequada, a aparência das coisas, num contexto de aceleração revolucionária quase incontrolável, foi essa a impressão que muitos tiveram e em relação a ela se posicionou a esquerda portuguesa não-comunista que teve em Mário Soares e Salgado Zenha, os seus inspiradores e guias. Com ela, e atrás dela, as forças políticas de um país que durante meio século haviam sido convictamente "anticomunistas".

Isto está ainda tão vivo que mesmo o evocá-lo espanta. E é pena, pois enquanto não se fizer o exame e interiorizar o que então, por ser da ordem da urgência não podia ser pensado, mas decidido na *prática,* como o foi, não teremos aquele sossego, aquela maturidade democrática que só a realidade das coisas e a verdade sem máscara dos acontecimentos proporcionam. Só como peripécias anedóticas aquilo que se reporta a esses dois anos decisivos interessa ou parece interessar. Nós vivemos então, qualquer que seja hoje a nossa tendência, tentação ou vontade de o esquecer, o que de mais perto se pareceu como uma *experiência revolucionária.* Até a Europa, interiormente oscilante ainda, se deu conta disso e veio até Lisboa para ver como era possível uma *revolução de esquerda,* a sério, quando em Paris só revoltas oníricas e falhadas eram possíveis. Como de costume, a Europa pouco sabia deste nosso país, se não que havia sido uma longa ditadura fascista, mas nós também não sabíamos muito da Europa e do mundo e ainda não sabíamos que, precisamente na Europa, a *era das revoluções* tinha acabado.

É neste contexto que a Revolução de Abril na sua tentativa de se tornar uma autêntica revolução, com a luta política e social conduzida contra o capitalismo (nosso e alheio) foi singularíssima. Nós chegávamos na hora em que essa ilusão era ainda possível, mas vínhamos tarde. Não apenas o Partido Comunista, coerente com a sua ideologia e a sua tradição militante, mas o jovem Partido Socialista (historicamente seu dissidente) que marcava o seu terreno com a referência canónica a Marx e se dispunha também a acabar com o Capitalismo. Como o nó górdio de África, o da metrópole em 74 e 75 foi cortado também pelas Forças Armadas, cuja maioria não se revoltara em nome de qualquer arcaico bolchevismo ou recente nasserismo, mas para terminar com uma Ditadura de que eles mesmos eram o sustentáculo e para implantar em Portugal um *Estado democrático* como os da restante Europa Ocidental, desde então nosso espaço natural de inscrição política, como já o era economicamente, para não dizer, culturalmente. Aos mais perspicazes e politizados homens de Abril, em particular aos que viam em Melo Antunes a sua cabeça pensante, não interessava nem um neo-salazarismo pseudodemocrático à Spínola, nem o modelo da democracia popular. Homens de esquerda – pelo menos, Melo Antunes – navegaram no fio da navalha entre o imperativo incontornável da democracia e o seu pouco gosto pelo Capitalismo, ex-colonialista e sempre imperialista. Em osmose mais ou menos sólida com o PS, esse grupo historicamente conhecido pelo Grupo dos Nove – decidirá pôr termo à fase mais maximalista do processo revolucionário representada pelo governo de Vasco Gonçalves. O 25 de Novembro que vê surgir na cena nacional o futuro General e Presidente Ramalho Eanes acabará com o tempo das rupturas no interior da ruptura mais geral e informe do 25 de Abril. A partir daí, com a eleição por sufrágio universal do primeiro Presidente constitucional começa um tempo longo que, no essencial, é ainda o nosso.

Do tempo da Revolução três rostos permanecem na nossa memória: Otelo Saraiva de Carvalho, Melo Antunes, Vasco Gonçalves. Por ele passou um fervor, uma paixão, uma história que se fazia no cálculo e na improvisação, mas também no imprevisto das coisas vivas e que por isso mesmo são e fazem história. Infelizmente, passado esse momento ardente onde todas as contradições, conflitos, utopias do nosso presente (recicladas do passado) se digladiaram, pouco passou para o imaginário nacional em termos de mitologia activa. Otelo faz mais parte do que subsiste da mitologia da esquerda ocidental que da nossa.

A Revolução de Abril não foi só a passagem de um tempo de silêncio ou de vida vigiada, em sentido próprio e figurado, a outro *aberto,* sem destino certo. Foi e será para sempre o tempo da *ruptura das rupturas,* a de um Portugal com quinhentos anos de espaço imperial a um Portugal de novo europeu que uma vez acordado do espasmo revolucionário devia buscar um outro sítio, um outro largo onde respirasse e encontrasse "modo de vida", como diziam os nossos bandeirantes no século XVIII. A Europa como destino não era nenhuma descoberta. Mesmo sem a descolonização-relâmpago que foi a nossa a Europa esperava-nos. O Portugal real, o dos emigrantes, já a tinha descoberto com os pés. Não era uma *fronteira* carregada de recordações épicas, mais ou menos falsas, como a da Índia há muito perdida ou a de Angola e Moçambique... Era só o reverso pragmático e doloroso das antigas façanhas. Afinal uma boa carta que jogaremos quando chegar a nossa vez na década de oitenta e que a nossa emigração, num certo sentido, desmistificara. E desmistificada continua. Estamos lá sem ser de lá. Como estamos no Império tendo de lá saído. E mais do que tudo, esta histórica e universal ruptura com o nosso Império serviu e serve de revelador para tudo aquilo em que nos tornámos *perdendo-o,* como se nem déssemos por isso.

Vale a pena determo-nos no que, em tempos – no tempo mesmo do que para mim era um transcendente acontecimento –, designei ausência de traumatismo nacional por ocasião do abandono do Império, assim durante séculos tão retoricamente evocado. Pelo silêncio intrínseco ao Regime de Salazar não tomámos – ou só sigilosa e perigosamente – conhecimento do drama africano. Só depois de 76, a cena romanesca, graças aos que viveram ou estiveram em contacto com esse drama, invadia o imaginário nacional, mas com pouco gratificante presença. Os romances famosos de Lobo Antunes, um singular de Lídia Jorge, as evocações simbólicas de Fernando Dacosta são quase tudo o que a esse drama se refere. E quanto ao traumatismo da consciência nacional enquanto metropolitana, nem um só eco que mereça registar-se. Quisemos pôr uma pedra numa história que terminou mal. Do termos estado séculos ou pelo menos umas boas centenas de anos em África como senhores e colonizadores não ficou mais que o silencioso e silenciado murmúrio, amargurado e ressentido dos chamados – estranha coisa – "os retornados".

A desenvoltura com que abandonámos um Império que não soubemos nem converter nem deixar na hora justa tem poucas analogias com qualquer outra, vividas com intenso dramatismo, como por exemplo as da Argélia ou da Indochina pela França ou da mesma Indochina por uma América que nada tinha a ver com ela. A colonização é já em si uma subordinação do Outro – colonizado ou até colonizador – aos interesses de uma Metrópole. Mas no fim do processo o cenário repete-se. Repete-se connosco em todo o caso. Não me refiro aos famosos *erros* da descolonização que foi tudo menos exemplar. Mais trágicos e menos perdoáveis foram – são ainda hoje – os *erros* e até crimes de uma guerra absurda no seu princípio e inútil nos seus fins como foi a nossa em África. E esses não se devem à Revolução de Abril. A verdade simples é que como metropolitanos a única coisa que nos preocupou – que preocupou os que nos representavam – foi *libertarmo-nos* de *África*, como nos princípios do século XIX fingimos que não nos importava nada que o Brasil se emancipasse. O mecanismo é o mesmo e o estranho fenómeno da nossa ausência de reacção a um acontecimento tão extraordinário como o da perda de um Império de quinhentos anos não é afinal tão enigmática como isso. Em primeiro lugar, não podemos endossar as culpas dessa perda a ninguém. Em segundo lugar, essa perda estava programada na nossa própria mitologia colonizadora. Não podia ferir-nos uma descolonização – mesmo infeliz – quando nós não nos considerávamos colonizadores. Pelo menos como os outros. Assim *perdendo* Angola e o resto não perdíamos nada que não devêssemos e até merecêssemos perder. Mas também – pensávamos nós inconscientemente ao fim e ao cabo não perdíamos – não perdemos o que continuava, não a *ser nosso* – em termos colonialistas – mas a *ser nós* de uma outra maneira. O sonho imperial português é inafundável. Não o pareceu aos olhos distraídos em 75-76. Mas pouco a pouco o Titanic imperial – não temos mais barco – voltou à superfície. E nunca isso foi mais visível que na altura em que nos convertemos ao tempo europeu. Toda a nossa energia, todos os nossos interesses, todos os nossos fantasmas pragmáticos estão desde 1985 estrangulados com a palavra Europa. Ou envolvendo a própria palavra América. Mas quando quisermos – quando queremos – mostrar o nosso autêntico bilhete de identidade de neo-europeus o cartão que magicamente tiramos da bolsa é o eterno cartão imperial. Foi lá, nesse Império, perdido e presente na sua mesma ocultação que fomos tudo o que nos distingue de todos os europeus. É isso foi isso – o que levámos a Bruxelas ou a Európália. Foram os oceanos que já não percorremos senão em sonhos – levámos dois meses para chegar a Timor – que celebrámos na Expo 98. Politicamente, depois da normalização interna da época Eanes-Cavaco entrámos na normalização com Mário Soares e simbolicamente num tempo de euforia como o país não conhecia há muito. Euforia devido a um inegável bem-estar cada vez mais próximo dos padrões europeus que foram sempre o nosso modelo mas ao mesmo tempo esquecimento mais ou menos activo do utopismo político, ideológico e social característico da primeira década do pós-Abril.

Neste domínio não há rupturas entre os tempos dos últimos vinte anos, mas uma deriva contínua, um recalcamento de todos os sinais utópicos ou simplesmente críticos salvo na mera esfera partidária. Curiosamente isso coincide com o triunfo político do socialismo diversamente *soft* de Mário Soares e de António Guterres. A ideologia sucumbiu às mãos de um *culturalismo* mais ou menos lúdico pouco inclinado à problematização da sociedade e do mundo em que vivemos, mas mais apto a glorificá-lo ou a gozá-lo. Consensualismo em política, ludismo na cultura são a essência de um tempo que, não apenas entre nós, vive da exploração do seu intrínseco narcisismo, subjectivo ou colectivo.

No nosso caso devia ser um tempo ainda mais feliz do que já tradicionalmente é, como país por excelência imune ao *trágico,* embora como todos não imune às tragédias. Todavia, sob todo este euforismo de que os dois últimos anos têm sido um exemplo inexcedível há um novo género de insatisfação como o das calmarias. Estamos bem mas não sabemos bem o que fazer de tanta felicidade. Só uma grande causa nos seria capaz de mobilizar simbolicamente. Foi precisamente o que sem surpresa para quem meditou no funcionamento do nosso imaginário aconteceu com os sucessos de Timor. Que país somos? Que perspectivas políticas e sociais são as nossas, ou o que falta delas, para que a mais longínqua e a última terra do antigo império tenha mobilizado um país que a perda desse império não pareceu abalar? Agradeceu-se a Timor por nos ter dado uma *causa nacional.* Será no futuro, quando o fervor, o sangue e as lágrimas se apagarem, um tema de meditação interessante. Porque ao fim de trinta anos de convivência se não de convergência democrática um país se comove mais com o último vestígio da sua presença no mundo do que se comoveu com o fim do seu Império. Devemos ser, se nos lembrarmos de Hegel, um povo paradoxalmente filósofo. A ave de Minerva, a nossa consciência e lucidez, só levanta voo quando o crepúsculo nos rouba a luz ofuscante da realidade.

Lisboa, 10 de Novembro de 1999.

Portugal: identidade e imagem[33]

Homens e povos acordam tarde sobre si mesmos. É por isso que o essencial das suas actividades se passa a construir esse passado original sem o qual não teriam futuro, ou apenas um presente sem espessura. É a este processo, ao mesmo tempo real e imaginário, que chamamos preocupação e busca de identidade. Com mais pertinentes razões do que as invocadas por Fernand Braudel no seu último livro-testamento, *L'Identité de la France,* também nós podíamos dizer que existíamos como portugueses antes de nos tornarmos, de nos inventarmos como Portugal. O nosso corpo futuro – a terra portuguesa, essa orla ibérica coroada de espuma que antes da conquista e colonização romana era Lusitânia, povo de hábitos celtas no Norte e de pastoreio no Centro – é ainda o mesmo que hoje nos distingue dentro do espaço peninsular. Por mais profunda e preciosa que nos seja esta continuidade física, os elementos definidores da nossa imagem ao longo dos séculos são filhos da História, quer dizer, desses encontros improváveis do acaso e da necessidade. Sempre viúvos da nossa dissidência ibérica, alguns historiadores espanhóis, e entre eles Claudio Sánchez-Albornoz no seu célebre livro *España, un enigma historico,* consideram a existência de Portugal, a sua realidade como não independente, como mero *acidente histórico.* Não vou discutir aqui se a realidade de uma nação com oito séculos de existência é compatível com o insólito conceito de "acidente histórico", quer dizer, com a ideia de existência precária, contingente

---

[33] Publicado em *Nós e a Europa ou as duas razões,* Lisboa: Imprensa Nacional – Casa da Moeda, 1994 (4.ª ed.), pp. 17-23. Anteriormente publicado em *Expresso,* 4 de Julho de 1987.

ou injustificável. O que é incompreensível para Sánchez-Albornoz é que um *pequeno povo* como Portugal não tenha realmente problemas de *identidade*, nem de *identificação*, como paradoxalmente, e a outro nível, os teve sempre e continua a ter a imperial Espanha, aquela que com maior acuidade o seu maior ensaísta chamou *invertebrada*. É que o mistério da nossa identidade, da nossa permanência e continuidade ao longo dos séculos está precisamente relacionado com a *nossa pequenez* e com a vontade de separação do resto da Ibéria que conferiu ao povo português um outro destino, um destino menos europeu do que aquele que a Espanha de Carlos V e Filipe II tiveram de compartilhar e de que foram peça mestra.

Qualquer que seja a explicação mais plausível para a nossa autonomia, afinal uma entre outras, enquanto a Espanha era um *puzzle* de nações cristãs e muçulmanas – Leão, Castela, Navarra, Aragão, Catalunha, Granada – o destino português define-se quando Portugal abandona o seu projecto ibérico ou o integra no mais vasto e imprevisível das descobertas marítimas e da colonização. Sem mudar de corpo, difundimo-nos através de terras e continentes construindo uma segunda dimensão, a dimensão imperial do século XVI, espaço de comércio, de poderio, de evangelização e de cultura, ao mesmo tempo real e fabuloso pela desproporção entre o que nós éramos como potência europeia e a vastidão desse novo espaço. Nem Roma nem Cartago conheceram uma tal distorção entre o que senhoreavam e as forças de que dispunham. Só o exemplo de Veneza se lhe poderia comparar, se Veneza tivesse sido uma verdadeira nação e não uma aristocracia comercial sem ambições colonizadoras.

A aventura marítima e colonizadora dos Portugueses não tem símile algum na Europa moderna e por isso o nosso poeta nacional preferiu compará-la à da Roma antiga. Da Roma antiga propagámos a língua que os seus soldados nos ensinaram, e da Roma cristã, na sua época contrarreformista, o cristianismo segundo o Concílio de Trento, cujas imagens intactas ou corroídas pelo tempo se encontram hoje desde Macau ao interior do Brasil. Esta outra dimensão da realidade portuguesa alterou profundamente – e na aparência para sempre – a maneira de ser e *o ser mesmo* do que nós chamamos Portugal. Nem língua – da mesma raiz e tão próxima –, nem religião ou religiosidade, igualmente as mesmas, nem sensibilidade ou costumes, por diferentes que sejam nas suas semelhanças, nos separam do resto da Espanha mais do que a particular versão de uma aventura marítima e colonial, paralela à de Espanha, mas que nos deixou uma outra *memória* dela, e com ela uma outra identidade. Importa pouco saber se esta divergência peninsular foi um bem ou um mal para os povos que a encarnaram. Está inscrita na História e é irreversível. Com algum paradoxo podíamos dizer que nada nos separa da Espanha senão a nossa própria semelhança, de diferente maneira assumida e vivida.

Ao contrário da Espanha, que é "múltipla" na sua relação consigo mesma, Portugal é, por assim dizer, excessivamente uno. A esse título, como noutra ocasião o escrevi, Portugal, o de ontem e ainda mais o de hoje, não teve nunca, nem tem, propriamente, *problemas de identidade.* Se tem problemas dessa ordem, quer dizer, de interrogação ou dúvida, sobre o seu estatuto enquanto povo autónomo, inconfundível, serão antes problemas de *superidentidade.* Não se pode dizer dos portugueses aquilo que Nietzsche dizia dos alemães (ou se pode dizer de outros povos) – que era uma gente que passava (passa?) a vida a perguntar: *O que é ser alemão?* Todos os portugueses são, ou se sentem, por assim dizer "hiperportugueses". Talvez alguns pensem que isso significa, afinal, que Portugal não só tem, como todos os povos, em certos momentos "problemas de identidade", mas que os tem da pior maneira, sob o modo de hipertrofia da sua realidade ou da inconsciência. Acaso por eu mesmo ser português, penso que Portugal – sobretudo o Portugal dos séculos XIX e XX – tem um problema de *imagem.* Enquanto indivíduos, os Portugueses vivem-se, normalmente, como pessoas sem problemas, pragmáticas, adaptáveis às circunstâncias, confiantes na sua boa estrela, herdeiros de um passado e de uma vida sempre duramente vividos mas sem fracturas ou conflitos particularmente dolorosos ou trágicos. É enquanto povo ou nação que esta *imagem,* eminentemente positiva e banal de si mesmos, é objecto de singular distorção, à primeira vista, misteriosa e contraditória.

Até ao século XIX – momento em que a Europa, em plena revolução económica, política e social, nos entra em casa, militarmente com as invasões napoleónicas e ideologicamente com o modelo liberal –, só uma pequena elite, em geral de experiência cosmopolita, era sensível à *imagem* de Portugal no espelho dos outros, ou no olhar dos outros. A relação dos Portugueses consigo mesmos, sem termos de comparação concreta, era alheia ao complexo de inferioridade que pouco a pouco se difundiu no escol da sociedade portuguesa do século XIX e culminou no processo público feito ao passado português ou a componentes decisivas do seu perfil, pela geração de Antero de Quental, de Eça de Queirós e de Oliveira Martins. A consciência da nossa marginalidade, espicaçada pela memória romântica do século XVI e do nosso papel nessa época, atingiu então o seu nível mais doloroso. A Europa é ao mesmo tempo o modelo a imitar e o nosso desespero pela distância que dela nos separa. Nem o facto de o nosso pequeno país pertencer ainda ao número das nações com um espaço colonial potencialmente rico reequilibrava então a *imagem* medíocre, o sentimento colectivo da nossa pouca valia entre as novas nações hegemónicas do Ocidente. De uma delas, e ainda por cima da mais antiga aliada, a quem nos uniam laços de interdependência económica, que era sobretudo dependência – nos viria em 1890 um *ultimatum* que reduzia a nossa dimensão imaginária, de nação colonizadora, às suas proporções ínfimas. Nem na Europa nem fora dela éramos povo que contava e com quem era necessário contar. Toda uma literatura repercutiu esta vivência dolorosa, pessimista, do nosso presente sem futuro ou se investiu na invenção de mitos compensadores da nossa frustração de antigo povo glorioso, como o de um Quinto Império, que terá em Fernando Pessoa a sua expressão mais acabada.

Felizmente, no plano mais chão mas mais realista da vida portuguesa, este pessimismo era o aguilhão, talvez necessário, para um projecto colectivo de renovação material da sociedade portuguesa que, com dificuldade mas não sem relativo sucesso, integrava Portugal no processo mais vasto da segunda revolução industrial. Sob regimes diversos, de Fontes Pereira de Melo a Salazar, um só processo de modernização, em geral caramente pago, quer no plano económico por uma sobre-exploração do mundo rural, quer no plano político pela supressão de elementares liberdades cívicas, corrigiu a imagem depressiva que Portugal tinha de si mesmo nos finais do século XIX e ainda em parte do século XX. Também não foi menor, e de consequências menos perversas, a correcção que, sob o plano do imaginário, o inconsciente nacional opôs à crítica um tudo nada parricida dos grandes ideólogos do século XIX. Foi no mesmo período que uma outra facção da *intelligentsia* nacional construiu uma imagem idealizante e *idílica* da realidade portuguesa, que Portugal se tornou para si mesmo e em parte se exportou como *"jardim da Europa à beira-mar plantado"*, reserva bucólica de uma Europa em acentuado processo de *urbanização* de técnica e tecnicismo.

Portugal tornou-se então uma espécie de *aldeia* orgulhosamente feliz na sua marginalidade, na sua diferença. As estratégias do inconsciente para não se perder pé na realidade são sempre as mesmas. O Portugal de Salazar foi uma espécie de equilíbrio, precário em si, mas longamente cultivado, entre modernização exterior e ruralização espiritual, sem poder evitar que a primeira destruísse, na raiz, as condições de perpetuação da segunda. A esse processo inteiro – ou fazendo parte dele na sua face económica – agregou-se então o *culto do Império* que vinha dos fins do século XIX, elemento capital para repor no seu antigo estatuto de *nação eminente* a pequena nação europeia que era (que é) Portugal. Houve um momento em que a *nova imagem* de Portugal – país modesto mas governado com eficácia e sucesso com mão de ferro –, com a sua dimensão imperial *imaginária* aparentemente restaurada, parecia justificar a ideologia cultural, inspirada no passado mais glorioso da nação, momento em que Portugal parecia miraculosamente suspenso entre o pragmatismo mais realista e o onirismo mais delirante. O processo de descolonização universal, a rebelião africana, as novas condições da evolução económica ocidental converteriam esse equilíbrio numa pura ilusão e obrigariam a uma reconsideração dessa *nova imagem* de Portugal, global e hipertrofiadamente *positiva*, perfeita antítese da imagem pessimista do século passado. Treze anos de guerra colonial sem saída, colapso brutal do regime criador dessa *imagem eufórica* de nós mesmos, pareciam razões de sobra para imaginar que essa euforia cultivada, de aparência artificiosa ou artificial, daria lugar a uma reconsideração colectiva do nosso papel no mundo, a um exame ou reexame da nossa mitologia cultural, velha de dois séculos, de um país partilhado e oscilando quase em permanência entre o desânimo mais negro e o contentamento de si mais aberrante.

Não foi exactamente o que sucedeu. O fim de um regime que parecia adaptado à realidade portuguesa como uma luva, o fim de um império de quinhentos anos, o regresso obrigatório ao nosso espaço europeu do século XV não deram lugar a nenhum reexame ou exame espectacular da nossa *imagem,* embora ela sofresse, mesmo sem eles, uma metamorfose inegável. O Portugal de 1987 não é o mesmo de 1974; a sua situação política e histórica sofreu e está a sofrer uma das mudanças mais *radicais* da sua história (em uníssono, nisso, com o Ocidente no seu conjunto), mas na sua essência a *imagem* cultivada durante quarenta anos permanece *intacta*. Embora pareça escandaloso a alguns, quase se poderia dizer que em certa medida se reforçou. A *nova* imagem de Portugal – refiro-me menos à que *os outros* têm de nós mesmos que àquela que *nos acompanha* na nossa acção e presença dentro de nós e no mundo – não altera em nada a estrutura da *hiperidentidade* que desde pelo menos o século XVI nos caracteriza.

Perdemos um império, é um facto, mas perdemo-lo menos na realidade do que pode parecer, porque já antes o tínhamos sobretudo como *imaginário*. E essa perda que poderia ter dado origem a uma nova e mais funda vaga de pessimismo que a do século XIX, esse *luto* não só quase não existiu, mas foi assumido com uma mistura de inconsciência e de realismo porventura únicos nos anais da história colonizadora europeia. Já tinha acontecido isso um pouco com a independência do Brasil, nos princípios do século XIX e que então não importava menos que Angola e Moçambique nos anos 60 deste século. Em 1922, um dos nossos presidentes pôde dizer aos Brasileiros que nós lhes estávamos gratos pela sua independência. Treze anos após a independência de Angola e Moçambique, os portugueses conscientes podem não estar *contentes* com a situação desastrosa, economicamente falando, das nossas antigas colónias (e isso significa paradoxalmente que *agora* pensamos mais nelas que antigamente), mas estão não só conformados com o fim da aventura imperial, como de certo modo *aliviado*s e, até, justificadamente orgulhosos por constatar que a estrutura da nossa *hiperidentidade,* a nossa dupla *identidade* de povo europeu não-hegemónico e de povo, apesar disso, disseminado e supervivente no espaço imperial, tinha algum fundamento. O mau uso da ideologia colonizadora que pudemos ter feito num certo momento da nossa História não invalidou, afinal, o que também havia de *positivo,* de ecumenismo prático, vivido, na complexa e secular aventura da Fenícia moderna que é Portugal, temperada pela "célebre bondade dos nossos costumes" ou simplesmente pela humanidade de um povo estruturalmente rural que nunca se encontrou fora de si quando no vasto mundo pôde cultivar a sua horta e o seu jardim pouco voltairianos.

  É por ter conservado afinal, com mais verdade e força interna, a *verdade* que existia mesmo na imagem hipertrofiada de nós mesmos enquanto pequena-grande nação colonizadora que os portugueses de 1987 são ao mesmo tempo os mesmos e *outros* (eu creio que melhores nessa perspectiva da nossa *imagem)* que os da época que nos precedeu. É com a nossa parte de *realidade imaginária,* com a nossa memória hoje rica apesar de tudo do que de positivo sobrevive na realidade do antigo império, que mais certos *por dentro connosco mesmos,* paradoxalmente menos complexados, nós enfrentamos o que se costuma chamar o *Desafio Europeu,* e que, no fundo deles mesmos, os Portugueses não vivem nem como desafio, nem como ameaça. Somos superlativamente europeus porque já o éramos quando a Europa se definia na História do mundo como continente medianeiro. É para a Europa, talvez, que nós constituímos, se não um desafio, pelo menos um problema, embora haja nela problemas de mais aguda urgência e fundura. Já provámos que não podíamos ser *digeridos* enquanto portugueses, até porque a nossa mais funda vocação – como Pessoa, que era tudo e ninguém, o mitificou – é a de estar no mundo como em casa. Se estamos ameaçados de perder *identidade* no sentido de perder certos particularismos que são o folclore da *identidade profunda,* estamo-lo como o está o universo inteiro e os povos ocidentais em especial, unificados aos poucos no seu imaginário, nas suas técnicas, na sua música, nos seus bons ou maus costumes. Escrevia há pouco um jornal francês que em Portugal nada acontece como nos outros países. Pode tomar-se a frase como se quiser. Ela assinala a evidência de uma *diferença* que bem ou mal assumida parece constitutiva da nossa *imagem* e dos problemas ou dificuldades que ao longo destes dois séculos nos tem posto. O nosso passado – a leitura mitológica dele – esquizofreniza um pouco essa *imagem*, faz-nos viver como peixes na água entre o prosaísmo mais rasteiro e o onirismo mais cabal.

Nação pequena, que foi maior do que os deuses em geral o permitem, Portugal precisa dessa espécie de *delírio manso*, desse sonho acordado que, às vezes, se assemelha ao dos videntes (*voyants* no sentido de Rimbaud) e, outras, à pura inconsciência, para estar à altura de si mesmo. Poucos povos serão como o nosso tão intimamente quixotescos, quer dizer, tão indistintamente Quixote e Sancho. Quando se sonharam sonhos maiores do que nós, mesmo a parte de Sancho que nos enraíza na realidade está sempre pronta a tomar os moinhos por gigantes. A nossa última aventura quixotesca tirou-nos a venda dos olhos, e a nossa *imagem* é hoje mais serena e mais harmoniosa que noutras épocas de desvairo o pôde ser. Mas não nos muda os sonhos. E só isso importa para poder, sem perda de identidade, perseverar numa presença nossa no mundo e do mundo em nós não muito indigna daquela que, num momento solar, nos definiu como povo da mediação europeia com vocação universal.

A Europa no imaginário português[34]

Há apenas vinte anos, a Europa era, para a generalidade dos portugueses, além da escolar realidade *geográfica* óbvia, uma entidade económica, política, cultural, complexa, de conteúdo e contornos imprecisos. Objecto de fascínio ou de desdém para uma minoria, para a maior parte era apercebida como vagamente ameaçadora da nossa paz de espírito e de alma, mas, num caso e noutro, sem autêntica *interiorização*. A Europa era o que, tendo sido sempre Europa, estava *fora de nós* e nós dela.

Contrariamente ao que se podia esperar, a grande vaga migratória dos anos 60, que levou mais de um milhão de portugueses, primeiro até à França, depois até à Alemanha, ao Luxemburgo ou à Suíça, se nos aproximou da Europa transpirenaica, se no-la tornou familiar como nunca acontecera, não aproximou a Europa de nós. De algum modo, tomou-se-nos ainda mais "outra" do que já era antes, uma espécie de Estados Unidos de ao pé da porta. Simultaneamente, a nossa imagem de nação colonizadora converteu-se em imagem de *nação emigrante*. Nessa época, e sem se dar plena conta disso, o nosso imaginário cultural – sobretudo aquele que se exprime ou deixa as suas marcas no que se chama a esfera intelectual – até então condicionado de maneira ambígua mas profunda pela realidade ou pelas miragens da grande cultura francesa, inglesa ou alemã, inicia um certo processo de *desencanto* europeu que, apesar das aparências, ainda não terminou.

Esse *desencanto* pouco ou nada tem que ver com a experiência vivida dessa nova Europa-América onde os portugueses se confrontavam, na dureza

---

[34] Publicado em *A Europa desencantada. Para uma mitologia europeia,* Lisboa: Gradiva, 2001, pp. 105-116.

do quotidiano, com a distância que separa o sonho da realidade. Por maior que tenha sido, nos primeiros tempos, a desilusão emigrante – em breve compensada com a melhoria cada vez mais sensível das suas condições de existência e de estatuto social –, *o paradoxal desencanto europeu,* em termos de imaginário nacional, só obliquamente se relaciona ou tem a sua fonte no fenómeno da nossa emigração moderna. Decerto, toda a emigração, como todo o exílio, reforçam a mitologia doméstica, douram a terra abandonada e as suas doçuras, sobrevalorizam os referentes de uma identidade lábil, mas intensa, mais a mais quando se trata de povo tão coeso, a nível simbólico, como os portugueses.

Quando se emigra toda a pátria emigra connosco e o mais humilde ou ignorante transporta, como Eneias, os deuses lares para as novas terras. Nessa década da emigração dolorosa para a Europa-Europa, os nossos penates chamavam-se Eusébio, Amália, o Benfica, Nossa Senhora de Fátima, sem hierarquia, mas provavelmente nessa ordem e, para remate de tudo, Camões, que, mesmo para o emigrante nada letrado queria dizer, quer dizer, Portugal.

Na plenitude desta transumância europeia, os portugueses instalam-se, com a naturalidade inconsciente de povo habituado a sair de casa, nessa mítica Europa com que a *intelligentsia* nacional dialogou ou sonhou penosamente durante séculos, mas o que verdadeiramente descobrem nela, por ausência e por contraste, é, ainda e sempre, *Portugal.* E o que mais importa, um Portugal visto de fora para dentro, que é de onde se vê tudo. Essa Europa sofrida como obstáculo, mas também como desafio, estímulo e, por fim, casa própria mais confortável do que a abandonada por necessidade, a bem dizer, não *os desencanta,* porque os não encantava antes, mas transfigura a pequena pátria em lugar de *encanto.*

Quem assistiu alguma vez à festa anual de regresso dos emigrantes nos fins dos anos 60 só a pode comparar ao êxodo do povo hebraico da terra do Egipto. Mas esta exultação para uso e conforto próprio do povo emigrante nem é incorporada pelos portugueses que não saíram de casa – quer dizer, quase todos – como acontecimento positivo em termos de mitologia cultural, nem apaga a humilhação original daqueles que o mais célebre jornal francês, aliás sem intenção malévola, havia rotulado, realisticamente, de *soutiers de l'Europe.* Para os descendentes da nação marinheira que conduzira o navio-Europa através dos oceanos, esta descida ao porão europeu podia assemelhar-se a uma descida aos infernos. Só o futuro a poderia transfigurar em aventura de cabouqueiros da mesma Europa.

Para raros autores, como era de prever, quando se pensa no papel de figurante nobre da história que os portugueses sempre se atribuíram, a experiência portuguesa da emigração foi objecto de apropriação mitificante, quer no sentido doloroso, quer no sentido exaltante. Tanto no plano da realidade, como no do fantasma, esse extraordinário fenómeno da nossa "entrada com os pés" na rica Europa foi vivido como *clandestino*. Só mais tarde, já com o emigrante adaptado ou em vias de adaptação aos modelos de comportamento pragmático, sempre exteriores, dessa Europa, essa experiência encontrará em certas obras, como na *Floresta de Bremerhaven*, de Olga Gonçalves, ou n'*O Cais das Merendas*, de Lídia Jorge, admirável radiografia da mitologia cultural portuguesa dos anos 70, os ecos dessa "vivência europeia" como insólita aventura de homens e mulheres de Portugal, ao mesmo tempo perdidos e achados na floresta de enganos e no país das maravilhas, abstractamente fundidos na imagem sintética da "Europa".

Esta Europa de casa que os emigrantes trazem para Portugal cada Verão, que de certo modo exibem nos seus aspectos mais caricaturais, novidades, *gadgets,* comportamentos linguísticos e estilos de vida já diferentes, não familiarizou os portugueses que ficaram com a Europa real. No melhor dos casos identificam-na com países, cidades, regiões, onde o nível de vida é mais alto, o trabalho mais bem remunerado, sem que tal constatação implique qualquer carácter idealizante no plano simbólico. São talvez terras ricas, dinâmicas, mas, para eles, sem sonho dentro, sem qualquer apropriação afectiva e cultural. Essa imagem europeizante, senão europeia, dada pelo emigrante *desmitifica* a "outra-Europa", a puramente imaginária, salvo para a camada cultivada ou para a nova classe de *managers* nacionais, aquela que sempre serviu de referência, em termo de comparação ou de *partenaire* no nosso velho jogo de intercâmbio europeu através dos séculos. Exactamente como o fará mais tarde o grande turismo de massa que nos traz não só a Europa mas o mundo a casa. O *Sud-Express* dos anos 30 e 40, de Rodrigues Miguéis, herdeiro do que os heróis parisienses de Eça de Queirós utilizavam, fazia sonhar mais com essa Europa dos "raros" do que os futuros aviões da TAP carregados de emigrantes quase ricos e turistas, de *Nikon* a tiracolo.

Não há nesta constatação nada de original. Só com objectos ideais ou idealizados, um imaginário se estrutura. A Europa – ou nela aquelas nações tidas por modelos – nunca interessou realmente os portugueses senão, por assim dizer, negativamente. Refiro-me sempre ao plano simbólico, às raízes e ramificações dos seus sonhos mais obsessivos e constantes, aqueles que estruturaram os grandes momentos de mitificação da nossa identidade.

Quer dizer, ao de Fernão Lopes, que nos separa de Castela, ao de Gil Vicente, que nacionaliza a dramaturgia medieval de estrutura popular e católica nas vésperas em que o humanismo cosmopolitista e elitista por um lado, e o protestantismo por outro, lhe põem fim; e, por último, ao de Camões, que universaliza nos moldes desse mesmo humanismo a nova identidade que um século de descobertas e de imperialismo frágil Portugal assumirá, separando-se aqui, e de algum modo para sempre, da *outra* Europa, de que é então margem e vanguarda.

Para o nosso destino como europeus a *part entière,* envolvidos a fundo na querela europeia que na ordem religiosa, política e intelectual inventará as nações transpirenaicas como actores da modernidade, esta precoce solidificação do nosso imaginário, que nos confere uma estranha superidentidade, instala-nos numa maneira de ser europeus que não tem símile no Ocidente, nem mesmo na vizinha Espanha, pedra mestra dessa querela intraeuropeia até ao tratado dos Pirenéus. A nossa deriva extraeuropeia que se tornará, ou já é, sem que a outra Europa se dê conta disso, *deriva da própria Europa Ocidental* no espaço planetário que ela mesma *cria derivando,* não interrompe naturalmente nem os laços económicos, nem os fios políticos, nem o diálogo religioso, cultural ou artístico que desde sempre os portugueses entretiveram com nações da Europa cristã. Nos primeiros anos do século XVI os portugueses eram europeus que iam à Índia buscar mercadorias, que os enriqueciam menos do que aos grandes centros da Europa mercadora a quem, em última análise, se destinavam. Mas ao longo do século XVI e de certa maneira até hoje, os Portugueses converteram-se em ocidentais perdidos e achados no Oriente que os seduz e lhes fornece mais matéria de ficção vivida do que a madre Europa.

Nem todos os portugueses consciencializam como os nossos grandes viajantes ou diplomatas do século de ouro, Tomé Pires, Duarte Barbosa, ou como os integradores supremos desse Oriente na nossa imaginação, Camões e Fernão Mendes Pinto, essa objectiva *deseuropeização* do nosso imaginário. Há séculos que o nosso frágil império índico não é vivido como referência vital, económica, guerreira e política pelo pequeno país do Ocidente que primeiro aí se instalou, sem metáfora, com armas e bagagens. Todavia, mesmo após o fim do seu império colonial e de um certo discurso que o acompanhava, os portugueses de hoje, neste momento mesmo, podem mobilizar-se pelo último vestígio da nossa aventura oriental, o longínquo e, para a maioria deles, totalmente desconhecido Timor, como o não fariam nunca por qualquer cruzada europeia.

É à Europa – e mesmo ao mundo – que pedimos para restaurar direitos naquilo que sentimos ainda, sobretudo depois de perdido, como uma parte de nós mesmos. E contra a Europa que nos não ouve ou não é solidária da nossa emoção, ao mesmo tempo justificada por atrocidades reais e pelo eco da nossa memória oriental, reavivamos reflexos só comparáveis aos que há um século o ultimato inglês desencadeou em Portugal. Assim, no mais profundo deles mesmos, *europeizados* empiricamente como nunca o foram, os portugueses não se percebem espontaneamente como "europeus", senão quando a Europa os percebe superlativamente como *portugueses*.

O imaginário que a nossa crucial aventura extraeuropeia, sobretudo a do século XVI, nos fabricou, a segunda dimensão que criou, tanto mais decisiva quanto a sua estrutura releva mais do puro onirismo compensatório do que de uma relação objectiva entre realidade e desejo, tem o seu ponto de fuga nesse sonho imperial, de que o mito do Quinto Império é a tradução mais acabada e não em qualquer forma de utopia de que a Europa seja o alvo.

À primeira vista este desfuncionamento ou desfasagem entre o que nós apresentamos, como típico do imaginário cultural português, quer dizer, o seu real *desinteresse* por qualquer objectivo histórico e cultural de perfil europeu capaz de suscitar um investimento profundo, a nível nacional ou pessoal, parece desmentido hoje pela omnipresença da temática europeia em todos os domínios. Não há projecto algum de relevo, quer na ordem económica, financeira, comunicacional, pedagógica, técnica, científica e até cultural que não releve da preocupação europeia, que não se apresente já redimensionado, como se diz, à escala europeia. De um certo modo, em Portugal, como nos outros países do Ocidente, tudo está já escrito em *europeu*. A Europa, uma certa realidade entrevista como Europa, é o barco que ninguém, minimamente realista ou cínico, *deseja perder*. Que mais não seja, emprestam à Europa uma aura mítica aqueles que, sendo europeus, *estão ainda fora* da Comunidade ou próxima União Europeia, com o sentimento de excluídos. É por de mais evidente que *estar dentro*, mau grado a imprecisão ou os temores que esta nova situação representa para as velhas nações europeias, é um *privilégio*.

Há, actualmente, na genérica opinião portuguesa, uma consciência mais aguda desse privilégio do que havia apenas há três anos, tais as vantagens extraordinárias que Portugal retirou da sua entrada na Comunidade Europeia. Essa consciência subiu mesmo de grau com o facto de Portugal ter presidido aos destinos da mesma Comunidade. Nenhum facto nos *europeizou* mais, mentalmente, do que este papel. Talvez a Europa se aprenda marchando, praticando-a, como tudo mais. Todavia, quer isto dizer, realmente, que o nosso interesse profundo pela Europa, a nossa consciência europeia de portugueses sofreu uma mutação na ordem simbólica correspondente à nossa vida quotidiana de padrões cada vez mais próximos dos daquela Europa que durante séculos constituiu para nós um termo de comparação obrigatório ou um modelo a imitar nas suas soluções económicas, políticas, ideológicas, costumes e até criações culturais?

Que desde há sete anos, data da nossa entrada oficial na Comunidade Europeia, os portugueses mudaram, querendo-o ou não, de estatuto, é um facto, embora diversamente interiorizado. Deixaram de estar imaginariamente sós, fonte ambígua de ostracismo e singularidade cultivada quando essa solidão não era nem a da Albânia, de Andorra ou da Irlanda, mas a de uma vasta, família pelo mundo repartida. Para os objectivos realistas e imediatos da vida nacional, a entrada na Europa tapava a ferida deixada pela liquidação da herança colonial. Aderir à Europa era contar com a ajuda alheia para resolver os problemas próprios, alguns velhos de séculos. Essa Europa era espaço de democracia assegurada, de liberalismo económico temperado com alguma preocupação social ou fortaleza contra o ainda omnipresente e omnipotente imperialismo soviético. Foi nessa perspectiva que o partido então maioritário, num momento em que essa Europa ou o Ocidente em geral temeram que Portugal se convertesse numa Cuba europeia, recorreu ao famoso *slogan* "A Europa conosco". Isto não significava então que a Europa, salvo como modelo político e ideológico, se tivesse tomado para nós uma terra de promissão ou um objecto de profunda identificação, mas apenas uma aliada capaz de nos preservar de um destino ressentido como intolerável pela maioria dos portugueses.

À primeira vista, o regresso à Europa representado pelo fim do império colonial e a já hoje longínqua "revolução das flores" podiam passar como um momento de "*europeização* forçada", uma desafeição em relação ao nosso imaginário clássico, épico, em suma, uma redescoberta de nós mesmos como necessariamente europeus e da Europa como nosso horizonte e vocação incontornáveis. Na medida em que o fenómeno "revolução das flores" foi um *acontecimento europeu,* uma situação que a Europa democrática e não democrática viveu com atenção e mesmo paixão, na medida sobretudo em que na ordem política punha fim, com uma suavidade toda lusitana, exemplar, lírica, ao nosso isolamento internacional, podemos falar de *momento europeizante.*

A nossa boa imagem no espelho europeu, a adopção de que fomos objecto por parte da *intelligentsia* europeia – sobretudo a de esquerda ou extrema-esquerda, naturalmente – *reconcilia-nos* então, como há muito não acontecia, com a Europa. Sartre, o referente mítico dessa Europa que não sabia ainda que era a *Penúltima Europa,* como lhe chamou Silvério Vertone, visita-nos e com ele uma certa tradição de *utopia europeia* de uma nova sociedade, toma *por instantes uma cor portuguesa.* Tratava-se, tratou-se, naturalmente, de uma ficção, mas a nossa ficção integrava o que restava de ficção *revolucionária* europeia. Em nossa casa os Maurice Duverger, os Alain Touraine vinham examinar com curiosidade de etnólogos da política a última tentativa ocidental europeia de escapar, em sonhos, ao destino de um Ocidente que entrava em conjunto na era do hipercapitalismo e na sociedade da abundância. Nesse momento duplamente onírico – a Europa a sonhar com um Portugal imaginário e Portugal a viver *superlativamente* na Europa – pode dizer-se que a Europa oferecia à nossa imaginação um quadro de referência, de intercâmbio a nível simbólico de uma certa *reciprocidade,* o que raramente aconteceu na nossa História de hipereuropeus sem Europa.

A fugacidade desse momento de plena e eufórica representação de nós mesmos no palco alheio, o regresso, se não a queda da ilusão lírica da revolução na prosa democrática banal de um país que, nesse capítulo, não tinha um passado exemplar, não obsta a que se considere essa experiência como decisiva no plano do símbolo. A esse nível, o nosso relacionamento com a Europa sofreu desde então uma mutação. Não esqueceremos mais esse momento de *reciprocidade,* como vivência de europeus "como toda a gente", o que quer dizer que deixámos de pensar na Europa como espaço de indiferença ou objecto de complexado ou ressentido relacionamento. Em sintonia com o movimento de conversão real da nossa vida colectiva para a Europa, *exigimos Europa,* admitimos por conveniência realista mas também ideal que ao fim e ao cabo estávamos trocando a nossa clássica posição de filhos naturais da Europa pela de filhos legítimos.

A nossa *entrada* na Europa, que podia ser apenas aproximação forçada e exterior, como em parte o continua sendo, era – é – também entrada da Europa em nós, confronto e participação não apenas nos mecanismos de construção europeia, mas imersão mais intensa, mau grado as aparências em contrário, no magma complexo da herança cultural e simbólica da Europa. Em particular, naquele que até há pouco nos era menos familiar, o das nações não-hegemónicas culturalmente falando, como se instintivamente o nosso interesse pelas suas culturas – da Holanda, da Bélgica, da Hungria, da Checoslováquia, da nova Alemanha, dos países nórdicos – equilibrasse o antigo fascínio pelos espaços culturais a que sempre fôramos mais sensíveis: a França, em primeiro lugar, e a Inglaterra. Acontecimento memorável, a Espanha como objecto de consideração e de referência para o nosso diálogo profundo connosco mesmo, mediatizada pela mesma pulsão europeizante, recupera aquele lugar, outrora soberano, que ocupara na nossa vida espiritual, como nós nos tomamos mais familiares ao seu próprio discurso cultural. O facto de referir aqui países que não pertencem àquilo que é presentemente a Comunidade Europeia ou que será a União Europeia significa naturalmente que a Europa de que estamos falando como presença significativa no nosso imaginário não corresponde à sua realidade política, nem social, nem económica, a não ser na medida em que exprimem obsessões, interesses ou desejos da nossa "realidade simbólica".

Ora, o que é estranho, quase inexplicável, é o facto de que, mau grado a maior intimidade com o conjunto da cultura europeia, ou melhor, com as plurais culturas que nós, miticamente, reportamos à Europa – a começar pela nossa – a *mitologia europeia como tal,* a Europa como temática, como destino ou mesmo a própria construção empírica da Europa a que queremos aderir e cuja adesão nos interpela e responsabiliza *não ocupa no nosso imaginário um lugar de relevo*. Pragmáticos, aceitamos a Europa como uma fatalidade, não como uma opção que profundamente nos implique. Qual a razão por que aquilo que já podemos considerar como o acontecimento de consequências mais extraordinárias e imprevisíveis que Portugal viveu desde a sua constituição como entidade própria, a previsível mutação do seu estatuto de nação soberana, deixa impávida a consciência nacional e parece não afectar o teor e a trama dos nossos comportamentos e reflexos culturais?

Será que, no fundo, não *cremos* – o que se chama crer – que a "Europa" realmente já exista ou venha a existir para além da sua expressão estritamente económica? Ou será antes porque, embora crendo viável essa Europa em termos de super-Nação, cremos ainda com mais fervor e força que essa hipotética realidade supranacional, ao fim e ao cabo, em nada alterará as heranças simbólicas de cada uma das suas componentes culturais e entre elas, claro está, a nossa? O facto é que nós, que tanta vez "problematizámos" as nossas relações históricas, ideológicas, religiosas ou, latamente, culturais com a *grande Europa* – por exemplo, no momento da Reforma, na época das luzes, no período revolucionário e liberal, na época totalitária – estamos já a bordo, embarcados na grande *nau-Europa,* sem nos termos jamais seriamente preocupado nem com a natureza nem com a finalidade da viagem.

Não foi apenas em termos políticos, mas em todos os outros, que a nossa opção europeia – acaso inevitável e necessária – nunca ou pouco foi pensada como conviria que o tivesse sido. É este *não-pensado* da nossa aventura europeia que, de súbito, reaparece – e não só para nós, portugueses – sob figura preocupante, como é sempre a de todo o impensado, perturbando do interior a imagem da nossa *Europa euforizante,* aquela a que aderimos. Pela simples queda de um muro – é verdade que de uma natureza particular – todo o contexto que durante quase meio século enquadrava a invenção de uma *nova forma de ser Europa,* se desestruturou, fragilizando o projecto europeu comunitário e reactivando históricos reflexos nacionais e nacionalistas que pareciam arcaicos e mobilizando o nosso imaginário como a utopia europeia não foi capaz de fazer. Em poucos meses, ao "mais Europa", no plano do real, substituiu-se o "menos Europa", no plano simbólico.

Neste momento, tudo se passa, como se, da aventura europeia, esperássemos menos uma *nova dimensão,* ampliando e reforçando a que já somos e temos como portugueses, do que não sei que *inaceitável dissolução* da nossa alma. Os ecos, na nossa imprensa, desta inquietação ou deste pânico são numerosos – não se resumem todos na famosa alegoria da *Jangada de pedra* – embora o discurso europeísta vigente não pareça afectado por eles, talvez porque, no fundo, esse mesmo discurso é, em grande parte, para "europeu ouvir". Na verdade, no actual momento, assistimos a uma espécie de vaga de fundo *neonacionalista,* protagonizada por actores ainda há pouco situados em quadrantes opostos. Essa vaga reactiva o clássico nacionalismo português, substituindo a mera exaltação do que é nacional – da paisagem às criações artísticas – pelo interesse por tudo o que a nossa antiga mitologia épica e colonizadora tinha ocultado ou deixado na sombra.

Este "outro Portugal" no seu afã antieuropeu descobre dentro de si os seus índios, quer dizer, o nosso fundo árabe ou a nossa dimensão judaica por exemplo. O esquema destas "restaurações" obedece menos ao imperativo de enraizamento nesse passado oculto do que ao propósito de nos separar ainda mais da mitologia clássica europeia. Esta redescoberta do nosso fundo árabe, a exultação que produz tudo quanto possa contribuir para que a nossa imagem seja a *menos europeia possível,* traduz bem melhor do que todas as litanias europeizantes o movimento do nosso inconsciente colectivo como *desinteressado* do que, durante séculos, parecia ter comandado as expressões significativas do nosso imaginário. Essas jangadas de papel são os barquinhos, por enquanto frágeis, em que, na hora de apontar à Ítaca europeia, nós emigramos para outro sítio, esse mágico sítio, onde, sem espaço, continuaremos a ser ainda os *actores* da História e não subalternos comparsas.

Recentemente, o nosso primeiro-ministro, europeísta convicto, afirmou que, no fim de contas, Rabat estava mais perto de nós do que Madrid... Não creio que se referisse a distâncias geográficas, mas de alma. Não sei também se é uma versão moderna do velho dito de César de que é melhor ser o primeiro em Cápua do que o segundo em Roma. Mas não era possível sublinhar melhor até que ponto a perspectiva da nossa "integração" na Europa – e provavelmente a de muitos outros –, quer dizer, na *Europa real,* com o confronto que supõe, estimula menos o nosso imaginário do que a antiga *distância* que nos separava simbólica e dolorosamente da "grande Europa", mas nos permitia imaginar que éramos senhores na nossa própria casa. O chamado "desafio europeu" é este e não está assente que o queiramos ganhar. O outro – o da ordem material, exterior – essa Europa o ganhara por nós, mesmo sem nós.

Vence, Fevereiro de 1992.

A última festa da Europa[35]

Toda a água do Tejo não chegará para branquear as torrentes de sangue que deram ao nosso século o seu rosto shakespeareano. Mas este século recusa-se a terminar sob o signo de Macbeth. É-nos necessária uma festa à medida do que temos de esconder para abordar, como seres humanos, as margens de um outro milénio. Por que milagre Lisboa se tornou o lugar de uma festa europeia destinada, simbolicamente, a apagar os nossos pesadelos, propondo-se concelebrar, à beira-Tejo, utopias salvadoras sob o signo do Mar?

Escolhendo *Os Oceanos* como tema da última exposição mundial do século, Portugal, fiel à sua mitologia de povo descobridor, colocou de imediato a comemoração de um momento único do seu passado no seu verdadeiro contexto: o de uma aventura marítima, paralela à de Colombo, que mudou a imagem e o destino do mundo. E não apenas de um ponto de vista ocidental. A leitura do acontecimento, hoje como ontem, pode divergir. Mas o facto permanecerá. De um planeta partilhado entre continentes que se ignoravam, o lento e complexo movimento das Descobertas fez um único mundo. O que começara modestamente nos alvores do século XV termina com a viagem de Magalhães, um século mais tarde.

A festa dos oceanos é, sobretudo, a desta Lisboa que mudou de estatuto económico, político e cultural com a chegada de Vasco da Gama a Calecut. Antiga cidade conquistada ao Islão, imaginariamente posta sob a invocação de Ulisses, Lisboa destaca-se, daí em diante, do seu destino

---

[35] Publicado em *Visão*, 14 de Maio de 1998, p. 114.

peninsular. Os seus pés estão à beira do Tejo, a cabeça em Goa, Malaca, no Japão, no outro lado do Atlântico. Foi então que um povo amante dos milagres que ajudam a viver tomou o hábito de não se espantar com coisa nenhuma.

Com o Oriente ao alcance das mãos, este esplendor volátil nunca mais desertará o seu horizonte. Cidade desfasada no espaço – no aqui e algures – tornar-se-á depressa cidade desfasada no tempo. Quando o declínio do seu Oriente se tornar notório, a Lisboa das Descobertas porá os seus sonhos no Brasil e na África. Sem, por isso, perder de vista a sua ancoragem no Oriente. Todo o nosso destino girou, desde então, em torno de um acontecimento que foi, ao mesmo tempo, da ordem da História e da miragem. Foram-nos necessários quatro séculos para nos resolvermos, à força e não sem nostalgia, a regressar sem bagagens ao ponto de partida.

Talvez nada haja de mais surpreendente nesta festa dos Oceanos, a celebrar no único cenário digno dela, que o facto de ser oferecida ao mundo por um país que perdeu um império há apenas um quarto de século. Mas o espanto não se justifica. O fim do império e esta festa da memória mítica, que é também a do conhecimento e defesa dos Oceanos, sobrepõem-se. Ambos pertencem à única mitologia que embriaga a memória e o imaginário portugueses, de Camões e Pessoa: a de um império espiritual de que o império perdido teria sido apenas a figura perecida.

O mundo, e a Europa em particular, devem ter alguma dificuldade em imaginar o que esta Exposição sobre os Oceanos representa para os portugueses. A Europa, a braços com um certo mal-estar histórico, político e mesmo económico, deve estar espantada vendo uma das nações menos ricas da Comunidade oferecer-lhe um espectáculo tão sumptuoso. Imagina, talvez, que este espectáculo é um desafio de Portugal a si mesmo, a maneira de dizer e de fazer saber ao mundo que a sua hora, a da medida dos seus sonhos, é sempre, por dentro, a hora imperial.

Quase há sessenta anos, a Europa mergulhava, corpo e alma, na mais absurda das suas tormentas. Estávamos em 1940. No momento em que os sobreviventes das várias derrotas europeias desaguavam num Portugal em paz, Salazar comemorava os oito séculos da autonomia do País, os três da independência reconquistada face à Espanha e o sucesso do seu regime ostensivamente antidemocrático. Como se fôssemos uma ilha fora do Tempo. Ninguém o estranhou. Paga com dinheiro português, a comemoração foi um sucesso nacional. Mas também o foi para os estrangeiros que, como os heróis de *Casablanca,* atravessavam Lisboa voando para os céus da liberdade.

Não temos dúvidas de que a exposição de 1998 conhecerá um sucesso ainda maior. Pelas mesmas razões e por outras mais futurantes. E isto num Portugal que recuperou a plenitude das suas liberdades cívicas, solidamente arrimado a uma Europa de que conhece, enfim, os privilégios, sem pagar por eles um preço excessivo. Mas o mais importante é a sua imagem nesta nova Europa, sem dúvida a mais eufórica que conheceu desde os tempos das Descobertas. A exposição dos Oceanos destina-se a devolver a Portugal, desta vez numa Europa em paz, o mítico esplendor, nunca esquecido, de pequeno povo que ofereceu o Oriente à Europa. E talvez, com mais verdade, a Europa à Europa. Que maior festa, se não nos afogarmos nela?

A morte de Colombo[36]

A partir do dia em que Colombo desembarcou nas ilhas que na sua imaginação tinham um outro nome, os nossos laços de europeus com as novas terras e, ainda mais, com as novas gentes, estavam condenados a uma ambiguidade sem saída. Mesmo inextricáveis, esses laços, antes de poderem ser a expressão natural da comunicação humana, tomaram-se "nós" que o tempo, em vez de desatar, só reforçou ainda mais. As relações que se estabeleceram então, entre Índios e Europeus, mudaram em profundidade a natureza e a identidade de uns e de outros. Mas não repentinamente, nem da mesma maneira. Com o tempo, a Europa e a América tomaram-se como que uma espécie de espelho mútuo, absorvendo e recusando, simultaneamente, a imagem partida em pedaços que elas reenviam uma à outra.

Tudo seria mais claro se, como gostaríamos de pensar neste ano tabu de 1992, os nossos laços se pudessem reduzir ao encontro mítico de Colombo com os Índios, paradigma de todos os encontros trágicos de culturas sem código comum. Simbolicamente, o continente americano, do norte ao sul (veja-se o filme *Danças com Lobos* com Kevin Costner), conhece um processo "de indianização", de retorno à Idade de Ouro, ou seja, à Idade antes de Colombo. Os Índios, nunca integrados ou mal integrados nessa cultura que, caridosamente, ou em desespero de causa, quer agora regressar à sua pureza original, não têm nela muita coisa a dizer. São os herdeiros da colonização, começada com a chegada de Colombo e Pedro Álvares Cabral

---

[36] Tradução de João Nuno Alçada. Publicado em *A Morte de Colombo. Metamorfose e fim do Ocidente como mito*, Lisboa: Gradiva, 2005, pp. 19-27.

que, pelo menos desde o século XVIII, procuram no "tempo indiano" esse momento fora do tempo europeu, o tempo do Pai, cuja morte é exigida para que a sua identidade total veja a luz do dia.

Num ensaio justamente célebre, Octavio Paz, ele próprio no centro de uma procura de identidade de todo um continente, desvendou, pelo menos no caso singular do México, os labirintos desta procura simultaneamente necessária e inútil. Em si mesmo, o momento Colombo, fonte de glória ou abominação, não pode ser apagado, nem da História nem do continente americano, nem das interpretações desta história. Todavia, o desejo de o apagar e de o reescrever nunca foi tão forte, nem tão patético, como neste ano das "comemorações colombianas". A própria ideia de uma "descoberta" da América, não apenas na sua peripécia histórica, mas no seu princípio – quem descobre quem? – é posta em causa.

Esta recusa exacerbada de aparecer como um continente "descoberto" – rejeição, ao mesmo tempo do papel de "descobridor" do Europeu e do papel de "estrangeiro para a história" do homem das Antilhas ou do Brasil – é apenas o fim de um longo contencioso entre dois ramos de uma mesma família europeia de um lado e do outro do Atlântico, separadas pela colonização ou pela autocolonização de que cada uma delas era o actor central. Até tempos recentes, este contencioso não provinha da única instância que podia dar-lhe um conteúdo claro e justificado: o da palavra propriamente "indiana". Mesmo na consideração tardia da questão – no início ela foi ignorada ou sufocada pelos colonizadores – a palavra dos Índios foi confiscada pela dos colonizadores, que foram também, rapidamente, os seus parceiros, pelo menos nas trocas sexuais, sociais e mesmo religiosas e culturais. Com um pouco de imaginação, ou mesmo pelo simples respeito dos factos, nós podemos dizer que os primeiros filhos da colonização, ou seja da mestiçagem – no sentido mais comum da palavra – pertenciam já à família de todos os "heróis da independência" que viriam a nascer mais tarde.

De qualquer modo não é apenas, nem principalmente, por esta relação original com o Outro – um Outro muito ambíguo – que a consciência americana, sobretudo a dos Latino-Americanos, forjou os laços complexos da dependência e do afastamento em confronto com a sua consciência original de Europeus. Poder-se-ia dizer que, mal desembarcados no que ia ser baptizado "Novo Mundo", os Europeus começavam a tornar-se "outros". Um meio século, apenas, depois da instalação das primeiras populações no litoral do Brasil, os crioulos, comparando-se com as pessoas e os costumes de Lisboa, descreviam-se como mais requintados, "diferentes".

Se a Europa ao descobrir as Américas se torna outra – para dizer a verdade é esta "descoberta" que a instala na sua vocação europeia por excelência, a de exploradora e mediadora do planeta –, os homens que, pouco a pouco, se converteram em actores e sujeitos da história propriamente americana, tornar-se-ão também "outros". Para sempre divididos entre uma herança cultural europeia mítica – sempre reactivada, transfigurada – e o contraponto da vivência colonial.

Para além dos novos laços criados com uma Natureza a desbravar e a explicar, esta colonização é, sobretudo, uma nova forma de existência social, implicando o regresso às relações de dependência humana características de uma outra idade da Europa, mas da qual esta mesma Europa, abrindo-se para as "Luzes", não deixará de aproveitar. Um dia, um dos maiores romancistas latino-americanos, Alejo Carpentier, exemplo perfeito do complexo de fascínio-ressentimento que, durante muito tempo, caracterizou a cultura latino-americana nas suas relações com a cultura europeia – reenviará para o seu lugar de origem o retrato sarcástico destas "Luzes" *(El Siglo de las Luces.)* O tempo em que as grandes criações da cultura latino-americana (deixemos de lado o caso norte-americano) sentiam a necessidade de se situar, fantasmaticamente, em confronto com a cultura europeia – imaginada como "exemplar", ou tendo essa pretensão – perdura ainda. Num certo sentido, seria pena que assim não fosse. No horizonte deste diálogo consciente, ou inconsciente, surgiram algumas obras das mais notáveis do nosso século, marcadas, simultaneamente, de uma estranheza que já não é apenas exotismo – visto do lado europeu – e de um sentimento cósmico, de aceitação universal que desde há muito falta à cultura europeia. Pensamos, mais uma vez, em Carpentier, mas também em Octavio Paz, em José María Arguedas, em Carlos Fuentes, em Roa Bastos, em Vargas Llosa, para os quais estes laços, estas relações explícitas ou impregnadas do "outro" e do "mesmo", quando se é latino-americano, assumem um papel tão importante. Se não se pensa em Borges, é porque na sua obra, nós estamos ou fora deste jogo freudiano ou, pelo contrário, tão dentro, que bem subtil deve ser aquele que pode distinguir na sua visão de visões, o que se fica devendo à herança europeia – e mesmo universal – e o que se enraíza na "sua" realidade argentina.

Pode espantar que nesta evocação, voluntariamente mítica, dos laços ou tensões entre os imaginários europeus e latino-americanos, eu não mencione os nomes de Jorge Amado, de Guimarães Rosa e, sobretudo, de Clarice Lispector. Seria ocioso explicitar as razões pelas quais as relações entre a Europa e a América Latina de língua espanhola, apesar da sua variedade – elas não são as mesmas no caso do México e da Argentina, por exemplo – fazem parte de uma história, de uma troca de imagens que as distinguem do caso singular do Brasil. Tudo se passa como se o Brasil, em confronto com a herança europeia, ou da miragem europeia, usufruísse de um estatuto completamente à parte no conjunto da América Latina. Muito cedo começou a existir o dispositivo que devia dar à cultura brasileira a tonalidade única que a iria distinguir no mundo, hoje sobretudo. Há entre todas as antigas colónias espanholas, nascidas da conquista, ou de uma ocupação menos sangrenta, um ar de família que não existe entre elas e o Brasil. Se este país não se tornou um verdadeiro continente cultural como os Estados Unidos, nós podemos dizer que ele reproduz, numa escala gigantesca, o fenómeno peninsular que, na Europa, separa a realidade e a cultura portuguesas da espanhola. Não há relações realmente profundas entre o modelo cultural brasileiro e aquele que dá a sua tonalidade às culturas latino-americanas saídas da colonização espanhola. A única excepção diz respeito aos países, ou regiões (as Antilhas, por exemplo), nas quais a presença africana teve efeitos culturais semelhantes àqueles que imprimiram à cultura brasileira esta nota de "alegria" profunda, de ausência de sentimento trágico, que a separam, de uma maneira tão notória, da sensibilidade da outra cultura latino-americana. Há um abismo entre a cultura que produziu Juan Rulfo e aquela que viu nascer Jorge Amado. Paradoxalmente, o conjunto da cultura latino-americana de língua espanhola, mesmo se ela é também a mais *indiana* no sentido etnológico, linguístico e cultural do termo (pensemos em José María Arguedas, em Miguel Ángel Astúrias ou em Pablo Neruda), é mais "europeia" que a do Brasil. Sem falar do caso particular da Argentina, todas as grandes expressões da cultura latino-americana de língua espanhola (as do México, do Peru, da Guatemala, da Colômbia, do Chile, da Venezuela, entre outras) são culturas intimamente *diaceradas* ou, pelo menos, marcadas pela sua relação vivida com a antiga "mãe" espanhola e, indirectamente, com a Europa.

Apenas a cultura brasileira escapou a esta dilaceração íntima. Talvez porque o Brasil nasceu quase naturalmente da matriz colonizadora. Não houve no Brasil nenhum motivo para a rejeitar ou dela se apropriar, para construir depois uma outra realidade. O que era "português" tornou-se, naturalmente, "brasileiro" e o conjunto dos valores europeus trazidos pelos "fundadores" do Brasil – o Índio foi, desde muito cedo, integrado ou marginalizado – adaptou-se, ao mesmo tempo, às novas vertentes da cultura do Brasil e aos valores africanos. Tanto estes como os valores portugueses evoluíram no novo continente e converteram, pouco a pouco, a cultura do "colonizador" nesta cultura mestiçada de uma originalidade e de um dinamismo poderosos, sob a aparente leveza que é a sua.

Tudo isto exigiria ser analisado e posto em relação com as mudanças e o ritmo que a evolução histórica condicionou. A América Latina do Pacto Colonial não é a do século XIX, época da sua emancipação política da Europa. Ela é ainda menos a do nosso século que assistiu a uma mudança vertiginosa do paradigma colonizador, mas não o bastante para modificar, a nível do imaginário, as relações dos países latino-americanos com a Europa, ou as da Europa com a América Latina. De facto, a Europa real, salvo para certas elites, ocupa pouco lugar no imaginário latino-americano. Muito menos do que no da América do Norte, a qual, desde o início, consciente ou inconscientemente, se quis logo como uma *outra* Europa, uma Europa melhor, num sentido diferente do que aconteceu no Brasil. O arquétipo da civilização americana é ainda o *Renascimento,* um lugar utópico, um modelo cultural e artístico, pois os "pais fundadores" não tinham uma mãe-madrasta como a Espanha, ou não eram a própria mãe como os colonos portugueses. Eles não tiveram que se desfazer, objectivamente, de uma cultura inglesa da qual eles eram o prolongamento colonial, mas apenas de a elevar a um grau superior, se possível. A relação entre a "nova" cultura americana e a cultura inglesa foi sempre de emulação e não de ressentimento.

Tal não aconteceu nos países de cultura índia e espanhola, países de alta cultura "outra" e de cultura europeia orgânica, como foi a da Espanha imperial. As grandes culturas latino-americanas, a do México, do Peru, tiveram de conciliar o que não se podia unir sem dor, ou inventar no encontro e no interior de uma dupla herança, uma identidade que, ainda hoje, carrega as marcas deste combate. Ainda uma vez mais lembremos Octavio Paz ou Carlos Fuentes. É esta Europa "mãe", senhora e madrasta, que está presente no longo monólogo obsessivo que os grandes autores latino-americanos levaram às alturas de um mito, Carpentier em *O recurso do m*étodo, Fuentes em *Terra nostra,* García Márquez em *Cem anos de solidão.*

Estes "cem anos de solidão" de García Márquez são também aqueles em que a cultura latino-americana se desembaraçou do fantasma europeu, reinventando *ab ovo* uma América *não colombiana*. O verdadeiro diálogo, a troca real da América Latina faz-se cada vez menos com a Europa e ainda menos com a Europa interior, a Europa ex-colonizadora. Tem lugar, sim, com o grande vizinho do Norte, no ódio, no mimetismo ou no fascínio.

A viagem à Europa – a das personagens dos grandes autores do século XIX – não é mais a viagem no "futuro", mas no passado, mesmo se a Europa, a de hoje, pelo seu nível de vida toma a ser um continente do presente.

E a Europa? Que lugar ocupam a realidade e a imagem da América Latina no nosso imaginário? Seria preciso um tratado para poder responder a uma questão como esta. Sobretudo porque é uma questão que encerra em si um certo artifício. Agora que ela deixou de ser uma terra de emigração e de esperança, a América Latina não parece ocupar um lugar demasiado importante nos sonhos, projectos e preocupações do europeu médio. Ela é tida sobretudo como um dos lugares *doentes* do planeta – doente em termos de economia, de progresso social e, sobretudo, de ecologia – e a este título ela é parte integrante das nossas preocupações egoístas ou sinceras e da nossa má consciência. Um europeu médio não possui a mínima ideia do lugar que a imagem da Europa-Europa como objecto de comparação ou de exorcismo teve outrora na cultura latino-americana. Ou aquela, mais equívoca, um pouco benévola – a da Europa "decadente" – que ela ocupa hoje. Pelo contrário, em dois planos diferentes, a América Latina é – em particular o México e o Brasil – não só para o europeu médio, mas também para as referências do discurso cultural dominante, o objecto de um fascínio que se explica, simultaneamente, tanto pela natureza como pela cultura. Neste mundo, em parte dado à luz pela Europa, mas também destruído e remodelado pelos europeus, o que fascina é o elemento não europeu e algumas vezes a imagem antagónica desta mesma Europa, Índio da Amazónia ou pirâmide asteca. Numa palavra, para o europeu, um mundo de *antes da História*, ou de fora da História (da sua), mais de fora ainda que as pirâmides do Egipto que existem para *nos* contemplar, ou os templos de Angkor para nos inculcarem uma sabedoria de sonho, mas dos quais não podemos entender o sentido.

É bastante estranho que seja no continente "descoberto" pelos europeus que um bom número de europeus tenha procurado a *não-Europa,* este mundo das origens que Colombo tinha tido já o sentimento de profanar. De David H. Lawrence a Lévi-Strauss e a Le Clézio – para não remontarmos até Montaigne ou Shakespeare – a imaginação europeia encontrou no continente americano esta relação mítica com a natureza e os deuses que a nossa cultura esqueceu. Na procura deles mesmos, os Europeus do tempo de Segalen, de Romain Rolland, ou mais perto, do de Lanza del Vasto e da geração *hippie,* regressavam às fontes budistas em direcção do Oriente. Estávamos certos de encontrar aí homens mais sábios que nós próprios, mais sabiamente requintados e subtis.

Nos nossos dias a procura faz-se, como a de Le Clézio, em direcção a África ou ao Oeste, aí onde o *Índio imutável*, morto ou escondido pela violência e pela curiosidade faustiana do europeu, não nos espera. Mas nós esperamo-nos ainda nele.

Isso dá a medida da nossa íntima perdição. Tornarmo-nos o Índio é matar Colombo, a Europa envolvida na vertigem da vontade de poder e de prazer. Compreender-se-ia que os *verdadeiros* Índios, instruídos pelos descendentes desse mesmo Colombo que quase os exterminaram da face da Terra, sonhem com esse sacrifício, o único que, aos seus próprios olhos, poderia instaurar a ordem *verdadeira* do mundo. Alguma coisa em nós, como na cabeça da "mulher que fugiu a cavalo", de Lawrence, sonha também com a lâmina de obsidiana capaz de quebrar o nosso coração empedernido de conquistadores e de civilizadores diante do Eterno. Mas com que direito confiscamos nós os sonhos dos Índios, só para ter a ilusão de apaziguar, ou de expiar, as nossa faltas que nunca se apagarão? Na verdade, não são "os vencidos", da conquista ou da colonização que ao fim do novo milénio precisam de "enterrar" Colombo. São os filhos de Colombo tornados "outros" que precisam da sua morte para poderem crer que o Paraíso é mesmo nessa América onde aportou para fugir do Velho Mundo.

Sonho de ex-europeu perdido na sua Descoberta, não de Índio.

Vence, Março de 1992.

Quinhentos anos[37]

As nossas contas com o Brasil estão saldadas desde sempre. São contas nossas.

No meio da Avenida Atlântica, à beira do seu longo e vasto tapete de areia fina, quase em frente do hotel, protegido por alto gradeado como se fosse um alcatraz de luxo, um discreto painel publicitário sobrepõe-se aos desfiles eleitorais que inundam o Rio. Surpreende pelo contraste entre essa discrição e a singularidade da mensagem. Uma imagem do Globo em forma de laranja azul, como a sonhou Paul Éluard e a viram, dos altos céus, Titov e Armstrong, ocupa a parte superior do painel. O centro da imagem, como é natural aqui, a América do Sul, por sua vez, quase está ocultada pela enorme mancha verde do Brasil. Não é um cartaz ecológico. É o cartão de identidade do Brasil no limiar do terceiro milénio. A imagem atlântica do Globo com o Brasil no meio serve de quadrante ao relógio sobre o qual deslizam os ponteiros das horas e dos segundos. Sob o continente-relógio uma legenda: "Faltam quinhentos e noventa e nove dias". Não se diz para quê. Apenas, em letras mais expressivas, figura, na parte mais baixa do painel, a indicação "500 anos".

Para um brasileiro, mesmo de poucas letras, a mensagem é clara: o Brasil festejará meio século de existência dentro de pouco mais de ano e meio. Para um português, com algumas letras, a mensagem pode ser a mesma. Acrescentando os dias que faltam até aos quinhentos anos encontrar-se-á com a data da chegada de Cabral às futuras praias brasileiras. Mas

---

[37] Publicado em *Visão,* 17 de Setembro de 1998, p. 114.

isto é precisamente o que não está inscrito na mensagem do belo relógio publicitário. E muito menos a palavra "Descoberta", coração da mitologia portuguesa.

Aqui bate o ponto e o ponteiro da História que não é o mesmo para "descobridores" e "descobertos". O que o Brasil anuncia no seu cartaz electrónico é que vai celebrar os seus quinhentos anos de existência. Melhor seria dizer, de emergência. De que espaço? A questão é sem sentido. Como espaço e natureza, a actual nação-continente, construída penosamente ao longo de cinco séculos, é contemporânea de todo o resto do Planeta. A esse título, incomemorável.

É óbvio que aqueles quinhentos anos se referem à História, à inscrição do Brasil num quadro temporal que o "descobridor" partilhava, na convicção de ser um quadro universal. Como comemorar essa inscrição sem o inscritor, seja ele qual for? Todavia, a fiar-nos no relógio onde conta o seu tempo próprio – aliás amputado da sua cronologia indigenista –, é assim que o Brasil se deseja comemorar. Sozinho, numa autonomia histórica e ontológica, como se fosse filho do Sol ou da espuma do mar, Apolo ou Vénus das nações, imagens míticas que tão bem quadram à sua portentosa sedução.

Para os portugueses que, há quinhentos anos, por coincidência, imaginaram "descobrir" as terras de Santa Cruz quando as estavam inventando e baptizando por conta própria, esta comemoração em forma de partenogénese parecerá o cúmulo da ingratidão. A menos que aqueles "500 anos" sejam mesmo os da "descoberta do Brasil" no sentido mais tradicional do termo, tanto para portugueses como para brasileiros, até tempos recentes. Assim, tratar-se-ia de um mero *lapsus* e, uma vez corrigido, tudo entraria na ordem. Pelo menos, na nossa, de portugueses.

Não nos iludamos. Convidados ou não – e já o fomos ou nos fizemos convidados –, iremos à autocelebração anunciada do nascimento do Brasil. Para nos celebrarmos nele, mesmo que o Brasil não possa nem entenda, salvo excepções, como celebrar-se connosco. Quando recordarão os portugueses que o seu "tempo", o código com que nos lemos e lemos o que criámos ou imaginámos criar, não é o mesmo que o tempo dos outros que outrora nos foi comum e hoje se afasta de nós à velocidade da luz. Sobretudo, o do Brasil.

A temporalidade brasileira é uma temporalidade plena, sem exterior. O seu próprio passado desfaz-se como espuma contra a vaga de um presente que rola sobre si mesmo como um futuro. O seu passado colonial é pura pré-história, quando lhes sobra tempo para o evocar. Foi dele que se destacaram. É contra ele que se definem como brasileiros. Como estranhar que não possam conceber o seu "nascimento" a partir de uma origem que, tanto em espaço como em tempo, lhes aparece simbolicamente, mas "fisicamente", como não-Brasil? A futura festa que o Brasil se quer dar a si mesmo como "não descoberto", vista daqui, tem a sua lógica.

Vendo bem, o painel onde estamos secamente rasurados é uma boa lição para nós. Mais a mais nestes tempos de euforia neo-imperial puramente onírica. As nossas contas com o Brasil estão saldadas desde sempre. São contas nossas. As que o Brasil tem connosco são só dele e só ele as conhece. Esperemos, calmamente, que o Brasil nos descubra. Descobrindo-se. Já não é sem tempo.

Celebremos o Brasil[38]

Comemoremos o Brasil que também fomos e que não há motivo para deixarmos de ser.

O Brasil oficial e cultural começou a celebração dos quinhentos anos da Descoberta do futuro país continente. A Descoberta figura nessa comemoração como um acidente ou um eufemismo. Um país não é sujeito da sua própria descoberta. Esse acontecimento fundador permanece sempre como exterior. Assemelha-se ao empurrão inicial com que, segundo Descartes, Deus teria criado o mundo, deixando-o depois entregue a si mesmo. O acidente-Cabral foi esse empurrão. É com dificuldade que a mitologia cultural brasileira lhe concede outro estatuto. Como escreve no *Le Monde* um celebrante francês das comemorações brasileiras, o surgimento do Brasil na História do mundo, num belo dia de Abril de 1500, é devido ao "aventureiro português" Cabral. Assim vai o mundo. Mas esta imagem traduz bem o romance das origens do Brasil, não só aos olhos de um jornalismo ignaro como aos olhos dos próprios brasileiros. No imaginário brasileiro, Cabral é uma espécie de extraterrestre, vindo de parte nenhuma, tocando nas costas brasileiras por acaso e logo sumido nas brumas da memória depois de cumprido o ocasional feito de ter contribuído para que o Brasil emergisse de um passado sem história. Ou de uma História sem passado. É essa História de um fabuloso país sem outro passado que tem início cronologicamente datado como nenhum outro na carta de Caminha, que o Brasil se prepara para comemorar.

---

[38] Publicado em *Visão*, 27 de Abril de 2000, p. 162.

E Portugal lá estará como o franciscano da mesma Carta para servir de sacristão na sua própria missa. É bem feito. Os brasileiros não têm culpa nenhuma de que os portugueses, fora de uma retórica intermitente, se tenham esquecido não só que a "descoberta" foi uma peripécia na trama planetária da sua deriva em mares então nada ou pouco conhecidos do Ocidente, como a invenção do Brasil como história, sociedade e cultura. Foi obra sua, mais ou menos bem programada, caldeada, só Deus sabe com que custos humanos, com suor e sangue de África e não pouco dos naturais do novo Continente. Pelo menos durante três séculos de responsabilidade política, económica, religiosa, administrativa sob a égide da qual, em tempo lento, a colónia Brasil foi criando um futuro digno de ser o de uma nação tão espectacular como se tomou. Três séculos (e sob eles todos os outros que os portugueses levaram com eles) é mais que metade desse meio milénio que, a justo título, o Brasil reclama como o seu passado.

E que é o seu passado. O seu e o nosso. Sem termos sido "brasileiros", provavelmente não seríamos hoje os portugueses que somos. Comemorar em Portugal o termos sido Brasil, por nossa conta, como quem revisita a sua própria história, independentemente do que o Brasil fez dela, é natural. Porque o não fizemos? Mistério. Peritos como poucos povos em nos refugiarmos em mitos compensatórios, resta-nos pouca imaginação para nos ocupar, em termos de conhecimento e reconhecimento, com a simples realidade. O famoso "império" que fora do canto camoniano sempre nos existiu pouco como realidade vivida, nunca esteve muito presente no imaginário nacional.

Tinham razão os literatos da Bahia em se considerarem "esquecidos". O tão onírico império lusíada sempre foi um arquipélago de esquecimento. E como o não seria, se o esquecimento começava logo no Paço da Ribeira e nos paços que lhe sucediam? Fora da sua utilização rasteiramente épica, pragmática, de autoendeusamento, o nosso passado, o que nele houve de realmente importante para explicar o que somos hoje, não interessa a ninguém fora de poetas ou cultores profissionais desse passado. Conhecer o Brasil, celebrá-lo, integrá-lo na odisseia de que é feito o nosso destino, não é, nem passadismo, nem suspeito reflexo de *neocolonialismo* cultural. O Brasil é um país adulto, com dois séculos de independência e meio milénio de existência autónoma e original, sem falar do enraizamento da sua cultura índia.

Razões mais que suficientes para se celebrar em função do seu presente, maior do que o seu passado. Nesse presente, Portugal é um vago sinal deixado outrora nas praias do que não tinha nome. Neste anonimato sublime vivemos hoje no imaginário brasileiro. Retomandouma declaração que nenhuma cerimónia mediática pode apagar, o Brasil "faz o favor" de nos associar à sua festa em curso. Seja. Não é razão para que nós não comemoremos o Brasil que também fomos e que não há motivo para que deixemos de ser. Até porque se o quiséssemos, o não podíamos.

Este livro foi composto com tipografia Adobe Garamond Pro e
impresso em papel Off-White 70 g/m² na Formato Artes Gráficas.